社会工作

理论与方法

SHEHUI GONGZUO LILUN YU FANGFA

主 编　邱仲平　赵绍成

副主编　朱　炎　黄宗凯　王　伟　李鹏飞

四川大学出版社

责任编辑:蒋姗姗
责任校对:唐一丹
封面设计:翼虎书装
责任印制:李 平

图书在版编目(CIP)数据

社会工作理论与方法 / 邱仲平，赵绍成主编. 一成都：
四川大学出版社，2008.2
ISBN 978－7－5614－3958－6

Ⅰ.社… Ⅱ.①邱…②赵… Ⅲ.社会工作－高等学校－
教材 Ⅳ.C916

中国版本图书馆 CIP 数据核字（2008）第 015293 号

书 名	社会工作理论与方法	
主 编	邱仲平 赵绍成	
出 版	四川大学出版社	
地 址	成都市一环路南一段24号（610065）	
发 行	四川大学出版社	
书 号	ISBN 978－7－5614－3958－6/C·185	
印 刷	成都蜀通印务有限责任公司	
成品尺寸	185 mm×260 mm	
印 张	12.25	
字 数	280 千字	
版 次	2008 年 2 月第 1 版	◆读者邮购本书,请与本社发行科
印 次	2008 年 2 月第 1 次印刷	联系。电 话:85408408/85401670/
印 数	0 001～3 000 册	85408023 邮政编码:610065
定 价	25.00 元	◆本社图书如有印装质量问题,请
		寄回出版社调换。

版权所有◆侵权必究

◆网址:www.scupress.com.cn

序

　　此社会工作不同于彼社会工作，即有别于社会工作专业的社会工作。

　　该教材是为四川理工学院文科基础教育平台"社会工作概论"课程而编写的。一方面，随着我国社会主义市场经济的建立、现代化建设事业的推进，对人才的素质、能力、工作方法的要求越来越高；另一方面，高素质的人才将推动社会高速发展。在这种背景下，我院也在不断探索，努力进行课程改革，一个重要举措就是推出平台课程，以培养21世纪所需要的高质量人才。

　　基于上述思路，我们编写了"社会工作理论与方法"教材。该教材虽然采用"讲"的形式，但突出"应用型文科"的特色。各讲之间相互联系、相互支持，组成为一个完整的有机统一体。我们希望：通过该课程的学习，学生能系统、详细地掌握社会工作理论与方法，如知识结构、能力培养、学习方法、社交礼仪、社会调查、文秘基础、行政职业能力测试知识等，在校期间就打下坚实、深厚的基础，努力塑造自己，磨炼自己，为将来更好地走向社会、立足社会做准备。

　　本书在写作过程中，参阅了大量相关文献资料，在此我们向从事该领域研究的专家学者致以衷心的感谢；同时，本书还是四川理工学院2007年教改项目——"社会工作方法与技巧"教材建设之最终成果，感谢学院的大力支持；此外，还要感谢四川大学出版社为本书的出版提供热情周到的服务。

　　该书由邱仲平、赵绍成担任主编，朱炎、黄宗凯、王伟、李鹏飞任副主编。本书是集体劳动的结晶，具体撰写分工如下：第一讲、立志成才，刘祝环；第二讲、知识结构，王伟、范东翠；第三讲、能力培养，黄宗凯、范光杰；第四讲、学习方法，邹媛媛；第五讲、演讲口才，陈翔；第六讲、形象文明，朱炎；第七讲、人际关系，刘文华；第八讲、职业规划与成功，李鹏飞；第九讲、社会调查，朱鹏；第十讲、文秘基础，唐廷碧；第十一讲、政治制度概论，赵绍成；第十二讲、行政能力测试知识，李永洪；第十三讲、申论考试知识，周立。

　　由于我们水平有限，时间仓促，书中的缺点与不足难免，恳请同行读者批评指正。

邱仲平
2008 年 1 月

目 录

Contents

第一讲

立志成才

　　国以才立，政以才治，业以才兴。当今世界，和平、发展、合作是时代潮流，世界多极化和经济全球化的趋势在曲折中发展，科技进步日新月异，综合国力竞争日趋激烈。建设中国特色社会主义，实现中华民族的伟大复兴需要培养数以亿计的高素质的专门人才和一大批拔尖创新人才。当代大学生应肩负起时代的重任，努力成为理想远大、信念坚定的新一代。

一、立志高远与始于足下

　　人该怎样立志，志又是什么呢？所谓志，是志向、意志、志气三者的统一体。它大概包含三重意思：一是志向，即自己给自己确定的崇高理想；二是意志，即始终保持奋斗不息的精神，为了事业的成功，不惜牺牲自己的一切；三是志气，即有顽强的决心和坚强的毅力，胜不骄、败不馁，不屈不挠，勇往直前。

　　立志是为了成才，这个道理大家都明白。然而，立了志就能成才吗？在我们的现实生活中，有许多志大才疏的人，志向到后来变成了空想。究其根源，一是三心二意、见异思迁、立志不稳；二是怕苦怕累、半途而废、立志不坚；三是动机不纯、立志不高尚。有这些毛病的人，当然无法成就自己的事业。试想，一个鼠目寸光，干大事而惜身、见小利而亡命的人，能够立大志么？一个毫无理想，处处只想以乞讨或占小便宜为生的人，怎么会辛勤地耕耘，又能从哪里得到收获呢？

　　（一）立志当高远

　　青年要树大志。《吕氏春秋》提出："凡举人之本，太上以志，其次以事，其次以功。"法国微生物学奠基人巴斯德强调："立志是一件很重要的事情。工作随着志向走，成功随着工作来，这是一定的规律。立志、工作、成功是人类活动的三大要素。"所谓志，乃是理想、决心、毅力。立志，也就是解决理想问题。哲学家萨特曾经说过，世界上有两样东西是亘古不变的，一是高悬在我们头顶上的日月星辰，一是深藏在每个人心底的高贵信仰！有人说："将相本无种，只要敢打拼，事业就会成功，成功靠立志。"许多实践经验告诉我们：有志者立常志，无志者常立志。这就是说，成才的人一定要立有大志，而立有大志的人不一定就能够成才。那么，我们该立什么志？该怎样立志？

（二）立志做大事

"会当凌绝顶，一览众小山。"渴望成才的人，一定要立高尚之志、远大之志、坚定之志。志向正确，目标越大越高尚；努力的程度和不屈不挠的毅力越大，自己对社会所发挥的作用也就越大。

中国民主革命的先行者孙中山先生当年曾激励广大青年：要立志做大事，不要立志做大官。其中的道理就是希望青年人以国家、民族的命运为己任，而不要以个人的荣华富贵为人生的理想。个人理想只有同国家的前途、民族的命运相结合，个人的向往和追求只有同社会的需要和人民的利益相一致，才是有意义的。如果一个人不顾自身所处时代的召唤，脱离自己所归属的国家和民族发展的需要，把个人理想等同于个人奋斗，一切以自我为中心，天马行空，独来独往，那么不仅他的人生价值取向是错误的，而且这种追求因为脱离了国家、民族和时代的需要，往往也是难以实现的。

在今天，做大事就是献身于建设中国特色社会主义的伟大事业。无论从事什么工作，只要是与这一伟大事业相联系，是服务于祖国和人民的，就值得我们去做，就是大事。新时代的大学生应该把个人的命运与国家、民族的命运联系在一起，胸怀祖国，服务人民，立志为祖国和人民的利益而奋斗，真正做到"以服务人民为荣，以背离人民为耻"。

（三）立志需躬行

古人云："玉不琢，不成器。"这里的"玉"，是指先天的气质禀赋；这里的"器"，则是指由人的价值取向决定的理想人格、健全人格。由一块普通的"玉"变成一件理想的"器"，中间必须经过人为的加工和雕琢。对每一个人来说，教育和修养磨炼就是培养健全人格的加工过程。不过，人不同于玉，人有生命、有思想、有意志，不是一块冷冰冰的、任人摆布的石头。在人格形成的过程中，客观的条件，包括环境的影响，家庭、学校、社会的教育固然必不可少，但是主观的努力与配合更为重要。努力提高全民族的思想道德素质和科学文化素质，成为全面发展的人，是社会主义现代化事业的需要，也是大学生实现人生价值的需要。伟大的事业要求大学生加强修养、立志成才，而大学生加强修养、立志成才又能推动伟大事业的发展。传说，四川有贫富二僧都想去南海，富者怕吃苦，多年想坐船去但终没去成；而贫者不远数千里，用一瓶一钵化缘而到达南海。这个故事说明：立了志，应当不怕困难、不怕挫折，用顽强的毅力去实践、去拼搏，只有这样，才能实现自己的理想。

二、大学生成才目标的确立

立志成才是当代大学生的共同愿望。成才，首先要明确方向，目标选择是成才的第一步。一个人在其成才的道路上有了恰当的目标，就有了努力的方向，就会积极地、有意识地计划自己的行动，有目的地安排学习和工作，从而发挥自己最大的潜力。所谓"成才目标"，是指在对主、客观因素进行分析的基础上，希望自己将来能在哪个领域、哪个方面、哪个层次成才和成为何种类型的人才。

（一）成才目标设立的原则和要求

1．要顺应时代潮流，以社会需要为出发点

人才的成长不可能脱离社会生活和社会实践，只能在社会所提供的客观环境中设定自身的目标。因此，现实社会的客观需要是大学生确立成才目标的基础。当代大学生应该根据社会主义现代化建设的需要来确定自己的目标，把个人目标与国家的发展目标紧密结合，自觉地把社会的要求转化为自己的目标，建立起合理的目标体系。

2．确立成才目标时，要以充分发挥自身的优势为着眼点

没有目标不行，目标太高也不行。人的能力有差异，优势劣势各不相同，选择目标必须考虑自身条件，对自己要有一个客观的评价和科学的定位，全面分析自己的长处和短处，不要人云亦云，随波逐流。如果选择的目标和自己的优势不相符或相去甚远，就会事倍功半，甚至难以实现。

3．确立成才目标要注意把握客观环境，以现实有利条件为立足点

选择个人的成才目标不能离开所处的具体环境和条件，比如所在的学校、所学的专业、所生活的地区，乃至实现目标必须具备的条件等。目标的确立只能源于现实而不能离开现实，不顾客观条件确立起来的目标即使再崇高、再远大，也只能是盲目的自我设计。

4．长远目标与近期目标相结合

长远目标是在无数个近期目标实现的积累后得以实现的。长远目标可使方向明确，动力持久；近期目标则能使动力强度提高，效果直接。因此，选择个人的奋斗目标应注意目标设置与实现的层次性，要循序渐进。

（二）影响成才目标确立的主、客观条件

1．客观条件

大学生成才目标的确立，不是某个人头脑中的"自由创造"或"主观臆想"，而是在一定客观条件下作出的选择。

首先，从宏观社会条件来看，人总是生活在一定的时代，人才的成长和发展总离不开一定的时代条件。人才是应时代的需要而产生，并在特定的环境中成长的，必然受到时代的局限而不能超越时代。不同的社会发展时期有着不同的需要，社会需要对人才的产生和发展起催化和推动作用。在成才的过程中，社会的精神文化状态和社会物质条件也是不可忽视的，即社会的生产力水平、经济状况、政治状况、科学教育和文化事业的发展等多种因素，均会对人才的成长产生影响。

其次，从微观社会条件来看，成才还受学校、家庭和社会群体等条件的影响。家庭是社会的细胞，父母是人生的第一位教师。父母教养水平的不同、家庭环境中父母关系的不同、父母兄弟姐妹的关系不同，对人才的成长所起的作用也就不同。比如，不同的家庭对不同性别的孩子的教育重视程度是不相同的，往往知识层次越高差别越小，知识层次低一些差距就大一些，这和我国封建社会的思想残余有关。学校是有目的、有计划地对学生进行德、智、体、美、劳教育和训练的场所，是同龄人最集中的地方。在我

国，同伴群体的影响远大于发达国家。学生上学后，特别是寄宿生，与同伴群体在一起的时间远远多于与父母相处的时间，许多处理人际关系的技巧是在这一特定的环境中获得的。例如，孩子在一起玩"游击"时，有"司令"、"勤务兵"……有时还要角色互换，孩子在游戏中学会关心人、协调关系，按角色来要求自己。因此，良好的人际关系、轻松愉快的生活环境有利于成才；反之，则不利于人才的成长。除此之外，校园文化氛围的熏陶对于学生也是十分重要的。每一个学校，都有自己的校园文化，有自己的学风，因此也就培养出具有本校学风、文化特征的人才。大学生应积极参与校园文化活动，培养和锻炼自己各方面的能力。

2. 主观条件

辩证唯物主义认为，外因是变化的条件，内因是变化的根据。大学生成才目标的确立也不例外，在依据社会发展需要的同时，也要依据个人自身发展的需要和条件。影响大学生成才目标确立的主观条件包括内在动力条件、内在效率条件和内在状态条件。内在动力条件是指能够激发大学生的创造欲望而使之指向特定成长目标，并推动其产生巨大的活动积极性、朝着目标不断前进的内在保证力，包括成才需要、成才目的、创新意识、兴趣爱好等。内在效率条件是指能够激活大学生的智能而使之积极主动地开展创造性思维并促使其顺利确立成才目标的内在保证力，知识和智能是其中最基本、最重要的因素。内在状态条件是指大学生进行成才目标选择时需要具备的最佳身心状态。

首先，大学生作为现实社会中独立的个体，都有自己的个性，有自己的思想感情、兴趣爱好和追求，有丰富和发展自己的需求，如参加学校的社团组织也是和自身发展目标结合在一起的。大学生的成才目标在满足社会需要的同时，也要体现出大学生个性。体现出个人自身发展的需要，即个人的内在动机。

其次，大学生是能动成才的主体，成才目标能否实现，关键在于大学生的主动性和积极性能否发挥。要达到社会需要与大学生自身发展的内在统一，使社会发展的需要内化为大学生自身发展的需要，从而激发大学生自觉成才的积极性，并不断发奋努力，这就涉及一个内在效率条件问题，即如何提高大学生的能力问题。人的能力分为一般能力和特殊能力。一般能力就是智力，是以思维为核心的观察力、记忆力、注意力和想象力等认识能力的总和。特殊能力则是指在特殊活动领域发生作用的能力，具有专一性、综合性和结构性的特点，如音乐家对节奏和曲调的特殊感受能力（乐感）。能力是以人的先天素质为基础，在实践中不断形成和发展起来的。所谓素质，是指人们先天具有的生理学意义上的特点，它是能力形成、发展的必要物质基础。离开了这一物质基础，就谈不上能力的发展。先天的聋哑人，很难成为歌唱家；四肢伤残的人，很难在体育上有高超的技能。但是，素质本身不是能力，能力的发展有赖于后天的物质环境和主观努力。大多数人在先天素质上并没有很大的差异，正如马克思所说："哲学家和搬运夫先天的差别，还没有家犬和猎犬的差别大。"有的人庸庸碌碌过一生，有的人却很出类拔萃；有的人在科学技术方面出色，有的人在文学艺术方面造诣不凡，这就是由于后天环境和努力的差异，形成了不同层次、不同类型的人，形成了能力各异的人。

总之，要根据内在的素质和条件确立成才目标。不仅应该根据需要，而且要从现实的可能性出发，以达到需要和可能的辩证统一。因为成才目标实现的可能性，包含在个人自身的素质和条件中。只有从个人自身的素质和条件的实际情况出发，成才目标才有实现的可能性。因此，大学生在确立成才目标时，要对自己的素质能力有一个清醒的认识，在保证总体目标符合社会发展需要的前提下，尽量做到扬长避短，充分发挥自己的才能和优势，制定出符合自己实际情况的具体成才目标，从而早日成才。

（三）成才目标确立的方法

第一，区内选择：指在自己所学专业范围内选择一个较小领域的目标进行研究。

第二，横向选择：指从自己所学的学科转移到另一个学科领域并选择一个目标进行研究。

第三，边缘选择：指从学科与学科之间的边缘处选择一个较小的领域进行研究。

第四，立体选择：指在若干学科的基础上，进行立体思考而选择一个综合性的目标进行研究。

作为刚进校的大学生，目前的学习仅仅是开始，还很难根据自己的情况做出恰当的判断和选择。而且，以上这四种方法不是孤立的、截然分开的，可能这一段时间以区内选择为主，在自己所学专业内选择一个较小领域进行研究；另一段时间，可能与其他人合作，向边缘突破；当积累了一定的知识和经验时，就站在较高的起点上，选择综合性的目标进行研究，如航空航天技术、原子能技术……因此，选择成才目标的方法不是预先设定的，而是在实践中不断变化的动态发展过程。

（四）大学生确立成才目标的误区

1. 成才目标抽象空洞

绝大多数大学生思维活跃，关心社会，积极探讨人生价值，勇于实现人生目标，有立大志成大才的愿望，有"海阔凭鱼跃，天高任鸟飞"的昂扬心态，有报效祖国、献身现代化建设的雄心壮志，有以天下为己任的使命感。但是，有一部分大学生特别是新生缺乏人生经验，喜欢幻想，成才目标不明确、不具体，浪漫而空洞。

2. 成才目标脱离实际

少数大学生在确立成才目标时，对客观实际和自身特点考虑不足，对社会上的热门职业心向往之。比如，学理工的学生想当作家，学文科的学生想当科学家，非计算机专业的学生想当计算机专家，非艺术类专业的学生想当艺术家，等等。如果他们有相应的基础和修养，倒也无可厚非，关键是一些大学生只是一时的兴趣或者一味地追求热门，赶时髦。这样做的话，确立的目标非但无法实现，而且还会影响本专业的学习。

3. 成才目标偏低

少数学生人生定位低，只想过安逸平淡的生活，并不想有所作为。特别是在就业市场还不规范的情况下，少数家庭有些背景、找工作比较容易的学生，抱着混文凭的态度，把时间花在吃喝玩乐上，学习劲头不足，成绩勉强过关，甚至考试不及格。

4. 成才目标不稳定

有些学生缺乏恒心，确立目标比较草率。今天想考研，准备了一段时间；明天听说MBA 很热门，又去考 MBA；后天又备考计算机程序员。他们没有相对稳定的目标，这山望着那山高，把时间浪费在目标的变换过程中，最后一事无成。

5. 成才目标过高

有些大学生不顾自身的基础和特点，确立不切实际的高目标，虽然付出了艰苦的努力，但终究收获不大，结果影响了综合素质的全面提高，同时也容易产生挫折感，对自己的成才反而不利。

三、大学生成才的内在结构

大学生成才的内在结构是德、才、学、识、体等基本要素的有机结合。

德，即品德，是指一个人在政治、思想以及道德等方面的修养。它是一个人政治立场、世界观、人生观、道德品质等的综合体现，是一定社会政治、思想、道德现象在个体身上的反映，是个人根据社会的政治要求和道德准则在行动上表现出来的某些稳定的个性特征和倾向。德是人才的灵魂，它既是人才要素的首要因素，又是人才成长的精神动力。

学，即学问、知识，是指一个人必须掌握的自然科学、社会科学以及思维科学等各学科知识的总称。学在人才要素中居基础地位，是才、识、德的营养，非学无以广才，非学无以明识，非学无以立德。

才，即才能，是指一个人在已有知识的基础上，通过劳动（包括体力劳动和脑力劳动）而形成的各种技能。才能是人才成长的关键，因为，人才的成功靠创造力，而创造力的获得则是各种才能综合运用与发展的结果。

识，即见识、胆识，是指人才对客观世界的一种综合认识能力，是综合运用各种基本知识和基本技能，去把握事物发展方向、掌握未来的能力。这种能力主要体现在四个方面：科学的预见性，能看准时代的前进方向；决断的准确性，能选准特定阶段的奋斗目标；识别的敏锐性，能透过复杂的现象洞察事物的本质；应变的灵活性，能随着环境条件的变化而灵活地修正自己的目标，发挥自己的优势。

人才的德、才、学、识、体诸要素是不可分割的有机统一体，它们之间是相互促进、相互制约、相辅相成的关系。德是人才的政治方向，人才的灵魂，是学、才、识、体发展的内在动力；学、才、识是人才的智能、本领，是人才发展和成功的关键要素；体是发挥德、学、才、识的前提条件。人才成长的过程就是德、学、才、识、体诸要素矛盾运动的过程。

四、大学生成才的条件

（一）成才的前提——自我设计要同社会发展同步

社会是不断发展的，大学生成才要同社会发展同步，不能一味地追求个人名利。现代社会进入了信息时代，社会需要有全面素质的通才、复合型人才，大学生的成才设计要与这样的时代要求相一致，任何脱离时代的要求来设计自我，都是毫无意义的，也是不能成功的。同时，大学生要正确认识个人与社会、个人与集体、个人与他人的关系，善于汲取集体的智慧，学习他人的长处，善于与他人合作，形成自己开放的思维方式和活动方式，增强自己对知识的吸纳能力，使社会接纳自己，为自己成才创造良好的外部条件。

（二）成才的基础——学习和继承人类历史上优秀的文化成果

要成才，首先要求知。儒家在《中庸》中提出了求知的五种方法："博学之，审问之，慎思之，明辨之，笃行之。"这对于大学生求知有一定的参考价值。"江河之水，非一源之水也"，"博大才能精深"，"树大才能根深"，没有渊博的知识是不能成才的。美国曾对一千三百多名学者做过调查，结果发现，在科学上有成就的，其知识结构都是综合化的。这就说明，有广博的知识，是人才成长的一条规律。人类历史中前人发现和创造的科学文化知识，是人类的共同财富和资源，挖掘这份资源，继承这份传统，是历史发展的规律。人类历史总是在不断地研究、学习、借鉴前人历史经验和传统精神中向前发展的。每一个人只有站在"历史巨人"的肩膀上，才能看得远。

（三）成才的先导——开发智能，激发创造力

智能，是智慧和能力的有机组合。人的智能，往往有高低之分。高智能是国际公认的知识生产力。但这样的高智能，必须在人的潜意识中去开发。经常思考，是开发高智能的一个好方法，也是成才的先导。

创造力，是人在社会创造中表现出来的创造性思维和创造性技能。成才之路可以说是创造之路。创造力是人才的重要特征。国外把创造思维称为"创造技法"，有的学者把"创造技法"归纳为三大类：扩散发现技法、综合集中技法和创造意识培养技法。扩散发现技法，是指利用扩散思维诱发各种创造性设想；综合集中技法，是指通过收集大量信息，发现问题，激发创造性设想；创造意识培养技法，是指诱发创造思维，包括思维革新、集中注意力等方法。三者对于成才都有积极的意义。

（四）成才的途径——积极参加社会实践，缩短社会化进程

知识、能力、智能都是成才的重要因素，但这些因素只有在实践中才能发挥作用。社会实践是培养和造就人才的根本途径。大学生要成才，必须注重社会实践。毕业应聘时，有社会实践阅历的人才大都受用人单位的欢迎；那种读死书、死读书的人，是很难找到好单位的。社会化进程，是成才的必经之路。社会化进程是先从家庭再到学校的，大学生要尽快摆脱对家庭和学校的依赖心理，独立自主、勇敢果断，尽快地进入社会，缩短社会化进程，早日成才。

（五）成才的关键——培养良好的思想道德品质、心理素质和自觉成才意识

良好的思想道德品质，决定着人们的政治方向和服务方向，也是成才过程中最强大、最持久的内驱力。"德才兼备"中的"德"，讲的就是这个内容。

人才的心理素质，是成才过程中表现出来的意志、情感、气质等心理特征。科学家们的成就大都证明：很多人在智力上都是相差无几的，而能够成功的往往是那些心理素质较好的人，如勇敢坚强、百折不挠，具有顽强的意志力，敢于冒险、敢于打破常规，具有独立思考、独立钻研、独立探索的精神，拥有恒心、毅力，热爱生活、乐观豁达，富于事业心等。

自觉成才意识指的是成才的自我意识。自我意识是决定人的发展的主要力量之一，

它是大学生成才不可缺少的重要心理品质和巨大的内部推动力。自觉成才意识除了要具有强烈的竞争意识、求实和效益意识外，还有两点：一是良好的自我激励意识，自我激励是指通过目标激励、榜样激励、学绩激励和格言激励等方法来激发自身的内在潜力，调动自身各种因素使之处于积极状态的方法；二是较强的自我调控能力，就是根据外界的评价和自身行为结果，不断进行自我反省，及时调整自己不符合客观要求和成才目标的心理和行为，抵制外界的不良干扰，专心成才。

（六）成才的保证——强烈的兴趣、爱好和勤奋的工作态度

兴趣是人们对某种事情所持有的热爱的态度、心情。兴趣—爱好—专长—成才，是一种连锁反应。有的人成才开始于对某个学科产生兴趣，而有的人则是开始于参与或涉及某个学科以后才对其产生兴趣进而成才的。可见，兴趣是可以培养出来的，也是可以转移的，它往往是成才的起点。想搞科学研究，如果没有对之产生浓厚的兴趣，是很难成功的。

勤奋是成才的最根本的诀窍，任何人的成就，都是从勤学、勤思、勤问中得来的。缺乏勤奋精神，缺乏孜孜不倦、锲而不舍的拼搏精神和踏踏实实的学习态度，什么事情都不可能取得成功。鲁迅说过，他是利用别人喝咖啡的时间来工作才取得成功的。爱迪生也认为，天才，就是百分之一的灵感加上百分之九十九的汗水。我国有句谚语说："天才在于积累，聪明在于勤奋。"无论是国内还是国外，许多杰出的人物在总结自己的成功经验时都有类似的至理名言。所以，大学生们要切记：任何丰硕的果实，都是汗水浇灌得来的。

第二讲

知识结构

一、知识结构概述

（一）知识和知识结构概念的由来

一般认为，所谓知识，乃是人们在改造客观世界的实践中所获得的认识与经验的总和。从信息论的角度看，知识又是"同种信息的积聚"，是"为了有助于实现某种特定目的而抽象化了的信息"。知识还具有三大特征、六大属性。其三大特征是：形态上的转化特征，即可以从经验性的知识转化为理论性的知识；数量上的膨胀特征，即知识数量随着历史的发展不断按照几何级数扩展增多；本质上的力量特征，即从本质上讲知识蕴含着推动社会发展、人类进步的力量。其六大属性是：可扩充性、可压缩性、可替代性、可传输性、可扩散性、可分享性。

实践不仅是人类知识的源泉，还是检验知识真伪的试金石。在社会实践的沃土上，一株株知识的幼苗一天天舒枝展叶，日趋繁茂，发展成为一棵又一棵的知识之树，如天文学之树、数学之树、力学之树、历史学之树、经济学之树……总之，每一棵知识之树都将发育成为一个独立的系统，我们把它们称之为一个又一个的知识系列。简言之，所谓知识系列，就是一个独立的学科，它是由其最初始的概念——逻辑起点经过矛盾运动而逐步演化为一个由概念、判断、推理相互联系而组成的逻辑体系。在这里，最初的概念或逻辑起点，又可称之为知识单元。知识单元有层次之分，若干知识单元组合在一起，便可以形成知识系列。

若干知识系列的发展、演化，构成了庞大的体系。这是人类文明宝库的瑰宝，是自然、历史发展的必然。历史上，英国哲学家弗兰西斯·培根首先在《伟大的复兴》中对人类知识体系进行了形象化的描述。在培根看来，物理学、数学、哲学、神学、历史学、诗学、文学史、自然史等，也就是我们称之为知识系列的"小树"，都生长在一棵更大的知识之树上，而且主次分明，有枝有叶，相互依存，互相联系。继此之后，18世纪法国的百科全书派进一步完善了培根的"知识体系图"。到了19世纪中叶，自然科学的三大发现以及星云假说、原子论、地质学等，更加明白地显示了人类知识相互联系、推动发展的特征。整体化、渗透化、综合与分化成为人类知识体系的发展态势。

我们所说的知识结构，就是指人类知识体系的结构吗？不是。我们所讲的知识结构，乃是这个外在的知识体系在我们头脑中的内在状况，也就是客观知识世界经过求知者的输入、储存、加工，而在头脑中形成的由智力联系起来的多要素、多系列、多层次的动态综合体。

知识结构既涉及知识诸要素之间的质与量，也包括各种知识之间的组合方式、相互关系。特定知识的质与量，只有在与之相联系的特定知识结构中才能实现其价值。脱离了相应的知识结构，任何知识都会成为孤立的、零散的观念形态，从而丧失其现实意义。

结构决定功能，不同的知识结构决定该结构的不同功能，以便能够完成不同性质的工作。在运用知识改造自然的过程中，知识结构好像一个转换器，知识是这个系统的输入或内存，它的输出功能、效益如何，就要看这个转换器的结构如何。科学合理的结构会在内存和输入不变的情况下最大限度地输出功能；反之，不合理的结构输出功能就会大大降低。也就是说，有合理知识结构的人，常常成果累累，业绩显赫；而知识结构不合理者，则很可能毫无惊人之举，平平庸庸。

（二）知识结构的特征

任何知识结构，都是不断进行调节，不断进行完善，不断进行优化，使之不断趋于合理的动态结构。它具有以下三个基本特征。

1. 核心层次特征

"欲为一代经纶手，须读数篇要紧书。"这"数篇要紧书"便是指不同类型人才的知识结构的核心。不同的专业、不同的人才要读不同的"要紧书"，使知识结构的核心坚实突出。核心决定知识结构的基本功能，但只有核心知识的知识结构并不是完善的知识结构，还必须配上核心以外的诸层次的知识，一般分为两个层次：辅助性知识和生活性知识。辅助性知识紧密围绕核心知识，与之配合发挥知识结构的应有功能。对于有志成才的大学生来说，首先要从自己的专业方向和成才目标出发，分析、确定哪些知识是你的核心知识，哪些知识是你的辅助知识。前者为主，是相对价值较高的，应多花功夫学懂弄通；后者为辅，是相对价值较低的，但也应努力掌握，开阔视野，拓宽思路。有的大学生核心知识坚实，但辅助知识不够，知识面狭窄，思路不够开阔，将来的进一步发展会受到限制；有的大学生核心知识不实，但辅助性知识学了一大堆，知识庞杂、中心不突出、不够坚深，这样的人很难有所成就。至于生活性知识，指的是一般生活应具备的知识，这就更加宽泛了，从天文地理到接人待物，从起居饮食到花草鱼虫等，这些也不可忽视。有的大学生在校学习不错，但生活自理能力较差，或不懂得如何处理自己与他人、个人与集体的关系，毕业工作时到处碰壁，致使心情忧郁、一事无成。这是缺乏生活性知识的表现。缺乏生活性知识，有时会成为现实个人理想和人生价值的重要障碍。

2. 整体相关特征

相关性是知识结构之所以成为一种结构的条件。组成知识结构的各部分知识，应当相互适应，彼此协调。如果在学习知识的过程中不能从一种知识与另一种知识系列之间发现并灵活运用它们的相互关系，那么这个人的知识结构就是低效的。美国心理学家纽曼指出，相关性是系统的不同部分的相互适应。整体性是指整个系统大于其各部分的总和。也就是说，知识系列之间协调好，则可能会在已有的知识系列之间，产生出新的知识，使人产生独创性见解，产生大于知识数量简单相加的几何级数效应。客观存在的人类知识本就具有整体相关性，反映到人们的头脑之中，也应该是这样的。但是，有的人则不然，在他的知识结构中，知识系列之间缺少有机的联系，不能产生互补增强。造成这种状态的原因，一是对知识单元的理解生吞活剥，囫囵吞枣，没有消化吸收、为我所用；二是不善于高屋建瓴，不能把握知识系列与知识系列之间的相互关系；三是头脑死板，不能用"转换"的视角审视、发现知识系列间的相互关系。大学生应把所学各种知识联系起来，融会贯通，举一反三，善于发现和把握似乎不相关的事物之间的相互联系，发挥知识结构的整体功效。

3. 动态调节特征

一定的知识结构是在求知的过程中，经过量的储存、积累而逐步形成的。这是一个从无序到有序，从低级向高级不断发展变化的过程。知识结构的优化是一个无限渐进、日趋合理的发展过程。人们常说，世界上没有最好，只有更好。知识结构的佳与不佳，是相对一定的成才目标、创造目标而言的，随着目标的调整，知识结构也要做相应的调整，这是一个随机的动态调节过程。历史上有所建树的人，他们之所以能够成功，自有其核心知识、辅助知识和生活知识的相互配合；但同时他们都感到自己仍缺少一些知识，处在一种"知识不饱和状态"，因此十分注意弥补其知识结构上的缺陷。大学生在求学过程中，应依据变化了的客观需要，变化了的个人兴趣和成才目标，不断地调整自己的知识结构。一个人的知识结构能够根据客观需要进行流动转换，在内部进行调整、充实和更新，这往往是成才的重要条件。

调整知识结构一靠反馈，二靠预测。反馈是指主体在学习、科研的过程中，经过实践证明了自己缺少什么知识，予以及时弥补。预测即是指通过分析现有资料和信息，进行调查研究，把握社会发展大趋势，预测未来的各种可能性，做出如何调整自己知识结构的决定，以适应社会发展的需要。任何人的知识结构都具有相对的稳定性，否则很难适应一定的工作；但这种稳定性是相对的，并不是绝对的。绝对化了，就没有发展，没有生机，就停止了进步。调整知识结构，主动的适应性最为难能可贵。

（三）知识结构的类型

广义的知识结构既包括个体知识结构，也包括社会知识结构。对大学生而言，主要应关注个体知识结构。

个体知识结构是指某人所具有的各种知识的质与量的对比关系。所谓质的对比关系，是指该人具有几种不同方面或领域（专业）的知识及其之间的相互关系。所谓量的对比关系，是指该人具有的每种知识的数量或程度及其之间的对比关系。质的对比关系表明某人知识面的深度，而量的对比关系表明某人各种知识的宽度。我们可以从这两个方面来分析与评价个体知识结构。对从事学术研究的人来讲，我们可以从他发表的论文、著作、研究报告等来分析其知识结构。根据知识结构质与量之间的关系，我们可以概括出四种类型的个体知识结构。

1. "一"字型知识结构

具有"一"字型知识结构的人具有较宽的知识面。这种人才掌握了较多的不同领域的知识或经验，但缺乏一定的深入研究。在传统的农业社会，科学技术不发达，经验知识占重要地位，因此，只有年龄较大的人，因实践活动广泛，才会有丰富的经验知识。在这一时期，人才的知识结构以线性为主，且老年人起着重要的作用。

2. "T"字型知识结构

具有"T"字型知识结构的人具有一定的知识面（第一横面），又有一定的专业深度（第二横面）。在工业社会中，需要对大量的实验观察数据或现象进行有效的概括总结，以得出相应的规律。这就要求人才不仅有一定的知识面，而且必须有相应的专业深度，即成为某一方面或领域的专家；同时，还必须年富力强，否则无法适应现代工业的快节奏。在这一时期，由于工业分工日益细致，致使广大专家尽管有一定的知识面，但因其工作领域狭窄，使其专业研究方向也比较窄，从而有"隔行如隔山"的现象。其间，中年层的人才起重要作用。

3. "干"字型知识结构

具有"干"字型知识结构的人既掌握了一定宽度的专业知识（第一横画），又具有较强的方法论（第二横画），并在此基础上，对某个专业进行了较深入的创新性研究（竖画）。在此需要说明的是，方法论是认识问题、解决问题的思维方式，包括哲学方法论和科学方法论。在信息爆炸时代，只有掌握了较强方法论的人员，才能具有知识的组织能力，从而不断地更新知识，不断地进行创新性研究。

4. "开"字型知识结构

具有"开"字型知识结构的人既具有一定的知识面（第一横画），又掌握了一定的方法（第二横画），并在此基础上，在一个或两个以上的专业方向或领域（两竖画）中都有较深入的研究。"开"字型知识结构主要适用于现代信息社会，它要求人们不仅有较广的知识面，而且必须掌握有力的方法武器，并争取在一个或两个以上的专业领域中取得成就。

信息社会即知识经济社会，之所以要求"开"字型知识结构，主要原因有三点：

（1）现代科学技术问题都不是单纯的单一专业知识所能解决的，往往涉及几个专业领域。因此，只知其一，不知其二的专家的作用很有限。例如，产品设计人员不仅应懂得专业知识，同时还必须具有市场分析知识。

（2）就业岗位要求人才必须一才多用，以节约资金投入。

（3）随着就业压力与竞争的增强，只有"开"字型知识结构才能有较强的生存与发展潜力。因此，我们认为，在信息爆炸、竞争力日益增强、学科综合性日趋重要的知识经济社会，只有掌握建立"开"字型知识结构，才能适应社会要求。这种知识结构的关键在于方法的掌握与更新。我们认为，一个人获取知识容易，但掌握并应用一定的方法则比较困难。因此，现代教育的关键在于培养学生学习与解决问题的方法和能力，最好的教师是既教授知识又传授方法。

二、现代化的人才观及其知识结构

（一）21世纪最显著的时代特征

进入21世纪，人们敏锐地发现，与上世纪相比，21世纪有三大特征是最显著的，也可以说世界进入了三个并列时代，这就是全球化时代、知识经济时代和网络信息时代。

所谓全球化时代，是指地球上的人类生活已进入到整体化的过程中，即"当代人类社会生活已跨越国家和地区界限，在全球范围内展现出全方位的沟通、联系、相互影响的客观历史进程与趋势"。这一趋势的发展，使得世界越来越小，乃至于有了"地球村"的说法。

所谓知识经济时代，是指新时代中，科学知识、科学技术对经济发展比起以往任何时候都有着更加巨大的推动作用，并导致科技与经济相互促进的良性循环。因此，在知识经济时代，必定是知识、技术与经济的更紧密的结合；必定是从知识到技术再到经济的作用过程大大缩短，从而引起知识对经济影响的质的飞跃。

所谓网络信息时代，是指以互联网为代表的电脑网络和通信网络已在全球遍布，各种网络信息毫不间断的传播与交流，深刻地影响着几乎每个人的生活、工作和学习。通过利用网络信息，企业可以联系更多的客户，为自己的产品开辟新的销路；个人通过网络，可以用最简洁、最快速、最有效的方式与人沟通，拓展视野、求学深造、发家致富，等等。

（二）21世纪需要的新型人才

显然，在上述这三个时代浪潮的猛烈冲击下，世界各国都在调整治国方略，为在激烈的国际竞争中站稳脚跟，正千方百计地打造强国之路。众所周知，国与国之间的竞争归根到底是人才的竞争，而对绝大多数国家来讲，培养能适应新时代浪潮且富于开拓进取精神的新型人才就显得尤为重要。

那么，21世纪究竟需要哪些新型人才呢？作为年轻有为的大学生应当怎样为自身成长之路定位呢？

其实，只要审时度势，我们不难发现，在当前的国际性人才争夺战中，有五种人才是大家关注的焦点。

1. 全球性人才

上海师大的杨德广教授曾经概括了全球性人才的四个特点：

（1）具有国际观念、国际意识，克服狭隘的民族主义，树立为全球服务、向全球开放的观点；

（2）具有国际交往能力，能与外国人和谐相处，尊重外国的风俗和宗教信仰，维护中国的民族尊严和法律权威；

（3）至少熟练地掌握一门外语；

（4）具有一定的国际知识，了解外国的历史、政治、地理、风土人情等。

从一般意义上讲，全球性人才需要具备全球态度、全球意识、全球活动能力和全球知识等基本素质。全球态度包括关心地球、关心人类，树立起"地球村"的思想，共同解决人类面临的全球问题；全球意识包括全球依存意识、和平发展意识等，不仅要考虑本民族、地域的利益，更要考虑全球的、其他民族或地域的利益；全球活动能力主要包括全球竞争能力和全球交往能力等；全球知识包括全球经济贸易法规、金融等知识，世界历史和各民族文化，合理的全球知识结构等。不少大学在培养全球性人才方面做得非常出色，在许多专业的人才培养目标中，都把培养学生的国际竞争能力放到了重要的位置，要求培养学生具有国际观念，培养学生尊重世界各民族文化、宗教信仰，与各种肤色的人和谐共处的能力；要求学生了解外国的历史、地理、政治、经济、文化和教育等。

2. 创新性人才

针对经济全球化的挑战，我国高校必须将创新性人才作为一个重要的培养目标。这是因为：一方面，作为发展中国家的中国要在经济全球化中提升自身的竞争力，就必须加速科技创新，提高科学技术水平，而提高科学技术水平的关键就是培养大量的创新性人才。高校作为培养人才的基地，必须加大创新性人才培养的力度。另一方面，创新也是全球持续发展的客观要求。联合国教科文组织在一份主题报告中指出："全球问题千头万绪，使人类面临的最大问题是开发人的创造力。因为在未来的挑战面前，人类不能依靠有限的资源，也不能依靠历史经验，只有抓住创新这个关键，才能生存和发展。"所以，加大创新性人才的培养既是经济全球化对我国高等教育的要求，也是人类生存与发展的需要。创新性人才的培养重在创新能力的培养。创新能力决非一般的知识特征，而是一种性格品质、一种精神状态、一种综合素质。创新能力不仅表现为对知识的摄取、重组和运用，对新思想、新技术的发明创造，而且是一种追求卓越的意识，是一种发现问题、积极探求的心理取向，是一种主动改变自己、改变环境的应变能力。为了提高学生的创新能力，我们应当提倡教学相长，提倡教与学双向互动，提倡讨论式教学。应从过去那种课堂灌输、课后复习、考试检查的传统方式变为自学、课堂辅导、引导、论文/设计或实验、社会实践等方式，使学习过程变为学习、应用、发展知识的过程，使学生从死记硬背中解放出来，重在基本知识的理解和方法的掌握上。

3. 实践性人才

不论哪个层次、哪种类型的人才，最终都要服务于社会，人才的价值都要由社会实践来检验。例如，麻省理工学院的很多学生在校期间都要参与工业界的实际项目实践，如让公共政治类学生到议会办公室、法律机构和其他一些社会机构中参与一定的工作。美国斯坦福大学组织人文社科类学生到意大利、土耳其、秘鲁和国内有关地区进行历史遗迹考察和研究。德国亚琛工业大学在学生学习物流时，组织学生到配送中心实习；学习机床时，让学生访问不同类型的机床厂，等等。中共中央、国务院在《关于进一步加强和改进大学思想政治教育的意见》中指出："高等学校要把社会实践纳入学校教育教学总体规划和教学大纲，规定学时和学分，提供必要经费。积极探索和建立社会实践与专业学习相结合、与服务社会相结合、与勤工助学相结合、与择业就业相结合、与创新创业相结合的管理体制，增强社会实践活动的效果。"清华大学校长顾秉林指出："实践教育，是指围绕教育教学活动目标而开展的、学生亲身体验的实践活动……要切实提高人才的全面素质和创新能力，强化实践教育是非常重要的渠道。"清华大学除了安排教学实习、实践之外，还利用假期让学生参与各种形式的社会实践活动，结合所学专业，将所学知识服务于社会。总之，实践性人才的培养是我国高校人才培养目标的核心，没有一大批献身国家发展实践的人才，没有一大批高素质的拔尖创新人才，没有一大批了解中国国情、致力于中国革命和建设实践的人才，新时期的宏伟蓝图是不可能实现的。只有实现了实践性人才的培养目标，才能保证人才培养的有效性和现实性。

4. 复合性人才

当代科技发展呈现出既高度分化又高度综合，并以高度综合集成为主的整体化发展趋势，学科间相互交叉，相互渗透、融合。知识的创新、技术的创新已不可能仅仅依靠单一学科知识和单一技能来实现，需要的是具备多领域学科知识、多种专业技能的复合性人才。

5. 合作性人才

知识经济社会是一个人际关系高度社会化的社会，是一个科技发展综合化、总体化的社会，靠少数人之力，将很难取得重大创新成果。因此，需要借助集体和他人的力量，需要相互更紧密地联系与合作，才能充分发挥自己的力量取得成功。所以，当前社会需要的是合作性人才。

（三）现代社会对人才知识结构的不同需求

1. 不同职业对知识结构的共性要求

（1）扎实的基础知识。基础知识是知识结构的根基。近年来，科技发展迅猛、知识更新加快，但更新的决不是基础知识，基础知识是知识更新的原动力。

随着科技和经济的高速发展，社会的产业、行业、职业结构调整的速度必然加快，毕业生在择业就业上已不可能再是从一而终，职业岗位随时变动的情况不可避免。

（2）精深的专业知识。专业知识是知识结构的核心部分，也是科技人才知识结构的特色所在。无专业特色，也就不成其为科技人才。

所谓精深，是指大学生对自己所要从事专业的知识和技术具有一定的深度，有质和量的要求；同时，对其专业邻近领域的知识也要有所了解和熟悉，善于将其所专长的领域与其他相关知识领域紧密联系起来。

专博相济，专深博广，成为当前人才素质的重要要求。

（3）其他知识技能。现代各类职业都要求从业者具有的知识"程度高、内容新、实用强"。例如，目前用人单位普遍要求毕业生能熟练运用一门外语和掌握计算机。此外，毕业生如能掌握一技之长，诸如书法、绘画、驾驶、公关等也将增加其求职的成功率。

2. 不同职业对知识结构的特殊要求

（1）管理类职业的要求。其职业范围包括经济管理、企业管理、金融管理、财政管理、外贸管理、行政管理等。要求就业者必须掌握党的方针政策和相关法律知识。在知识结构中，除管理理论、知识占较大比例外，还应了解税务、工商、外贸等知识。该类职业要求就业者具有"网络型"的知识结构。

（2）工程类职业的要求。其职业范围包括工程技术应用工作，要求就业者牢固掌握专业知识，具有较新的现代专业理论，熟练掌握并能应用于实际工作中的应用技术及一定的管理知识。

（3）科研类职业的要求。其职业范围包括基础理论研究、信息情报研究、学科应用技术研究等。要求就业者具有丰富坚实的专业基础知识，掌握严谨的科学研究方法并运用于实际研究，掌握大量的本专业的前沿信息，熟练掌握本专业的各种实验方法和调查方法。该类职业要求就业者具有"宝塔型"的知识结构。

（4）教育类职业的要求。其职业范围包括大学教师、中学教师以及各类职业教育教师、干部培训教师等。要求就业者掌握基础理论和深厚扎实的专业知识，熟悉本专业最新研究成果及发展趋势，了解与专业相近的新兴边缘学科或交叉学科的情况；具有较系统的有关知识（含教育学、心理学、教育心理、教材教法等）。该类职业要求就业者具有"网络型"的知识结构。

大学生应当根据社会需要，结合个人专长，充分了解各种职业对求职者知识结构的特殊要求，在就业前和就业后注意建立和调整自己的知识结构，并使之日趋合理、日臻完善，为成才奠定坚实的基础。

3. 新时期最好的人才是"通才"

所谓"通才"，是指基础理论扎实、知识面广、适应性强的人才，也就是德、才、学、识兼备，思想开阔、创造力强的人才，也可称为既通又专，在通的基础上专的人才。简单说来，通才的知识综合化、技能多样化、适应变动的能力强。

毕业生要有"通才"意识，这是市场经济发展对人才提出的新要求。古代，科学处于萌芽时期，人才曾以"通才为主"；近代，科学不断分化，人才则以"专才为主"；今天，科学高度分化与高度综合，人才以"通才取胜"。诺贝尔奖获得者中，多是进行综合性研究的通才；诺贝尔本人是化学家、发明家、语言学家、企业家。

目前，国外的高等院校都十分注重通才教育。美国强调培养学生的"适应社会环境"的能力，提倡"百科全书式"的教育；比利时根特大学提出，要培养"能看到最不同的科学领域间的相互关系的人，而这种人，又应是人文科学和自然科学的内行"；法国学者指出，高等教育应培养"既有广阔得多的视野，又对某些新的问题或新的设想有高度的造诣，不受学科的历史界线束缚的人"。

我国也看到"通才教育"的重要性，不少高校已付诸实践，并采取了一系列措施：

（1）实行"按大类招生、分流培养"模式。

（2）实行学分制，积极尝试学士—硕士连读制。

（3）实行双学位制。学生在校期间可以攻读第二学位。

（4）推行主副修制。修读主专业时，自主选择副修专业。

（5）增加选修课程学分数，扩大学生选课自主权。

（6）增设选修课，全面提高文化综合素质。培养理科学生的人文精神，文科学生的科学精神。

三、关于优化大学生知识结构的思考

(一) 当前大学生知识结构的现状与问题

任何知识结构，都应是一个不断进行自我调节、完善、优化，使之不断趋于合理的动态结构。合理的知识结构系统，应该具有自我生长功能、自我完善功能、知识迁移功能和创造性功能。然而，由于受到传统的思维方式和教育观念、体制的影响，当前许多大学生形成了在单一专业基础上构造的单向、线型、平面、封闭、低功能的知识结构。其具体表现在：着重专业知识，基础知识薄弱，知识面狭窄，文理分割严重，局限于某一专业领域，缺少一些最基础、必要的理论和知识修养；片面重视外语、计算机等实用技能性知识，热衷于过级考证，忽视了其他专业知识的学习；知识体系内部缺乏有机联系，知识庞杂、松散、相互孤立、死板、僵化，缺少系统性和有机联系性；知识的陈旧速率高，信息封闭，知识吸纳力不足，知识更新慢，等等。这种知识结构状况，明显缺乏创新活力，也难以适应时代的发展。

各类现代职业对就业者文化素质和合理知识结构的要求愈来愈高。就知识结构而言，现代职业不仅对知识技能共性的要求愈来愈多，同时对就业者知识和技能的适应性要求也愈来愈强。对不同岗位大学毕业生的调查显示："平而不尖"现象，与知识结构的缺陷有重要关系。

华东师范大学曾对 100 名"尖子学生"做过调查，结果发现：

(1) 理科学生中，文史哲知识"一般"和"差"的占 46%；

(2) 文科学生中，缺乏自然科学知识的占 65%；

(3) 文理科学生中，心理学知识较差的占 63%，缺乏管理学知识的占 78%。

北京大学曾举办过一次"百科知识竞赛"，内容包括天、地、生、数、理、化、文、哲、经、法、政和音、体、美，各年级都派代表参加比赛。竞赛结果：文科知识平均正确率为 51%；理科知识平均正确率为 47%；文科学生的理科知识平均正确率为 36.5%；理科学生的文科知识正确率不到一半；文理科非经济类专业学生的经济学知识正确率才 2.7%。第一名竟是一年级学生。

(二) 影响大学生知识结构的因素

当前许多大学生的知识结构不尽合理，这是由多方面的因素造成的，概括起来主要有以下六个方面。

1. 大学专业课程设置落后，知识老化

"我学的都是 10 年前的东西，现在早已被淘汰了，让我们工作后怎么应用。"一个刚入校的大学生埋怨他们学习的教材老化。而一位大学老师则这样解释，一个学科要形成理论，至少需要 5 年，而从理论形成教材并培养出可授课的教师又要几年，而通过这批老师和教材再教出学生至少也得 4 年，这就造成了很多学生学的是 10 年前的东西的现状。长期以来，我国高校专业课程设置老化已是不争的事实，并已成为我国大学向世界一流大学看齐的瓶颈所在。而专业课程的设置直接决定着大学生的知识结构和专业技

能的掌握情况，并最终影响大学生的竞争力。

2. 大学生心理健康状况不佳

心理健康状况直接影响着大学生知识结构的完善。现代科学技术的发展，要求大学生既要有宽广的知识面，以适应现代科学向综合、交叉、横向发展的特点；同时，又要有精密的专业知识，体现横向知识与纵向知识、专业化与多能化的结合。现代人才的知识结构，既要有比较宽厚的基础知识，又要有一定深度的专业知识，以及与专业相关的边缘学科知识。完善的知识结构，有赖于个人兴趣、爱好、需求、动机和意志等心理品质的支撑。

心理健康状况不佳的学生，对周围世界缺乏兴趣，不愿意接受新的知识。这样的学习状况和学习方式，显然不利于形成合理的知识结构。而心理健康的大学生，有着广泛的兴趣和爱好，有着强烈的好奇心，能够以开放的心态来对待学习，他们精力充沛，学习效果良好，完成专业的课程学习之余，还有足够的精力学习课外知识，形成更丰富和完善的知识结构。

3. 学生学习方法单一、不科学、效率低

大部分大学生之所以知识结构不合理，很大程度上是没有掌握科学、有效的学习方法，对之只有模糊的认识。不少学生的学习还停留在中学阶段，即只注重简单的知识积累，不能真正掌握知识的内在精华，不能把这些知识内化到自己的知识结构中，所学的东西缺乏知识的系统性。此外，学习手段与模式单一，不能处理好知识与能力的关系，不能主动驾驭学习过程也是导致其知识结构有缺陷的原因。

4. 大学校风、学风不良，校园文化单调、枯燥

优良的校风、学风对学生的成才成长起着潜移默化的作用。一所学校如果具有井然有序的教学秩序，团结、紧张、严肃的工作和生活作风，优美整洁的校园环境，文明礼貌的道德风尚，尊师爱生的良好风气，以及认真、严谨、刻苦的学习风气，对学生的成长进步无疑有很大的促进作用。

然而，我们看到，近年来大学校园中逐渐弥漫着一股不良的风气，许多学生不是把主要的精力放在学习上，而是成天热衷于吃喝玩乐，上网玩游戏、聊天，还有不少则沉迷于谈情说爱中，如此怎能不荒废学业？几年的大学生活之后，他们究竟能学到多少有用的知识和本领着实令人担忧。同时，有的大学校方由于害怕学生出事而走极端，在管理上过于死板，对学生社团活动定的条条框框太多，这也不许、那也不准，校园文化由此凸显出单调、枯燥和乏味，致使学生无从打发多余的精力和空闲时间，也使他们失去了从丰富多彩的校园文化中汲取营养、丰富自身知识结构的大好机会。

5. 大学生上网成瘾，迷恋网络文化

互联网进入中国短短几年间，获得了突飞猛进的发展。近年来，中国网民的数量急剧暴增，尤其大学生网民更是其中的主力，上网已成为许多大学生每天的"必修课"。由于网络这个精彩世界的诱惑，导致不少大学生产生了网络依赖症，网络文化对他们的思想、道德、情感乃至生活习惯和知识结构都产生了深刻的影响。比如，网络语言就在许多学生的学习中不由自主地流露出来。这种影响可谓喜忧参半，到底对他们的成长是弊大还是利大，现在还颇多争议，难以做出定论。

6. 热门就业专业对在校生的诱惑

自 1998 年大学扩招起，考上大学的青年日益增多。现在，社会上每年新增的大学毕业生面临着前所未有的就业压力。社会热门专业的毕业生就业的成功率显然更高。同时，在大家都比较优秀的情况下，拥有特殊一技之长的毕业生就更容易得到用人单位的青睐。这必然导致刚进校的大学生会根据人才市场需求的变化相应地调整自身的专业定位和知识结构，以提高将来的就业成功率，如选修许多能拓展自己知识面、提高人文综合素质的课程。但很多学生由于对就业市场调查不充分，所获信息不全面，人才市场预期不准确，对自己所学专业所应掌握的知识和能力缺乏准确的认知，人云亦云，学习生活实际处在比较盲目的状态中。加之不少学校在学生学习后期，没有帮助他们搞好合理的职业生涯设计，导致他们毕业时才发现判断失误，遭遇热门变冷门的就业窘境。这其中的教训令人深思。

（三）优化大学生知识结构的原则

每一位专门人才的知识结构都具有自己的特殊性，这是由他们每个人所从事的专业领域不同所决定的。但是，广博性和精深性、理论性和实践性、静态性和动态性、个人爱好及国家需要应作为优化大学生知识结构的共同性和一般原则。

1. 广博性和精深性的统一

合理的知识结构是广博性和精深性的有机统一体，它既是在广博基础上的精深，又是围绕着精深目标的广博。如果把两者割裂开来，强调一个方面的作用，忽视另一个方面的作用，就必然会造成思路闭塞，所建立起来的知识结构就不能充分发挥作用。

2. 理论性和实践性的统一

合理的知识结构是理论性和实践性的互相渗透、互相结合的有机统一体。一个人合理的知识结构，不但是在理论知识上的有效积累的基础上建立起来的，而且是在实践过程中通过具体实践，不断总结经验逐步建立起来的。这就要求我们大学生除了要重视"第一课堂"的学习之外，还要开辟"第二课堂"，走向社会，重视社会实践的学习。

3. 静态性和动态性的统一

合理的知识结构既是静态性结构又是动态性结构，是两者的辩证统一。从知识结构模型看，知识结构是静态的结构。正是由于知识结构的各个层次和联系的各个环节相对静止，人们才能够把握它、调整它。

知识结构是动态性结构。因为客观事物是不断运动的，作为反映客观事物的知识结构，当然是不断运动的；并且主观认识也是不断发展的，作为体现主观认识的知识结构，当然也是不断发展的。绝对静止的、不动的、一成不变的知识结构是根本没有的。

总之，知识结构是静态和动态的统一体，静有其位，动有其轨，人们只要能正确地认识它，不断地调整它，就一定能保持它的最佳状态，发挥它的潜在作用。

4. 个人爱好和国家需要的统一

个人爱好是个人对某种事物产生的浓厚兴趣，爱好常常是人才成功的重要因素，而且爱好越深，成功率也就越大。建立合理的知识结构，不仅要权衡自己的所长所短，而且要把兴趣、爱好、特长与国家的需要和客观条件的可能统一起来，使个人爱好服从国家需要，以国家需要培养个人爱好。鲁迅先生和郭沫若同志原来都爱好医学，但他们为了救国就毅然决然地弃医从文，结果他们不仅对中国的革命事业做出了卓越的贡献，而且在文学上也都取得了非凡的成就。

（四）优化知识结构对大学生个人自身的要求

1. 大学生知识结构的自我定位和选择

这是大学生优化、建构自己的知识结构的根本前提。大学生要根据自己的兴趣、专业、成才目标和发展方向，定位和选择适合的知识结构。一些学者总结出了几种典型的知识结构，包括："宝塔式"结构，强调基础知识要厚博、专业知识要精深、前沿知识要新颖，这种结构有利于迅速接近科学前沿，从事科学攻坚。"网络型"结构，以自己的专业知识为中心，把其他与之相近、作用较大的知识，作为网络的各个"纽结"，相互联结成为一个适应性较强、能在较大空间发挥作用的结构，这种结构适宜于组织管理。"壳层"结构，中心部分为基础理论、技术理论和应用理论构成的知识硬核，中间部分主要以论文等形式发表见解，该层反映思想活跃、吸收力强，最外层内容为在科学活动中所产生的闪光思想、灵感、预测和推断，也包括经过互相碰撞产生的新观念、见解、发现和创造，这个结构侧重于科技人才吸收知识和创新过程。此外，还有"T"字型结构，其特点是知识面的宽度与某一专业的深度相结合，博专相济；"开"字型结构，其特点是知识面广，对两门以上的专业知识都有较深的研究，这种结构更为可贵。但是，知识结构不存在固定的绝对的模式，可以多种多样，因人而异，最重要的是适合自己的职业要求和发展方向。

大学生知识结构的优化、建构离不开个人自身的努力。所以，大学生要树立正确科学的认知模式，充分剖析自己的知识结构状况，自觉、自主地按照科学的方法，通过自身的努力和内化，优化、建构自己合理的知识结构体系。

2. 勤奋学习，积累知识

知识结构不能只是一个空架子，必须要由知识单元构筑而成。缺少了勤奋学习、积累知识，知识结构的优化、建构就无从谈起。学习基础知识一定要宽厚、扎实、广博。当代科技的发展，出现了知识间高度分化，又高度综合、互相渗透的新趋势。如果没有扎实、宽厚、广博的基础知识，是很难在某一领域有所建树的。基础知识是人类全部知识体系中比较稳定的那一部分，它不易陈旧老化，而且还有广泛的迁移性、适应性和概括性。基础知识本身就是知识更新的原动力。它不仅仅是当代社会而且也是将来社会人们从事生产、工作、学习和生活所必须具备的条件，同时也是掌握专业知识和其他知识的基础。基础知识越丰富、扎实，接受新信息就越快，掌握知识的质量就越高。大学生一旦具备了宽厚、扎实、广博的基础知识，面对科技发展迅猛异常和专业知识陈旧周期不断加快以及市场经济的变幻莫测，都能应付自如。学习专业知识要精深，特别是本专业的学科知识越精深，越有利于知识创新。专业知识是未来所需人才知识结构中不可缺少的内容，是顺利完成工作并能够进行一定发明创造的重要条件。只有掌握了精深的专业知识并能与其他知识密切配合，才能在未来的社会分工中充分发挥作用。"精"，就是要掌握本专业的精华，做到融会贯通。"深"就是要了解透彻，对本专业的历史现状、发展趋势以及对学科的纵横联系有一个全面系统的理解。大学生要从自己的专业方向和成才目标出发，分析、确定哪些知识是自己的核心知识，哪些知识是自己的辅助知识；

此外，还要学习各种工具知识（如外语、计算机等）和方法知识（如文献检索、调查分析、信息论、控制论等），并做到熟练运用、得心应手。

3. 不断优化科学合理的学习机制

知识结构优化、建构的过程，实质上就是一个学习机制不断更新并趋于合理的过程。而一个科学又合理的学习机制，则应包括提升、补弱、前瞻、杂交和循环五个方面。

第一，提升。就是运用科学的方法，对那些分散的、零碎的、低层次的经验知识，进行加工、提升，使之在知识结构内部与理性知识优化、协调、结合、通融，共同发挥系统效应。要做到这一点就必须善于总结经验，注重运用抽象法、比较法去分析，明确经验的适用环境和条件，提高对经验的认识，加深对有关理论的理解。

第二，补弱。就是经常地分析自身的知识结构的状况，发现有薄弱的地方，自觉地克服，努力地补足。比如，抽象分析能力较弱的就要加强哲学知识的学习；自己的视野不广则要多了解宏观知识信息，等等。这是动态地促使知识结构合理的简单而又必要的方法。

第三，前瞻。就是进行前瞻性、超前性的学习，在空间上关注宏观信息，在时间上关注事物发展的未来前景、趋势和规律，扩展思维空间。具体来说，就是不仅要认真学习和把握自己从事或感兴趣的知识领域、专业的未来发展前景信息，而且要涉猎一般性的未来预测学等学科知识，这样才能给创新思维以广阔的空间，创造更多的机遇。

第四，杂交。就是经常性地向同学、老师请教、探讨问题，或接触其他专业学科，获取对自己有价值的知识、信息，汲取养料，开放式学习，而不能把自己封闭起来。有许多例子可以证明，学理工科的人如果有较多的社会科学知识、文化艺术修养，就能有较高水平的创新思维能力。

第五，循环。就是发挥自己的主观能动性，有意识、有目的地使知识结构不断完善，从而实现良性循环。知识结构自身是不平衡—平衡—不平衡的循环过程，它通过上述的提升、补弱、前瞻、杂交等手段加以推动。所以，我们应主动地运用这个良好循环发展规律，自觉防止循环的中断和逆转、倒退；自觉摒弃那种死记硬背的习惯，注重运用科学的学习方法，增强自学能力，特别是要进行研究性的学习，对知识单元充分了解、消化、吸收，转换视角审视、发现和把握知识系列、知识间的相互关系，培养学术的敏锐性。

4. 充分利用各种知识资源

可供大学生利用的知识资源有：图书馆、互联网和老师。

高校的图书馆是教学和科研的重要支撑，是专业学术领域信息聚散的前沿阵地，是大学生课堂教学的延伸、扩展和深入。图书馆收藏有图书、期刊、会议文献、学术论文、技术报告、专利文献、政府出版物以及报纸、技术档案等各种情报源。大学生应充分利用这些知识、信息资源，广泛地阅读和涉猎各种文献资料，消化、充实、扩展课堂的学习内容，同时扩大视野，增加信息量。

在现代，互联网的发展迅猛，互联网上的知识信息资源非常庞大、丰富，获取也相对容易，大学生不可不用。同学们可以通过互联网打破时间、空间的限制，在更广阔的时空领域中获取更多的信息，进行更广泛的交流和合作。

高校老师的学识修养、学术水平比较高，在某一个或多个领域具有颇深的造诣。因此，大学生要积极主动地向老师学习，探讨问题，充分利用这个知识资源。

5. 培养创新思维能力

创新思维的超越性的本质就是根据解决问题的需要，在头脑中对原有的知识经验、观念、方法等进行新的组合，特别是对现有的知识结构进行优化与建构，使之形成新的、合理的知识结构体系，并充分发挥其结构效能。这其中的关键在于突破阻碍思维创新的因素，即突破人们头脑中传统的、固有的观念和思维中形成的习惯与定势。因此，要知识结构不断得以优化与创新就必须提高创新思维能力，学会运用各种创新思维的原理和方法，自觉抵制和克服各种思维障碍的束缚，以实现思维方式与知识结构的创新互动。所以，大学生要善于开发自己的大脑，挖掘自己的潜质，打破传统思维定势、观念束缚，树立创新意识和创新志向，重视以独立的思维和创新的思维方法为主要内容的思维能力的培养。在学习过程中，要善于开动脑筋，注重事物的特殊性，突破常规，运用推理、类比等方法进行突破性、探索性思维，扩展思路，独辟蹊径，努力探求新思路、新方法和新见解，提高知识选择能力、观察能力、分析能力、知识物化能力。提高创新思维能力的方法包括激发潜意识法、强化记忆法和相似诱导法等。大学生要自觉学习思维科学，强化训练，最大限度地培养和提高自己的创新思维能力。

6. 理论学习与社会实践相结合

理论学习与社会实践相结合是使知识结构由内化继承向外向创造方向发展，跃迁更高层次的关键。理论型知识和经验型知识是一个完整知识结构的两大支柱，缺一不可，两者相互协调、互为补充。二者的组合比例与结合程度是否合理，直接关系到知识结构功效的发挥。人们在某一学科领域基本上完成了知识的继承后，才可能进行前沿创新的研究；而不断向前发展的人类实践又不断地向人们提出了各种各样的新课题。这些都要求我们要把理论学习与社会实践结合起来。在实践中，我们应训练技能、培养能力、转变思维方式，突破传统的思维定势、惯性，对原有知识、经验、观念、方法进行新的组合；对自己的知识结构不断进行预测调节、反馈调节，使知识结构在动态中不断优化，更趋于合理，有活力。所以，要把深入开展理论学习与各类实践性环节互动的教学相结合，注重学校教育与社会实践紧密结合，尽量多开展社会调查、课题研究和实习考察等形式的活动，给知识结构的外生、外延创造条件。

此外，我们大学生也应该积极融入校园文化之中，接受校园文化的熏陶，用先进的文化理念和内涵进行自我教育，培养和提高自身的文化素养，让自己的知识结构在动态中不断地优化和建构。

总之，我们大学生知识结构的优化和建构，必须要根据自己原有的知识结构状况，结合社会的需要和自己的发展方向，运用科学的方法，充分利用各种资源条件，有计划、有目的地进行。

第三讲

能力培养

当代大学生作为未来社会的栋梁，如何提高自身的综合素质与综合能力，是亟待解决的问题。积极提高自身文化素质、注意养成良好习惯、积极培养思维能力、切实地培养创新能力是大学生提高自身综合素质与综合能力的有效途径。

一、培养自身文化素质

大学生的基本素质包括思想道德素质、文化素质、专业素质和身体心理素质。其中文化素质是基础，可以通过加强文学、历史、哲学、艺术等人文社会科学方面的教育，同时对文科学生加强自然科学方面的教育的方法来提高大学生的文化品位、审美情趣、人文素养和科学素质。

加强文化素质教育，有利于使大学生通过文化知识的学习、文化环境的熏陶、文化活动和社会实践的锻炼，以及人文精神的感染，升华人格，提高境界，振奋精神，激发爱国主义情感，成为"四有"人才；有利于大学生开阔视野，活跃思维，激发创新灵感，为在校学好专业以及今后的发展奠定坚实的文化基础和深厚的人文底蕴；有利于培养基础扎实、知识面宽、能力强、素质高的人才。因此，应切实加强文化素质教育，从更深的层面和更综合的角度体现德、智、体全面发展的要求。

就当前的形势来说，大学毕业生的就业率、就业市场、收入等逐渐成为在校大学生关注的焦点，学习的目的越来越倾向于功利化。然而，对就业不满意的大学毕业生却为数不少。事实上，功利化的学习并不能使一个人真正取得成功。有一项调查显示，那些平时热衷于考各种证书，找兼职挣钱，考前靠突击取得好成绩的毕业生，可能会暂时找到一份好工作，但一段时间后，便失去了发展的后劲。而那些注重基础积累，知识扎实的学生，尽管表面的成绩或工作暂时不如前者，但他们一定会取得成功，因为时间越长，其文化修养的后劲越强大，成功的几率也就越高。钱学森、李政道、杨振宁、周培源等老一辈自然科学家，都发表过一些关于文化、艺术与科学相互联系、相互作用的精辟观点。钱学森在 1991 年国家给他授勋的时候，讲了一番话，大意是：他今天能够在科学研究的道路上获得这样一点成绩，应该归功于他的夫人蒋英。蒋英是一位女高音歌唱家，而且擅长花腔女高音。钱学森说："是她给了我诗情画意，使我懂得了人生，使我在科学研究道路上避免了机械唯物论和死心眼。"毋庸置疑，功利化的学习取得的知识是暂时的和表面的，很快就会在知识的更新中被淘汰。永远与时俱进的是对学术与理想的无限忠诚，是对自然与社会的高度关注，是对知识与人生的无比热爱，是对正义与良知的崇高追求。

那么，应如何才能有效提高自身的文化素质呢？

首先，注意第一课堂和第二课堂相结合。第一课堂和第二课堂相结合，是提高大学生文化素质的重要途径。第一课堂主要是学好文化素质教育的必修课和选修课，即理、工、农、医科学生重点学习文学、历史、哲学、艺术等人文社会科学课程，文科学生适当学习自然科学课程。所修课程要在学习知识的基础上，更加注重人文素质和科学素质的养成和提高。第二课堂主要是广泛参与专题讲座、名著导读、名曲名画欣赏、影视评论、文艺会演、课外阅读、体育活动等丰富多彩的文化活动，以丰富课余文化生活，陶冶情操，提高文化修养。

其次，应注重文化素质教育与专业教育紧密结合。专业课程和实践课程中蕴涵着丰富的人文精神和科学精神，在学习专业课时，要自觉地将人文精神和科学精神的培养贯穿于专业学习始终；同时，也要把文化素质教育的有关内容渗透到专业课程学习中去，使自己在学好专业课的同时，也提高自身的文化素质。

最后，应积极参加各种形式的社会实践活动。大学生参加社会实践活动，是加强文化素质教育的重要方面。因此，应该积极参观校内外的人文景点、历史博物馆、自然科学博物馆，参加社会调查、访谈等活动，参与社会服务工作，使自己在实践中提高自身的文化素质。

二、注意养成良好习惯

俄罗斯教育家乌申斯基说过："良好的习惯是人在其思维习惯中所存放的道德资本，这个资本会不断增长，一个人毕生可以享受它的'利息'。另一方面，坏习惯在同样的程度上就是一笔道德上未偿清的债务，这种债务能以其不断增长的利息折磨人，使他最好的创举失败，并把他引到道德破产的地步……"著名教育家叶圣陶先生在《不养成什么习惯的习惯和妨害他人的习惯》中说："坐要端正，站要挺直，每天要洗脸漱口，每事要有头有尾，这些都是一个人的起码习惯。有了这些习惯，身体和精神就能保持起码的健康，但这些习惯不是短时间内就能形成的，要逐渐养成。在没有养成的时候，多少需要一些强制功夫，自己得随时警觉，直到'习惯成自然'，就成为终身受用的习惯。可是如果在先没有强制与警觉，今天东，明天西，今儿这样，明儿又那样，就可能什么习惯也养不成。久而久之，这就成为一种习惯，牢牢地在身上生了根。这就是'不养成什么习惯的习惯'，最要不得。"

作为大学生，怎么才能养成好的习惯呢？良好习惯的养成关键在自律。《大学生百科全书》解释：自律指与他律相对应的自我约束力。自律有高度的自觉性，是人对社会规范、道德规范、道德准则、各种法纪的自觉认知，并已形成内在的价值观念，是指在没有外在的监督下一种自觉主动的行为；他律是指在法律的约束下、纪律的要求下一种非主动的行为。大学生作为接受过良好教育的知识群体，具有独立意识、求实创新意识、责任感、使命感和明辨是非的认知能力，可以说已经具备了一定的自律能力。养成即培养形成。培养是一个从无到有的过程，而形成是培养的目的。文明行为的养成不是一时的，它不仅是观念的形成，而且是一种由量变到质变的实践过程，是达到了一种不想做而不是不敢做的状态。因而，从"大学生"这个特殊的群体、从"养成"这个直接目的这两点只能推出"大学生文明行为的养成主要靠的是自律"！当然，我们也没有排除他律的作用，他律作为一种行为规范在处处提醒着与制约着人们的行为习惯，人们需要在这样一种"保护"下去创造更美好的"自身与社会"。所以，总体来说，大学生文明行为的养成要以自律为主，他律为辅。具体来说，我们应该注意哪些方面呢？

从小事做起，注意细节。一个人的习惯好不好，素质高不高，往往反映在小事上。要明辨是非，随时提醒自己。比如，注意自己的站相、坐相、走相、吃相，注意每一次作业或考试书写的工整，注意待人接物的礼仪等。一开始可能有点儿"累"，但用不了多久，你就习惯了，而且会一辈子受益。

开好头不开坏头。习惯是通过过程养成的，而过程都有开头。只要是想好了准备做的事，就要果断地开头，不要拖，不要等。比如，我打算背单词了，好！开始背。我打算写日记了，好！开始写。一段时间以后，你觉得它已经成为你生活的一部分了，甚至没有什么觉得不觉得，到时候就自然而然地去做了，好习惯就养成了。相反，坏事千万别开头，因为开了头就会对自己放纵了。

咬牙坚持。开了好头就要持之以恒，遇到困难要咬牙坚持，千万不能松劲。事后，你甚至会被自己的精神所感动，进而特别珍惜自己的成果，越来越不忍心放弃，于是就养成了好的习惯。

创造好环境。可以几个人约定，也可以班级倡议，大家互相督促，把某些好的东西坚持下来，杜绝和克服那些坏的东西。这样做很有好处，不仅有利于养成好习惯，而且好的集体风气也形成了。

不找借口。这对于养成好习惯非常有帮助。人最容易原谅自己，事情没做好，想办法找一些原因，让自己心安理得。这是一种坏习惯。它会让你软弱，会让你偷懒，会让你逃避，结果让你丧失了勇气。

要利用一切机会来锻炼自己，习惯于为他人服务。这不仅不耽误学习，反而是培养自己责任意识、为他人服务意识和工作能力的好机会。这些东西形成了，也是一种好习惯！

三、积极培养思维能力

思维能力是人的智力的核心因素。一个人智力水平的高低，主要通过思维能力反映出来。那么，什么是思维？什么是思维能力？怎样培养我们的思维能力？

思维，就是通常说的"思考"、"想"、"动脑筋"，是人的大脑对客观事物的认识过程。人们对客观事物的认识分为两个阶段，即感性认识阶段和理性认识阶段。比如，我们认识一个人，先是从知道他的姓名、长相，听他说话，看他做事开始的，以后逐渐对他了解越来越多，直到认识他的性格特点、他的精神境界。这就经历了感性认识到理性认识的两个阶段。使我们完成这个认识过程的核心因素就是思维。在感性认识阶段，人们也要"想"，但那是初步的，只有对客观事物获得了大量的感性材料时，人们才能通过分析、综合，认识事物的本质特征。所以，思维主要表现在理性认识阶段。

思维能力，就是一个人进行思维的能力。思维水平的高低，反映一个人的智力活动水平高低，它表现为以下几个方面：

（1）独立性。思维能力强的人，必定是善于独立思考的人。在学习中遇到疑难，在生活中遇到困难时都能独立思考，寻找答案。即使他请教别人，查阅资料，也是以独立思考为前提。

（2）灵活性与敏捷性。思维能力强的人，做事迅速而且灵活，不墨守成规，能比较快地认识、解决问题。

（3）逻辑性。想问题严密而且科学，不穿凿附会，不支离破碎，得出的结论有充足的理由、证据，前因后果思路清晰。

（4）全面性。看问题不片面，能从不同角度整体地看待事物。

（5）创造性。对问题能提出创造性见解，别人没想到的，他能够想到。

如何培养思维能力呢？主要可以从以下几方面着手。

（一）要有全局的眼光

思维并非天马行空、无所限制，而要在一定的限度内，否则就是胡思乱想。这个限度就是全局，就是总体的方向。全局就是大局，我们的每一项工作，不管有多么"微小"，都是全局的一部分。一件工作，不同的人有不同的思路；一项任务，每个人的处理方法也不尽相同，但如果想办得好，办得圆满，办得到位，必须要放在全局的角度来思考、筹划。

（二）要有足够的知识

知识贫乏是思维障碍的第一个原因。但这里关于"知识"的含义，要注意两点：

一是知识要有用。知识越广泛，我们所思想、所用的元素也就越多，但是并不是知识越多越好。人生有限，我们只能用更多的时间来占用有用的知识。

二是知识源于生活。我们平常所说的知识不仅仅来自书本，还有很多来自生活。有很多知识是实用性的，但它们不一定能在书本上学到。知识构成一方面要有用，就是要与职业相关；另外一方面，知识的来源不仅仅是书本，还有很多是现实生活的经验总结。

（三）不进行无批判的学习

以前有一句话说，年轻人学习知识要像海绵吸水一样。这句话对了一半。现在科学发展很快，甚至还伴随有伪科学，所以没有批判的学习，没有自己的主见，真正像海绵吸水那样，无论是红颜色的水还是黑颜色的水都吸进去了，就不能形成正确的见解。当知识积累到一定程度，学习就应该有主见，有自己的观点和看法；否则，学来的东西就是一盘散沙，一无是处。对年轻人来说，切忌没有批判的学习。

（四）切忌迷信

产生思维障碍的第二个原因就是迷信。这里指各种各样的迷信，不仅指封建迷信活动，还包括迷信权威、迷信书本。迷信会让人耳目失聪，对周围事物不敏感。革命家、经济学家陈云曾说过："不唯书、不唯上，只唯实。"就是教导我们不要迷信，要尊重事实，重视实践。

（五）切忌固执与偏见

对于在工作或事业中取得成功的、有经验的人士来说，他们容易犯的一个错误是固执与偏见。因为"以前的事实已经证明是正确的"，所以越是成功的人士越会相信过去的经验，就越容易固执。而固执到了一定的程度就形成了偏见。

（六）不被习惯性思维束缚，抑制定势的消极作用

思维最大的敌人，是习惯性思维。世界观、生活环境和知识背景都会影响到人们对事对物的态度和思维方式，不过最重要的影响因素是过去的经验。生活中有很多经验，它们会时刻影响我们的思维。

人们普遍认为水浇在衣服上，衣服会湿。但是一件全毛的衣服被浇了水却不湿，是怎么回事呢？原来，这衣料的纤维经过了特富龙（一种涂料，既厌油又厌水，涂在锅底成不粘锅）处理，所以不沾水也不沾油。这就是一个新的改变。如果完全依赖过去的经验，我们就会判断失误。尤其在当今时代，科学进步非常快，以前有很多不可能的事情变得可能。我们不能完全依照我们过去的经验来判断未来。过去经验的积累导致了我们的思维定势。"过去的经验既是我们的财富，其实某种程度上又是我们的包袱。"

常见的也是我们在思维过程在要注意抵制的消极思维定势有经验型、权威型、从众型、书本型、自我中心型、直线型等类型。

四、切实地培养创新能力

所谓创新能力，就是人们产生新认识、新思想和创造新事物的能力。创新能力一般被视为智慧的最高形式。它是一种复杂的能力结构。在这个结构中，创新思维处于最高层次，它是创新能力的重要特性。创新能力实质就是创造性解决问题的能力。创新能力涉及一个人的多种能力，如认识能力、观察能力、记忆能力、判断能力、分析能力、想象能力、实验能力、自学能力、吸收知识能力、信息能力等，是一个人综合能力的具体体现。因此，在培养我们的创新能力时应注意对组成创新能力的各种相关能力的全面培养，这样才能全面提高创新能力。

目前，我国大学生创新能力还是较低的。其原因有五点：一是缺乏创新观念和创新欲望。许多大学生虽然不满足于现状，但往往只是牢骚满腹，唉声叹气，缺乏行动的信心。二是缺乏创新的毅力。虽然有些大学生也能认识到毅力在创新活动中的重要性，但在实际工作过程中往往虎头蛇尾，见异思迁，放弃追求。三是缺乏创新的兴趣。现在大学生的兴趣往往随着时间、环境、心情的改变而经常变化，缺乏深度和广度。四是缺乏创新所需的观察力。在观察的速度和广度、观察的整体性和概括性、观察的敏锐性和深

刻性、观察的计划性和灵活性等方面，大学生普遍存在着不足。五是缺乏创新性思维能力。有些人也想创新，但不知道如何去创新，他们在直觉思维能力、逻辑思维能力、联想思维能力、发散思维能力、逆向思维能力等方面都还比较稚嫩，需要加强培养和锻炼。

应该怎样培养创新能力呢？

（一）热爱生活，关注生活，享受生活

我们都知道，艺术和文学创作源于生活，只有源于生活的东西才是具有生命力的东西，才能为人们所熟知、所接受。其实，创新也是一样。创新的灵感从哪里来？它必须从生活中来，它不可能凌驾于生活之上，更不可能是梦幻的、虚无缥缈的。

热爱生活，关注生活，享受生活是创新的前提和基础。试想一下，如果你不热爱生活，对生活的态度是一种漠视和冷淡，你怎会去关注生活呢？不关注生活，创新又从何来？创新不可能凭空而来，它不是神话，来源于现实。我们只有热爱生活，并关注生活，而且好好享受生活，这样我们创新的灵感源泉才会永不枯竭，我们的生活也才会日新月异、丰富多彩。艺术也一样是源于生活，不妨以艺术为例来证明这一道理。

注重现实生活和艺术表现的衔接很重要，就是我们常说的，"艺术要源于生活，又要高于生活"。创新，没有丰富的生活体验不行，没有艺术的概括表现也不行。在西藏有两个生活细节：一个是圣洁的哈达，它代表着藏族人民对美好的祝愿；一个是藏民在建筑劳动中的一种独特的砸夯方式。这样两个毫无联系的生活细节，要整合成一个完整的舞蹈作品却有着相当的难度。所以必须概括，必须进行必要的艺术衔接。因此，在舞蹈作品《哈达献给解放军》中，洁白的长绢就成了一个超越生活细节的道具贯穿作品始终。在舞者手中，它可以成为砸夯的工具，也可以变换成希望小学的课桌、门窗、黑板，更可以是献给解放军战士的哈达。作品赋予了长绢以更为深刻而广阔的艺术内涵。将长绢如此地表现，不仅仅代表了哈达的含义，而是将藏民生活的细节有机地、形象地联系在了一起，让观众有了更多的艺术收获，也使得作品具有创新的可能。所以，艺术一定要源于生活，在生活之中去创新。

（二）要培养创新意识和创新精神

创新首先要有强烈的创新意识和顽强的创新精神。所谓创新意识，就是推崇创新、追求创新，以创新为荣的观念和意识。所谓创新精神，就是强烈进取的思维。一个人的创新精神主要表现为：首创精神、进取精神、探索精神、顽强精神、献身精神、求是精神（即科学精神）。其次，创新还要有创新能力。创新能力是指一个人产生新思想、认识事物的能力，即通过创新活动、创新行为而获得创新性成果的能力。哈佛大学校长陆登廷认为："一个人是否具有创造力，是一流人才和三流人才的分水岭。"再次，要创新就必须认同两个基本观点，即创新的普遍性和创新的可开发性。创新的普遍性是指创新能力是人人都具有的一种能力。如果创新能力只有少数人才具有，那么许多创新理论，包括创造学、发明学、成功学等就失去了存在的意义。人的创造性是先天自然属性，它随着人的大脑进化而进化，其存在的形式表现为创新潜能，不同人之间这种天生的创新能力并无大小之分。创新的可开发性是指人的创新能力是可以激发和提升的。将创新潜

能转化为显能，这个显能就是具有社会属性的后天的创新能力。潜能转化为显能后，人的创新能力也就有了强、弱之分。通过激发、教育、训练可以使人的创新能力由弱变强，迅速提升。

（三）正视创新内核——创新思维

创新的思维是综合素质的核心。知识既不是智慧也不是能力。著名物理学家劳厄谈到教育时说：重要的不是获得知识，而是发展思维能力，教育无非是一切已学过的东西都已忘掉的时候所剩下来的东西。劳厄的谈话不是否定知识，而是强调只有将知识转化为能力，才能成为真正有用的东西。大量的事实表明，古往今来，许多成功者既不是那些最勤奋的人，也不是那些知识最渊博的人，而是一些思维敏捷、最具有创新意识的人。他们懂得如何去正确思考，他们最善于利用头脑的力量。在当今知识经济时代，一个人要想在激烈的竞争中生存，不仅需要勤奋，还必须具有智慧。古希腊哲人普罗塔戈说过一句话：大脑不是一个要被填满的容器，而是一支需要被点燃的火把。其实，他说的这个火把"点燃"的正是人们头脑中的创新的思维。

培养创造性思维要注意遵循以下几个原则：独立性原则、求异性原则（不满足于常规和跟在他人后面亦步亦趋，必须具有求异、求新的心理，在求异、求新中迸发创造性思维的火花，发现改变现有状况的契机和机遇，是一种在异中求新、新中求变的原则）、跳跃性原则（在进行创造性思维活动中，要善于省略事物的次要步骤，抓住事物的本质和结论，或是善于超越思维的时间跨度，抓住不同时期事物的相同处，从而以最快的思维速度去揭示未知）。

创新思维是创新能力的核心因素，是创新活动的灵魂。开展创新训练的实质就是对创新思维的开发和引导。有句慧语说："有什么样的思路就有什么样的出路。"一个人的创新能力，特别是创新思维能力的强弱，将决定他将来的发展前途。有人对自己的创新能力总是持怀疑态度，这严重地影响了自己的创新潜能的开发。早在1943年，我国的创新教育先驱、著名教育家陶行知先生在其《创新宣言》等论著中，就对"环境太平凡不能创新、生活太单调不能创新、年纪太小不能创新、我太无能不能创新"等错误观点进行了批判。

在培养创新思维时，我们必须弄清楚几个错误的观点：

（1）新点子会突然出现，不用事先准备。这个观点不对。有意识的深思熟虑才是真正的积累，积累到一定程度，好点子才可能"突如其来"。

（2）创造性思维一定是异想天开、标新立异。在实际工作中，创造性思维恰恰是理性、务实的。创造性思维不应该是异想天开、不切实际的，而是与日常生活和工作密切相关的。当然，思考过程中可以异想天开，将异想天开的思维运用于实践当然好，但不要误认为异想天开、标新立异就是创造。

（3）聪明人才能有创造性思维。这个观点也是错误的。所谓主意、发明，都是不断总结知识、经验，一步一步达到的。每个人都可以成为一个有创造性思维的创新者。

（四）生活中有意识培养创新能力

没有想象就没有创新。多进行有益的联想、想象，抓住直觉、灵感。创新的实质是对现实的超越。要实现超越，就要对现实独具"挑剔"与"批判"的眼光，善于发现和捕捉周围事物不正确、不完善的地方。古人云："学起于思，思源于疑。"质疑问难是探求知识、发现问题的开始。爱因斯坦曾经说过："提出一个问题比解决一个问题更重要。"

在日常生活中经常有意识地观察和思考一些问题，通过这种日常的自我训练，可以提高观察能力和大脑灵活性。

参加培养创新能力的培训班，学习一些创新理论和技法，经常做一做创造学家、创新专家设计的训练题，能收到提高创新思维能力的效果。

积极参加创新实践活动，尝试用创造性的方法解决实践中的问题。只有在实践中，人类才有了无数的发现、发明和创新。实践又能够检验和发展创新，一些重大的创新目标，往往要经过实践的反复检验，才能最终确立和完善。人们越是积极地从事创新实践，就越能积累创新经验，锻炼创新能力，增长创新才干。创新是通过创新者的活动实现的，任何创新思想，只有付诸行动，才能形成创新成果。因此，重视实干、重视实践是创新的基本要求。

（五）永远学习是不变的真理

我们必须要终身学习。学习应该是一个习惯，只有不断学习，才能在变化的社会中一直抓住社会中最精华的东西。我们要不断学习，不断总结，不断研究外部环境的变化，不断对自己提出新挑战，紧跟时代的发展。我们要在创新中提升，在提升中创新，在创新中发展，在发展中创新。

第四讲

学习方法

　　如今即便考上一所名牌大学也并不能意味着成功的到来，还要看你怎么安排自己的大学学习和生活。只要形成自己高效率的学习方法，即便是在一所三流的学校读书，也可能成为举世之才。掌握了好的方法就意味着成功，即便没有上完大学也照样可以有一番大作为，世界巨富比尔·盖茨先生就是一个很好的例子。一个失败的人，往往就是因为没有一个始终如一的目标（或者目标太多太大），没有一套适合自己的学习方法。大一在入学的狂欢中消失；大二在千辛万苦的挣扎中开始收心学习；大三在彷徨的选择中迷失；毕业在混乱中完成；走入社会时茫然不知自己该往哪里去，导致职业规划和人生规划最后成了懊悔的影子和可望而不可即的梦想。

　　要怎样才能形成自己高效的学习方法呢？这就需要我们去探索。下面我们给出一些建议，希望这些建议能够为你养成适合自己的学习方法提供一些帮助。

一、确定自己的风格

（一）学习风格

　　学习风格是个体在一定的生理特性基础上，受社会环境和教育的影响，在长时期的活动中逐步形成的。由于每个人的特性不同，其学习方法也不同。学习优异的学生与学习困难的学生的学习方法有差异，男同学与女同学在学习对策上也应有所不同。但是，学习风格也会受学习方法的影响，也会因学习方法的改变而改变。

　　作为正在接受高等教育的一名大学生，会在各种场合下与教师、员工及同学打交道，会发现自己很快就喜欢上一些人；实验课提供各种实践活动，从艺术到生物，从工程到音乐，你会喜欢一些课程，同时不喜欢另外一些课程——因为课程的内容，也因为教学的方法。

　　你的偏爱不仅说明你的学习风格，也说明你的兴趣和目标。你的学习风格反映了你的性格——各种特征的综合便表现出你的性格。这样一来，当你与自己喜欢的人见面，或者上自己喜欢的课时，你感觉这些人或这些课适合你，你与他们之间有一种融洽感。当你经历与自己风格不同的人时，就会感到一种冲突感。风格能使你更加有效地行动，但并不使你样样都喜欢。这就意味着，虽然你的风格会影响你的行为方式，你也可以改变自己的风格，以适应新的或不同的情况。

风格还反映了你的学习方法。当你以自己喜欢的风格学习和思考时，你就感到轻松自在；当你以自己不喜欢的风格学习时，你便会感到学习非常吃力，需要耗费更多的时间。识别自己的学习风格，能够提高学习效率。

作为心理学概念的学习风格，由泰伦于1954年首次提出。时至今日，学习风格已成为教育心理学研究的一个重要领域，教育心理学家提出的关于学习风格的理论和模型多达三十多种。

比如，按照人的感知通道倾向的不同，有人将学习风格划分为"视觉型"、"听觉型"和"触觉型"等。其中，"视觉型"的学习者通过观看感知学习对象时，觉得特别轻松愉快且效果最佳；"听觉型"的学习者在非视觉信息输入的学习中感到胜任愉快，他们喜欢听讲座、口头讲解及与人交谈；"触觉型"的学习者则喜欢通过可触及的实物或教师快速呈现不断交换的卡片来学习，乐意完成创造性的任务。

再如，按照认知方式的不同，有人将学习风格划分为"合作型与竞争型"、"场独立型与场依存型"、"参与型与回避型"等。其中，"合作型"的人喜欢小组学习的形式，觉得和伙伴一块学习效果最好，也最愉快；而"竞争型"的人则喜欢那些经过一番较量才能取得胜利的学习任务，总想着要胜过别人，不愿受其他人的制约。"场独立型"的人对待自己的学习任务责任感强，有自己的学习目标，喜欢根据自己的内在节律安排学习进度；而"场依存型"的人则不善于自己安排学习，希望由老师或他人来组织，更多地依赖教师来指定学习目标并不断提供明确的反馈信息。"参与型"的人喜欢在课堂上作出回应，希望被老师点名提问，积极举手回答问题；而"回避型"的人则在班级中不愿置身其中，宁愿处于教师的视线之外。

又如，从个性方面看，有人将学习风格划分为"内向型和外向型"、"理智型与直觉型"、"思考型与情感型"、"判断型与感觉型"等。

其中，被广为采用的是Kolb所提出的学习风格理论，其范畴包括了数据撷取、组织行为、教育及训练。根据Kolb所提出的经验学习模式，学习循环过程的经验处理可区分为两个构面：一个是理解（Apprehension）构面，可区分为具体经验与抽象概念两个方向（CE－AC），主要意义在于学习过程中经验取得方式的不同；另一个是变换（Transformation）构面，可区分为被动观察与主动实验两个方向（RO－AE），主要意义在于学习过程中经验转变方式的差异，如图4－1所示。Kolb之学习风格量表（Learning styles inventory，LSI）利用"具体经验/抽象概念"及"主动实验/被动观察"两个构面将学习活动的过程区分为四种学习形态，归纳说明如下（见表4－1）。

（1）行动型。学习方式倾向深思观察与具体经验，有较强的想象力和理解能力，能整理出一个完整的象征意义，倾向以想象与感觉来解决问题，擅长脑力激荡与创新性格，能把现在课程所学习知识与自己的经验、兴趣及将来的工作很好地结合起来。

（2）思考型。学习方式倾向深思观察与抽象经验，具有较强的归纳式推论及建立理论模式的能力，甚至创造概念和模式，善于学习有逻辑性和系统性的知识；需要有足够的时间来反思知识以达到学习的预期效果。

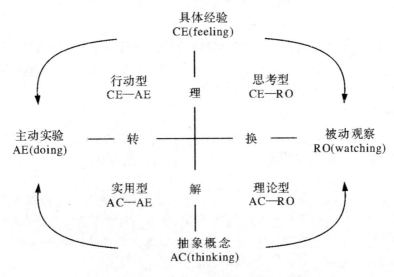

图 4-1　Kolb 经验学习模式

（3）理论型。学习方式倾向于实验与抽象经验，擅长借由假设和演绎推论的方式解决问题与决策制订，以亲自试验的方式获得知识，并将理论及想法运用于实际；处理科技性的问题胜过社会性问题，喜欢通过参与有明确目标的工作或在允许屡犯错误的环境中学习。

（4）实用型。学习方式倾向主动实验与具体经验，喜欢实际地完成计划或任务，对危机处理和寻找机会有较强的能力，常以直觉和错误尝试的方式来处理问题，依赖别人提供的信息远胜于自己的分析能力，喜欢在新的环境中运用课本中的知识来解决真实、实际的问题。

表 4-1　Kolb 的学习风格类型

学习风格	思考型 （CE—RO）	行动型 （CE—AE）	实用型 （AC—AE）	理论型 （AC—RO）
知识获取方式	事实、信息的收集	在活动中尝试、测试	谨慎、系统化地取得知识	系统研究的想法、理论及过程
转换方式	思考、讨论、分类、价值、判断	失误及观察	测试、尝试并应用于实际情境	叙述、概念化、通则化、图表化
优点	想象力佳	重视操作能力	面对挑战能迅速发现答案	了解逻辑知识
特色	多方吸收找出通则以推论、情绪化、偏执	有实际经验	精于合理演绎、决定问题及下决策	不喜欢实际应用

必须指出，以上的分类并不是绝对的，每个人的学习风格也不会那么单一和绝对。

从理想的状态来说，一个优秀的学习者一方面要明了自己所偏向的学习风格，同时也要善于有意识地调整自己的学习风格，虽然学习风格具有一定的"顽固性"。比如，就行动型、思考型、理论型和实用型的学习风格来说，一个优秀的学习者最好能把它们作为学习周期中一个个不同的阶段，并在自己的所有技能中恰到好处地拥有这四种不同的风格；只有这样，一个人才能真正地完成其学习任务，并在各个方面受益。

（二）性格类型

除了学习风格之外，我们也可以通过对自身性格类型的确定来寻找一种适合自己的学习方法。目前，国际上比较通行的性格类型测试，是 Myers－Briggs 个性类型指数（MBTI）。

MBTI 全称 Myers－Briggs Type Indicator，是一种迫选型、自我报告式的性格评估工具，用以衡量和描述人们在获取信息、作出决策、对待生活等方面的心理活动规律和性格类型。它以瑞士心理学家 Carl Jung 的性格理论为基础，由美国的 Katherine C Briggs 和 Isabel Briggs Myers 母女共同研制开发。

心理学认为，"性格"是一种个体内部的行为倾向，它具有整体性、结构性、持久稳定性等特点，是每个人特有的，可以对个人外显的行为、态度提供统一的内在的解释。MBTI 把人的性格分为 16 种类型，由 4 个维度上的不同偏好构成（见图 4－2）：

图 4－2　人的性格类型

第一对字母是 E 和 I，这表明你是从人们那里（E 代表外向）还是从观念那里（I 代表内向）获得能量。如果你是外向者（E），你就倾向于喜欢活动和变化。你喜欢短时间精力充沛地与人合作，而不喜欢独自一个人长期工作。因此，你喜欢别人打断你的工作，而当你必须超时集中精力工作时，便容易失去耐心。作为一个外向者，通常你能够完成老师布置的学习任务。但问题是，你的学习速度太快，可能会马上失去兴趣，这样就不会透彻地思考问题，也不会坚持到底。如果你是一个内向者（I），你便可以在不受干扰的安静地方独自工作，而且可以长时间集中在一个题目上面。你更喜欢为自己树立标准，而不是揣摩"导师的意图"。虽然你倾向于一项任务不完成便不罢休，但你可能在一项任务的细节上面耗时过多，直到你超过完成任务的最后期限。

第二对字母 S 和 N 涉及你首先注意到并喜欢使用的信息的种类。如果你是一个 S（感觉者），便意味着你是通过自己的感觉——味觉、触觉、嗅觉、听觉和知觉来了解周围。在这种情况下，通过动手或多种感官，你的学习能有最大的收获。因为你的思想定位于现在，你就需要首先了解一项任务的根本原因，然后方可开始行动。或许你更喜欢从事实用的、现实的、目标性很强的工作，而不太喜欢承担理论性的、方向不明的任务。你喜欢提高已掌握的技巧水平，而不愿学习新的东西。或许你倾向于采用详细、按部就班的方法，来耐心细致、有条不紊地工作。如果你是一个 N（直觉者），你会更加看重内心的感情或事情的结论。因为你的思想定位于将来，你便对抽象概念、理论性的或想象性的应用等发生兴趣。比之实践性的活动，你能从反思性的阅读、思考或想象中学到更多的东西。你的学习兴趣具有突发性和短暂性，一旦掌握了一些技巧，便急于学习新的东西。与对立面 S（感觉者）相比，事情的细节对你说来不是那么重要。结果，你专心致志于"伟大的蓝图"，并坚信事情最终会"好起来"，从而使你即便对一个观点或任务的理解不全面，也能感觉良好。

下一对字母 T 和 F 涉及你做决定时所采用的标准。如果你选择了 T（思考），你决定事情的方式便可用"符合逻辑"、"公平合理"、"坚定"、"客观"和"非感情用事"等词语来描述。你一心想着任务，内心渴望着马上把它完成。无论在什么情况下，你都使用常规标准来做评估。如果你的主导风格是 F（情感），你的决定便带有感情因素：你会考虑到事情对你和别人的利弊。"主观"、"灵活"、"相关"等词便是对你做事风格的描述。你的动力来自被人赏识的内心欲望，在你作出评估时，你采用的不是常规标准，而是个人标准。

最后一对字母 P 或 J 涉及你的决策过程。如果选择 P（知觉），便说明你喜欢收集信息，在对一切都了如指掌之后，才会作出决定。其实，你可能更愿意不做任何决定。虽然你是一个自主的学习者，喜欢作业上的灵活性，但你想知道的仅仅是完成一项任务所需要做的事情。或许你会觉得过程比结果更加重要，所以你更加喜欢思考和适应自己，而不看重积极的活动或事情的结局。如果你是一个 J（判断者），你便想作出一个决定——或者说任何一个决定——并以积极的态度对待生活。与知觉者不同的是，你倾向于集中精力完成一项任务。你带有古板而不懈的至善论者的特征：只有在工作完成之后，才肯玩耍休息。因为你觉得结果比过程更加重要，便把心思都放在目标上面，喜欢事先拟订好最后期限。

你所选择的任何一个单一字母或字母组合，都不能精确地描述你所具有的性格特征。因为你最终的结果可能表明：你对每一种性格都有不同程度的偏爱。生活环境和生活压力都会改变你的个性，因此，你今天表现出来的性格类型倾向，会随着你生活的变化而发生变化。然而，了解自己的性格类型，有助于作出各种决定，包括你作为学生要作出的各种决定。

（三）感官偏爱

感官是指人的感觉器官，即视觉、听觉、感觉和触觉，在感知信息方面起着重要的作用。正如了解自己的性格类型有助于你的学习一样，了解自己的感官偏爱也能使学习变得轻松愉快。特别是这些偏爱涉及你获取信息的方式——通过视觉、听觉，或是通过肌肉运动知觉。

如果你的主导感官是视觉，你就会在重要信息下面画线，使用不同的颜色来强调观点，并创造性地对信息进行图画式或符号式的安排。在学习时，你经常想起"各页上的图画"，也愿意勾画概念和使用图表。

如果你的主导感官是听觉，你就会喜欢听课、听人辅导和参与讨论。除做笔记外，你还喜欢把讲课内容录下来，以便再听和复习。如果你喜欢阅读和写作，你便从教师布置的阅读作业和课堂笔记的复习中学到许多知识。你会充分利用所有的印刷信息，包括参考资料、教师课堂发给的材料和教材。

如果你的主导感观是肌肉运动知觉，你就会在实践性的活动中收获最大，包括实验室实验、实地考察、旅行以及模拟活动。通过现实活动和角色扮演，你的学习收获最大。

一些学习活动，如绘图、制图和计算机操作等，能把多种感官综合在一起。如果你对某种感官没有特别的偏爱，便可考虑把两个或两个以上感官结合使用的多感官方法。比如，在建造模型的过程中不停地说话，画出或标注出一个图表供以后复习之用，或者在制图的过程中不停地说话。

（四）用脑偏爱

你习惯用左手还是右手？据科学研究报道：习惯用左手还是右手，反映了一个人大脑的分工情况。大约90%的人都习惯用右手。如果你属于此列，便意味着你的左大脑主要控制着动作技巧，虽然你的左手也可以做一些运动。

用脑偏爱不仅仅是你习惯用哪只手的问题。1981年，精神生物学家罗杰·斯佩里获得诺贝尔奖，因为他确认每个人都拥有着两个完全不同的大脑半球，而且，他还进一步说明左、右大脑各自所控制的功能。斯佩里认为，语言主要是左大脑的功能。此外，左大脑似乎还更多地参与数学、时间和节奏的处理与安排。一般来说，在分析信息时左大脑总是把它分成若干小部分，并倾向于以连续、线性和逻辑的方式来处理信息。

右大脑控制着不同的推理过程。右大脑以整体的、视觉的形式进行信息加工。因此，右大脑更喜欢综合，而不是分析。图形、面部、乐音曲调的识别，以及其他种类的知觉理解，都属于右大脑的工作领域。虽然左、右大脑偏爱控制着不同的思维过程，但是这些思维过程是否仅限于左大脑或右大脑，今天的研究成果尚不能证实。如果你的大脑喜欢以整体性和创造性的方式处理信息，你的偏爱就是综合型的。如果你喜欢以线性和理性的方式处理信息，你的偏爱就是逻辑型的。

斯佩里的研究与学习有什么关系呢？从传统上来讲，大部分教育信息的传递和吸收，都是以符合大脑逻辑运作的方式来进行的——都是文字的、详细的文本信息。适合于综合型思维的方式有视觉的、整体的、空间的信息，在传统的教学环境里较少使用。以各种方式获取信息，包括逻辑的和综合的两种方式，更加适合于大脑加工信息的多感官和多层面方式。

如果你是个逻辑型学习者，那么，面对口头的、详细的、有序的信息，你的学习效率最佳，如听演讲、课文阅读和大纲概要。因为你能集中精力思考问题，你便能够长时间专心致志地分析一个问题。你更喜欢抽象的、文字的学习（如代数、公式、首字母缩写词等），更喜欢获取真实信息（如对已知信息的确认、实际应用、现实情况、数学证明等）。你能够对细枝末节进行计划和控制，这使你能够轻轻松松地组织和安排时间、观念和资源。你更喜欢客观性的考试形式（如多项选择、正误判断、连线搭配等），而不太喜欢主观性的考试形式。

如果你是个综合型学习者，在你进行细节学习之前，首先获得一个视觉的、整体的概观，这时你的学习效率最佳。你不喜欢做具体的细节分析，而喜欢对"大图画"进行综合。你喜欢空间的或需想象力的课程，如几何、创造性写作等。比之传统的语言形式的学习，如阅读、听力和略述，你觉得非语言形式的学习（如制图、绘画、角色扮演和肉眼观察）的效果更佳。你对信息、资源和时间的安排是空间性的，而不是逻辑性的。你可以同时承担数项工作，或者同时致力于数个项目或因素。你更喜欢主观性的问题（如论文和简短的回答），因为这给了你一个即兴发挥和证明你具有创造性思维的机会。

二、培养自己的学习方法

在确定了自己的学习风格等方面的内容之后，我们就可以开始培养自己的学习方法了。虽说每一个人的学习风格都不尽相同，由此所形成的学习方法也不一样，但是有一些方面却是大家都需要注意的。

（一）学习风格的转变

高校学生的学习不同于中学生的学习，不仅表现在知识的专业化、学科内容的复杂性、知识容量的扩大与加深，更重要的还在于高校学生在学习方法和独立工作能力上发生了巨大的变化。高校学生除了掌握系统的科学知识以外，必须学会科学的思维方法，培养独立的工作能力和创造能力。能力的培养是通过整个教学过程进行的，其中包括课程门类与内容、听课、复习、习题、实验与实习、学年论文、毕业设计等。大学生入学后，由于学习的内容、范围、性质和教学方法的改变；对大学学习生活的适应有一个过程，大学低年级学生的适应过程更为困难和突出。上述教学过程的各个方面，都涉及教师的教学方法和学生的学习方法问题。如果学生的学习方法不能随学科内容的特点相应地改变，学习能力的提高就会受到限制。这就有一个学习方法转变的问题。我们可以从以下几个方面来看待这个问题。

1. 大学学习的自学性要求

很多同学进入大学很长时间也没能很好地掌握学习方法，中学学习方法的惯性导致他们进入了一个误区。中学的领、看和管的规定性学习方法到大学的自由学习方法的转变，使他们很不适应。中学是老师领着学、看着学，甚至是家长管着学、逼着学。大学的学习则完全从这种状态中解放了出来。与中学生比较起来，大学生是极为自由的。但是，大多数同学并没有充分利用这种自由。大学的自由是思想的自由、探索的自由、个性发展的自由、自学的自由。很多同学在享受自由的同时，并没有获得思想的自由、学习的自由。一个被管惯了的学生在给他充分自由的时候会变得茫然、无所适从。大学主要的学习方法是自学。这就要实现几个转变：由中学的"要我学"到大学的"我要学"的转变；由中学的被动学到大学的主动学的转变；由中学的盲目性到大学的清醒性的转变。

2. 大学学习的理论性要求

总的来说，中学学习是侧重确定性知识，而大学学习则是侧重或然性理论。确定性知识的学习是横向的平面的累加；或然性理论则是纵深的体系性的构建。确定性知识是常识性的，或然性理论则是对常识的解释或产生常识的多方面的内容。对大学生来说，或然性理论是极其重要的。不要惧怕或然性理论，不要蔑视或忽视确定性理论。或然性知识是海洋，或然性理论就是灯塔；或然性知识是群山，或然性理论就是泰山，登泰山而小天下。只有或然性理论才能深刻地反映客观事物。

3. 大学学习的相关性要求

中学学习的知识相对来说是不太强调关联性的，而大学就必须注意知识的相关性。强调知识的关联性、跨学科性是大学学习的必然要求。没有这种知识的联系性和跨学科性的学习，肯定不是成功的学习。胡适曾经说过："读一书而已则不足已知一书。"只有在另外一书或多书的参照下才能对内容理解更透彻。比如一部文学作品，如果没有与其他文学作品比较，没有其他文学理论的参与解释，没有其他文学研究方法的指导，是不可能被很好地理解的。如果是学习文学的，就既要广泛地阅读文学作品，更要广泛地研读文学理论和其他相关的领域，如心理学、文化人类学等方面的知识。大学学习的相关性是极其重要的。这种相关性本身就带来了知识结构的变化、思想观念的变化、思维方式的变化和研究问题方法的变化。

4. 大学学习的创新性要求

比知识积累更重要的是思想、学术见解、学术探索精神和学术创造能力的培养。不是重复常识，而是锻炼学术意识，这是大学学习的根本任务。但是，很多同学是带着积累知识的惯性来学习的，这就忽视了学术思维习惯、学术探讨精神和学术创造能力的培养。积累确实很重要，积累是打基础，基础当然越宽厚越好。但是，强调积累常常是以忽视或根本不注意创造性培养为前提的。打基础和创造的关系要处理好，打基础不光是死记硬背，不光是学习前人的知识，还有创造性的培养、创新思维的培养、创造力的形成。

5. 大学学习的专业性要求

大学学习的专业性要求为：培养专业意识、专业兴趣；进行专业化的读书，专业化地选择学习内容，但这不是每个学生都能做到的。比如学习文学的同学，有多少人在多大程度上是以文学专业——文学鉴赏、文学批评、文学研究的专业化的角度在学习和讨论问题？有一些同学显然还是把读书的范围、读书的层次、读书的兴趣停留在中学阶段，或等同于非专业同学学习的层面。我们应该时时记住我们是学什么专业的，应该不断地超越。

6. 大学学习的个性化要求

兴趣是最好的老师。对什么东西更感兴趣，就要集中精力、时间和热情全力去研究什么东西。研究兴趣的培养可以给我们带来学习的热情、学习的方向和学习的成就。我们要以整个人生设计和追求为前提去学习。大学学习期间可能不会有大的学术成果，但还是能为今后的发展奠定坚实的基础，学到一些研究方法，最重要的是培养了浓厚的兴趣。长期积累，长期研究，长期思考，必有成就。

7. 大学学习的问题性要求

没有问题的学习是最大的问题。中学学习是对未知的学习,大学的学习是对问题的探讨。"总得时时寻一两个值得研究的问题"。脑袋中没问题的学习不会是成功的学习。如果没有一两个问题在脑子里盘旋,就很难继续保持进取的热心。

8. 大学学习的方法性要求

大学当然要学习许许多多的内容,但大学学习中重要的不是某种知识积累的内容,而是掌握学习的方法,是在学习各种课程中、阅读各种书籍中、听各类学术报告中学到学习的方法。掌握学习方法你就会自己学习了,你就会受用终生了。

9. 大学学习的总结性要求

每学期甚至每周都应进行反思和自测:我在做什么?我写下了哪些文字?我对什么东西最感兴趣?我读了哪些书?我的理想究竟是什么?我为这个理想作出了什么样的努力?我将来能做什么?我为将来做了哪些必要的准备?我到底取得了什么样的收获?我现在的学习和中学时的学习有什么样的区别?我与其他同学有什么样的差别?我的优势和不可替代性是什么?阻碍我继续进步的主要问题是什么?我的学习有没有计划?本专业和相关专业的重要书籍我读了多少?我有没有新的理想?我为这个新的理想有没有奋斗精神?反思和自测是为了更好地推动学习,让自己及时总结经验教训,少走弯路,因此十分必要。

10. 从学习到工作

说到工作,很多人都会联系到文凭。是的,学历在现今的求职中是很重要的。高的学历会使你在面试中脱颖而出。伴随着就业压力的逐年增大,考研是现阶段越来越多的大学生的选择。作为新生,似乎可以把考研作为遥远的事情抛到九霄云外,告诉自己考研还早,大三大四还有许多时间。其实不然。如果下定决心要考研,大一学生就应早早为四年后规划。特别是近些年来,伴随着就业形势的严峻,就业压力早早地传递到低年级同学身上,所以考研要从大一做起。大一制订好自己的学习计划,从大一开始准备考研,不仅让考研的准备工作更加充分,还可以合理地安排自己的时间,紧张学习之余还可以参加学院的活动,丰富自己的课余生活。早为考研做准备不仅可以打好基础,有充裕的时间准备考试,更重要的是在心理上占优势,在复习时更是得心应手。

(二)科学的学习方法

学习方法是提高学习效率,达到学习目的的手段。钱伟长曾对大学生说过:一个青年人不但要用功学习,而且要有好的科学的学习方法。要勤于思考,多想问题,不要靠死记硬背。在大学学习中要把握住的几个主要环节是预习、听课、复习、总结、记笔记、做作业、考试等。这些环节把握好了,就能为进一步获取知识打下良好的基础。

1. 预习

预习就是将老师教的内容预先看一遍,这是掌握听课主动权的主要方法。知道了讲义中的主要内容,上课时就能跟着老师的思路去听课,化被动听课为主动听课,这样思想也就不容易开小差,可以有选择地、有重点地记笔记,可以把主要精力放在听课上,较好地消化课堂教学内容。由于预习后知道难点在哪儿,这样带着问题听课,听起来更加专心,就容易解决这些疑难问题。四是预习可以提高自学能力,提高独立思考的能力，养成良好的自学习惯。

那么怎么做好预习呢？一般来说，花半个小时左右的时间就可以了。主要是了解教师上课时要讲的内容，能看懂多少是多少，不要求全部理解。预习中遇到疑难的问题不必深钻下去，以免贻误时间，用笔做个记号即可。

2．听课

听课是接受老师教导，掌握知识的重要环节。听好课要做到以下四点：

一是聚精会神，集中精神。要用顽强的毅力控制自己的思想，排除脑子里其他问题的干扰，不要让思想跑到课堂的外面去。

二是要开动脑子，耳脑并用，使自己的思维跟着老师转。听课时，同学们的思维一般落后于老师的讲解。但善于积极思考的人，往往要超越教师讲解的进度，他们不是被动地接受知识，而是主动地探索知识，默默地回答老师的提问，无论回答的对错，对本人都有好处。因为经教师解答后，你脑子里的印象就更深刻了。

三是处理好听课与记笔记的关系。要以听为主，记为辅。笔记还是需要的，关键在于怎样记、记什么。不能不假思索地老师讲什么就记什么。一定要把主要精力放在理解课堂教学内容上，在听懂的基础上记，不能只是抄黑板，充当记录员。记笔记主要是记老师讲课的提纲（系统）、重点及难点，对疑难的问题应在讲义上画上记号，以便课后复习时集中精力解决。

3．复习和总结

课后及时复习，是巩固所学知识必不可少的一环。复习中要认真整理课堂笔记，对照课本和参考书，进行归纳和补充，并把多余的部分删掉，经过反复思考写出自己的心得和摘要。每过一个月或一个阶段要进行一次总结，以融会贯通所学知识，温故而知新，形成自己的思路，把握所学知识的来龙去脉，使所学知识更加完整、系统。

4．做作业和考试

做作业是巩固、消化知识，考试是检验对所学知识掌握的程度，它们都起到及时找出薄弱环节并加以弥补的作用。做作业要举一反三，触类旁通。要养成良好习惯，对考试要有正确态度，不作弊，不单纯追求高分，要把考试作为检验自己学习效果和培养独立解决问题能力的演练。在学习中抓住这几个基本环节，进行思考，在理解的基础上进行记忆，及时注意消化和吸收。经过不断思考、消化，不断加深理解，这样获得的知识才是扎实的。

大学学习除了把握好以上主要环节之外，还要有目的地研究学习规律，选择适合自己特点的学习方法，提高获取知识的能力。具体来说，这些方法主要有：

1．要制订科学的学习规划和计划

大学学习单凭勤奋和刻苦的精神是远远不够的，只有掌握了学习规律，相应地制订出学习的规划和计划，才能有计划地逐步完成预定的学习目标。严密的学习规划是完成学习任务的保证。首先要根据专业的教学大纲，从个人的实际出发，根据总目标的要求，从战略角度制订出基本规划。例如，设想自己在大学要达到的目标，达到什么样的知识结构，学完哪些科目，培养哪几种能力等。大学新生制订整体计划是困难的，最好请教本专业的老师和求教高年级同学。可先制订好一年级的整体计划，经过一年的实践，待熟悉了大学的特点之后，再完善四年的整体规划。其次要制订阶段性具体计划，如一个学期、一个月或一周的安排。这种计划主要是根据入学后自己的学习情况、适应程度，安排学习的重点、学习时间的分配、学习方法如何调整、选择和使用什么教科书和参考书等。这种计划要遵照符合实际、切实可行、不断总结、适当调整的原则。

2. 要讲究读书的方法和艺术

大学学习不光是完成课堂听讲的任务，更重要的是如何发挥自学的能力，在有限的时间里去充实自己，选择与学业及自己的兴趣有关的书籍来读是最好的办法。莎士比亚说："书籍是全世界的营养品。"培根也说："书籍是在时代的波涛中航行的思想之船，它小心翼翼地把珍贵的货物送给一代又一代。"学会在浩如烟海的书籍中选取自己必读之书，就需要有读书的方法。首先是确定读什么书；其次对确定要读的书进行分类。一般来讲阅读可分为三类，第一类是浏览，第二类是通读，第三类是精读。正如"知识就是力量"的提出者培根所说：有些书可供一赏，有些书可以吞下，不多的几部书应当咀嚼消化。浏览可粗，通读要快，精读要精。这样就能在较短的时间里读很多书，既广泛地了解最新科学文化信息，又能深入研究重要理论知识。读书时还要做到如下两点：一是读思结合，读书要深入思考，不能浮光掠影，不求甚解；二是读书不唯书，不读死书，这样才能学到真知。

3. 做时间的主人，充分利用时间

大学期间，除了上课、睡觉和集体活动之外，其余的时间机动性很大，科学地安排好时间对完成学业是很重要的。吴晗在《学习集》中指出，掌握所有空闲的时间加以妥善利用，一天即使学习一小时，一年就积累365小时，积零为整，时间就被利用了。想成事业，必须珍惜时间。首先，要安排好每日的作息时间表，哪段时间做什么，安排时要根据自己的身体和用脑习惯，在脑子最好用时干什么，脑子疲惫时安排干什么，做到劳逸结合。一旦安排好时间表，就要严格执行，切忌拖拉和随意改变，养成今日事今日做的习惯，千万不要等明日。我生待明日，万事成蹉跎。其次，要珍惜零星时间，大学生活越丰富多彩，时间切割得就越细，零星时间越多。华罗庚曾说"时间是由分秒积成的，善于利用零星时间的人，才会作出更大的成绩来。"1903年，英国数学家科尔因攻克一道200年来无人攻破的数学难题而轰动世界，而他是用了近三年的星期天来完成的。

4. 完善知识结构，注意能力培养

所谓合理的知识结构，就是既有精深的专业知识，又有广博的知识面，具有事业发展实际需要的最合理、最优化的知识体系。李政道博士说："我是学物理的，不过我不专看物理书，还喜欢看杂七杂八的书。我认为，在年轻的时候，杂七杂八的书多看一些，头脑就能比较灵活。"大学生建立知识结构，一定要防止知识面过窄的单打一偏向。当然，建立合理的知识结构是一个复杂且长期的过程，必须注意如下原则：

(1) 整体性原则，即专博相济，一专多通，广采百家为我所用。

(2) 层次性原则。合理的知识结构的建立，必须从低到高。在纵向联系中，知识结构可被划分为基础层次、中间层次和最高层次。没有基础层次，较高层次就会成为空中楼阁，因此，任何层次都不能忽视。

（3）比例性原则，即各种知识在数量和质量之间的合理配比。各种知识的比例应根据培养目标来确立，成才方向不同，知识结构的组成就不一样。

（4）动态性原则。我们所追求的知识结构决不应当处于僵化状态，而应处于不断进行自我调节的动态之中，这是为适应科技发展知识更新、研究探索新的课题和领域、职业和工作变动等因素的需要而决定的。

大学生要培养的能力范围很广，主要包括自学能力，操作能力，研究能力，表达能力，组织能力，社交能力，查阅资料，选择参考书的能力，创造能力等等。总之，这些能力都是为将来在事业上起飞做准备。正如爱因斯坦所说："高等教育必须重视培养学生具备会思考，探索问题的本领。人们解决世上的所有问题是用大脑的思维能力和智慧，而不是搬书本。"总之，凡是将来从事的工作所需要的能力和素质，我们必须高度重视，并在学习的过程中自觉认真地去培养。

在学习方法方面，前人给我们留下了一笔很珍贵的财富，总结出了很多值得借鉴的方法，如"三到四边"法（心到、眼到、手到，边看、边批、边画、边写）、结构学习法、比较学习法等。学习方法之多，可谓不胜枚举。我们在学习中，并非能将所有的方法都用到，而应找到一些适合自己的学习方法。这要注意以下两点：一是以提高学习效率为标准。掌握学习方法的根本目的是为了提高学习效率，学有所获。究竟哪种学习方法是适合自己的最佳方法，要看它是否有利于提高学习效率。二是要因人而异。有的方法适合于别人，并非适合自己，不同年级、不同专业、不同学生之间的学习方法都可能不一样。所以，每一个同学要结合自己的实际情况（学习目标、任务、兴趣、爱好等）来选择适宜自己的方法。

第一，明确的学习目标。目标，是人们欲求获得的成果或将要达到的标准，它是行动的指南。学习目标有近期和远期之分，人们确立远期目标的过程也就是理想的形成过程。作为当代青年大学生，应根据党和国家的要求，把成为"四有"新人作为自己的远期目标。同学们在制定目标时要从实际出发确定目标的期望值，目标要高低适度，同时根据主客观条件的变化，适当调节。

第二，锲而不舍，持之以恒。很多同学在制订学习计划时，热血沸腾，但一遇挫折，便锐气大减，"急流勇退"。要知道，学习如逆水行舟，不进则退，没有坚强的意志和持之以恒的精神是不能达到成功的彼岸的。对自我的监督与修正，需要意志的力量作为保障。"自胜者强"，"唯志坚者始遂其志"。

下面为大家介绍几种比较独特的学习方法。

（1）自主学习法。

自主学习，是指学生充分发挥个体主观能动性而进行的创新性学习，即学习过程呈现自主、主动、创新相互依存的三个层次。自主学习体现了"以学生为中心"的现代教育思想，也就是首先要充分调动其自身的主观能动性。孔子云："知之者不如好之者，好之者不如乐之者。"心理学研究表明：动机对人们的行为具有发动的功能，学习动机是直接推动学生积极学习、激励学生去行动以达到一定目的的内部动力。当社会对学生提出客观要求，使学生清晰地认识到学习的重要性和必要性，把客观要求变为学习自身的需要时，便会促使机体释放一定能量，成为激励学生学习的动机；然后，找到适合自己的有效方法，通过文字、音像和计算机网络信息等媒体资源进行学习，并借助于学习支持服务系统，如视听阅览室、电话咨询、电子邮件等先进教学设施和手段辅助学习，在必要时可接受面授辅导、答疑、指导等。学生按时完成规定的课程作业、实习（或实验）以及其他实践环节，以此强化学习过程，顺利完成学业。

①自主学习的特征。自主学习的基本特征包括预期性、参与性与创新性。

预期性。学生进行创新学习，既要有明确的目标意识，主动规划和安排自己的学习，又要在大量信息面前，具有敏锐的感受和理解能力，并能根据自己的需要进行分类、整理。

参与性。学生参与集体生活，和集体成员相互协作、互相尊重，增强对社会强烈的责任感、义务感。

创新性。学生不满足于获得现成的答案或结果，对所学习的内容能展开独立思考，进行多向思维，创造性地探索新的问题。

②自主学习的步骤。自主学习强调学生在反复实践中独立完成学习任务，一般可按以下四个步骤来进行。首先，自学生疑。此步骤是整个自主学习训练的第一步。通过自学，发现自己能力范围所不能解决的问题，这就是质疑。其次，合作质疑。合作学习有两种基本形式，一是小组合作交流，二是全班合作交流。在小组交流的过程中，提出个人的疑难问题，简单的立即解决，较重要和较难的问题，经过认真筛选，全班同学讨论。筛选问题的形式不仅是选择，还可以是完善、合并、修正说法等。再次，归纳释疑。创新学习提倡学生要对知识本身作深入探讨，了解来龙去脉，悟出它们之间深层的联系。除此之外，还应对学习方法进行归纳、改进，提出独特的见解。最后，巩固拓展。巩固是对学习知识的尝试记忆，尝试不仅有练习这一种形式，更重要的是在实践中运用，在反思中调整，查漏、补缺，并能结合现实的情况，深化发展。

（2）问题学习法。

问题学习，就是学生能带着问题学习，并不断寻找信息，提出解决问题方案的学习。古今中外的教育家、心理学家对"问题"研究论述较多，但实际上，学生能真正使用"问题"学习的却不多见。原因是多方面的，其关键是考试评价的影响。学生往往为了追求考试有好的成绩，觉得背诵记忆省时省力，于是提问就少了，久而久之，难以养成提问的习惯。杨振宁博士对中美教育进行比较时曾经谈到，中国学生有囿于书本、缺乏独立思考和提问的缺点。1997年诺贝尔物理奖获得者朱棣文教授也有类似的评价。

①问题学习的特征。一是问题心理倾向性，是指学生在心理上有想提问题的欲望。问题学习，需要学生克服自卑心理，有提问题的意识和勇气。二是问题构成目的性，指学生提出一个问题，总是从要解决什么样的事入手。三是问题要素开放性，构成一个问题，要具有"三要素"，即问题的条件、问题的结论和条件到结论间的一定的思维距离。要素开放性，主要是指问题的条件或问题的结论开放。

②问题学习的一般步骤。首先，酝酿问题。学生在学习过程中，可能就某些内容产生疑问，经过一定时间的准备，可提出问题。其次，发现问题。从发现问题的过程看，它体现学生的主体地位；发现问题的过程不仅包含学生的知识素养，也依据于学生的思维品质和学习习惯；发现问题要有最近的学习空间距（认知"冲突"）；从自然现象中或

者观察实验现象时发现问题。再次，明确问题。学生明确"问题"，既是一个学习的过程，也是一个不断尝试、不断探索的过程。在这一过程中，学生自己界定问题的存在，自主地分析问题情景，自主地构建解题思路和策略，有意识地进行自我监控。最后，解决问题。解决问题是寻找和接受信息、回忆知识和方法、进行加工处理的过程，是一种较高层次的定向活动。在这一学习过程中，学生积极围绕问题进行思维，最终构建和完善解题方案直至解决问题。

（三）制订合理的学习计划

古人云："凡事预则立，不预则废。"这就是说，不管做什么，先有了统筹规划，那么定会取得事业成功；否则，就可能导致失败。

作为一名大学生，为了使自己能高效地完成学习、切实培养创新能力，就应该把自己的学习生活更好地规划一下，并按切实可行的计划逐条实施。但有很多学生常常糊里糊涂过日子，平时将学习任务堆积起来，一直拖到期末考试即将来临，才不得不突击学习。

一个好的时间表有利于学习的整体统筹，可节约学生的时间和精力，提高学习效率。而且，它可将日常学习细节变成习惯，使学习变得更为主动；它能够帮助学生将各项学习活动的活动规律和学习时间有机地结合起来。一个学习效率高的学生会经常询问自己：制订学年的学习计划了吗？有假期的学习计划表吗？编制一周的功课表了吗？每天要做什么事情，自己都很明确吗？经常检查一天的时间利用效果吗？如果回答都是肯定的，那么你的时间就利用得很好，你是一个计划性很强、具有出色创新能力的学习者；反之，你就需要认真考虑如何合理制订计划，科学安排时间。

学习计划可分为学期学习计划（长计划），每周、每天学习计划（短安排）两大类型。

（1）学期学习计划（长计划），主要指在本学期时间内学习什么，主要解决什么问题，达到什么目标。由于大学时期各学期的学习课程、任务、目的等都不相同，其中许许多多变化是始料不及的，所以学期计划又不可太具体，重点应放在学习上应有明确的主攻方向、准备解决的几个大问题等。应注意的是，在制订学期长计划时需要具备几周的课程经验，只有对各门课程有了大致了解后，才能认真制订学期计划。

（2）周、日学习计划（短安排），主要指周或日计划。在短安排中，学生可非常具体地设定自己的时间安排，它是一种操作性很强的计划。在一周内应阅读哪些课程的书籍，做哪些作业等，都应安排妥当。只有这样，才能取得预期效果。

制订周计划对于我们的整个学习来说是非常重要的。针对自身特点，做出切合实际的安排，以清楚地知道在一天、一周内要做什么事情，使自己有条不紊地学习。前苏联著名诗人普希金曾说："要完全控制一天的时间，因为脑力劳动是离不开秩序的。"在制定学习时间表后，应先根据实际情况做些调整、修订，然后再照此实行。这样就可对每天的学习做到胸有成竹，避免出现偏科现象，加强较差科目的学习，并可挤出更多时间来干别的事情。

周计划有助于你跟踪固定的任务，并随时纳入新的任务；还有助于你认清最为重要的任务。首先，固定的必须完成的任务，包括上课、吃饭、睡眠、家务、往返旅途时间等等，你必须安排出合理的时间。比如，随着每日出行时间之不同、所走路线之不同，每天往返旅途中所用的时间也会有所不同。在从家里到学校所花费的时间，与下午从学校回家所花费的时间，肯定大有不同。其次，在上课之前，你应该抽出几分钟时间，来复习一下自己的课堂笔记，并预习课堂要讲的内容。每当下课之后，你还要抽出几分钟修补一下自己的笔记。接下来，你就要寻找有效活动的方法，提高时间的利用率。比如，如果你本学期有两篇论文要写，就应尽量把查找图书资料的工作安排在一起进行，避免因反复查找而浪费时间。一些工作，如果能够合并，就尽量合并，这样才能节约更多的时间。

你如何知道自己完成一项任务需要多少时间？通过实践。在开始上课之后的几周内，你便可以清清楚楚地知道，做不同的事情你分别需要多少时间。比如，一旦你知道自己在一个小时之内能读多少页书、能解决多少问题或者能跑多少路，你便可以决定该为每项活动留出多少时间。

接下来，你需要安排学习的时间了。经验告诉我们，一个小时的听课需要两个小时的课外预习。但是，各门课程的难度不一样，你掌握各门课程的熟练程度也不一样，所以，这个规则并非一成不变。如果你感到时间紧迫，不妨放弃一门或更多的课程。

在做一日计划之时，一定要搞清楚什么是绝对必须完成的。为达到这一目的，在制订好自己的周计划之后，你可以做个每日计划列单。这个列单包括从周计划当中转移过来的当天任务，包括前一天未完成的任务，还包括其他你觉得应该完成的一些任务。

每日计划因人而异。有些人在制订时间表和做计划时，具体限定了一天的时间段；而另外一些人虽然也做计划，但他们只是依次完成任务。无论采用何种方法，或者把两种方法结合起来，都是可以的——但你必须把计划列单放在首位，在未完成列单上的任务之前，不要做其他的事情。唯有这样，才能保证你完成应该首先完成的任务，而不是首先完成有趣的或简单易行的工作。

在结束当天的学习之后，你需要重新审视一下当天的计划列单，并做出第二天的计划列单。这样一来，当第二天你一觉醒来，你便可以立即投入有计划的学习当中。

最后，应该记住，你制订个人计划的目的，是为了帮助你更好地管理自己的生活，而不是限定或控制你的生活。你没有必要对每天的每一分钟都做出计划，虽然你的意图是为了更加有效地利用时间。事实上，制订计划时应采取理智的态度。突发事件和应急事件时有发生，因此，在计划和安排上应该保有一定的灵活性，以便随时做出调整。

1. 遵循心理活动规律，充分考虑自身的特点

制订学习计划时，要充分考虑自身的特点，科学地安排时间。

（1）充分利用人的高效时段学习。心理学研究表明，一天之中人们都有一个最高学习效率时段，多数人上午的学习效率要高于下午。我们最明智的做法是确保自己在这段时间内精神饱满。如果达不到，就要检查一下你的睡眠、饮食和体育锻炼等，并努力养成早起的习惯。每日上午的时光最有价值，应尽一切努力使上午时光不浪费掉。为了充分利用第二天上午的时间，可提前做好一些必要的准备工作。

（2）选择适宜的"单位时间的长度"。大学生应学会如何根据自身的生理或心理的特征和任务的特性来选择学习的恰当单位时间。不同年龄的人注意持续的时间不同，成

人的注意持续时间为 60～90 分钟，13～15 岁的人则为 50～60 分钟。须从年龄特点出发选择学习的单位时间。

（3）注意休息，少开夜车。在一般学习过程中，连续学习 2 小时后会出现厌烦、注意力分散和对任务不满的情况。若在中间休息或放松几分钟，然后再去做，那么继续完成这项任务的愿望往往会再次出现，从而使你"恢复元气"。所以，如果你感到学习效率降低而且出现错误时，不妨适当休息一下。

2. 科学地利用时间

科学利用时间是一门艺术。古今中外许多杰出人才都想方设法地利用一般人不想利用或难以利用的时间，并创造了许多挤时间的方法。这里仅列举一二用以说明。

（1）适当拒绝别人的请求。别人的请求，有些本身就不合理，倘若勉强接受就会干扰自己的学习。但简单拒绝又会伤人，所以要掌握拒绝的方式。

①认真倾听对方提出的要求，以表示对对方的尊重。

②和颜悦色地说明拒绝的理由，并表达歉意。

③耐心说服对方，不要轻易就被说服而修正或打消你拒绝的初衷；否则，不仅显得自己不诚恳，而且也没有达到节约时间的目的。

（2）防止"不速之客"的干扰。未经预约的来访，既浪费时间，又乱人思路，使自己难以专心学习。可采取如下方式预防这种干扰：

①将学习安排在一个"隐蔽"的地方。

②站立会客，限时面谈。来访者不顾家里人的阻拦而登堂入室，可马上起立并友善地招呼，这样可避免对方坐下，缩短面谈的时间。同时，可向来客言明能面谈的时间究竟有多少，可由父母代言；如需自己述说，要讲究技巧，以免被视为傲慢无礼。

③推迟回家。为增加学习时间，有工作的自学者可推迟下班，因为下班后的"不速之客"通常以闲聊者居多。

（3）不要放过零碎时间。只要粗略计算一下，你就会明白，所谓的零碎时间在你一天中占有多大的分量。比如，饭前饭后，上厕所，等车挤车，约会等人等等。一个好的学习者要养成充分利用零碎时间的习惯。例如，吃午饭时间人最拥挤，常见到有些学生为了避免吃饭排队而浪费时间，仍坐在空荡荡的教室里看书；也常见到许多学生在上课或下课的往返道路上，利用走路时间构思当天或第二天的学习计划，或携带袖珍式录音机听英语，或使用学习卡片进行记忆等。

（四）拥有牢固的基础知识

中国学生的一大优势是拥有扎实的基础知识。但是，最近几年，许多同学在目睹了很多速成的例子（如丁磊、陈天桥等）之后，也迫切希望能驶上成功的快车道，这渐渐形成了一种追求速成的浮躁风气。有许多大学生梦想在毕业后就立即能做"经理"、"老板"；还有许多大学生入学时直接选择了管理专业，因为他们认为从这样的专业毕业后马上就可以成为企业的管理者。可不少学生进入管理专业后，才发现自己对本专业的学习毫无兴趣。其实，管理专业和其他专业一样，都是传授基础知识和基本方法的专业，没有哪个专业可以保证学生在毕业时就能走上领导岗位。

如果说大学是一个学习和进步的平台，那么，这个平台的地基就是大学里的基础课程。在大学期间，同学们一定要学好基础知识，其中包括数学、英语、计算机，以及本专业要求的基础课程（如商学院的财务、经济等课程）。一方面，在科技发展日新月异的今天，应用领域里很多看似高深的技术在几年后就会被新的技术或工具取代，只有掌握了基础知识才可以受用终身；另一方面，如果没有打下好的基础，大学生们也很难真正理解高深的应用技术。

1. 数学是理工科学生必备的基础

很多学生在高中时认为数学是最难学的，到了大学里，一旦发现本专业对数学的要求不高，就会彻底放松对数学知识的学习，而且他们看不出数学知识有什么现实的应用或就业前景。但大家不要忘记，绝大多数理工科专业的知识体系都建立在数学的基石之上。例如，要想学好计算机工程专业，那至少要把离散数学（包括集合论、图论、数理逻辑等）、线性代数、概率统计和数学分析学好；要想进一步攻读计算机科学专业的硕士或博士学位，可能还需要更高的数学素养。同时，数学也是人类几千年积累的智慧结晶，学习数学知识可以培养和训练人的思维能力。通过对几何的学习，我们可以用演绎、推理来求证和思考；通过学习概率统计，我们可以知道该如何避免钻进思维的死胡同，该如何让自己面前的机会最大化。所以，大家一定要用心把数学学好，不能敷衍了事。学习数学也不能仅仅局限于选修多门数学课程，而是要知道自己为什么学习数学，要从学习数学的过程中掌握认知和思考的方法。

2. 21世纪里最重要的沟通工具就是英语

有些同学在大学里为了考过四级、六级而学习英语，有的同学仅仅把英语当作一种求职必备的技能来学习，基至有人认为学习和使用英语等于崇洋媚外。其实，学习英语的根本目的是为了掌握一门重要的知识和沟通工具。在未来的几十年里，世界上最全面的新闻内容，最先进、最高深的科学技术，以及大多数知识分子间的交流都将用英语进行。因此，英语是不可不学的，除非你甘心做一个与国际脱节的人。在软件行业里，不但编程语言是用英语开发出来的，最重要的教材、论文、参考资料、用户手册等资源也大多是用英语写成的。

很多中国留学生的英语考试成绩不错，也高分考过四级、六级、托福，但是留学外国后却很难听懂课程内容，和外国同学交流也很困难。我们该如何学好英语呢？既然英语是最重要的沟通工具，那么，最重要的学习方法就是尽量与实践结合起来，不能只"学"不"用"，更不能只靠背诵。首先，大家应尽量阅读原版的专业教材（如果英语不够好，可以先从中英对照的教材看起），并适当地阅读一些自己感兴趣的专业论文，这可以同时提高英语和相关专业的知识水平。其次，提高英语听说能力的最好方法是直接与那些以英语为母语的外国人对话。现在有很多在中国学习和工作的外国人，他们中的不少人为了学中文，很愿意与中国学生对话、交流，这是很好的学习机会。此外，大家不要把学习英语当作一件苦差事，完全可以用有趣的方法学习英语。例如，可以多看一些名人的对话或演讲，多看一些小说、戏剧甚至漫画。初学者可以找英文原版的教学节目和录像来学习，有一定基础的则应该看英文电视或电影。看一部英文电影时，最好先在有字幕的时候看一遍，同时查阅生词、熟悉句式，然后在不加字幕的情况下再看一遍，仅靠耳朵去听。听英文广播也是很好的练习英文听力的方法，大家每天最好能抽出半小时到一小时的时间收听广播并尽量理解其中的内容，有必要的话还可以录下来反复收听。在互联网上也有许多互动式的英语学习网站，大家可以在网站上用游戏、自我测试、双语阅读等方式提升英语水平。总之，勇于实践、持之以恒是学习英语的必由之路。

信息时代已经到来，大学生在信息科学与信息技术方面的素养也已成为他们进入社会的必备基础之一。虽然不是每个大学生都需要懂得计算机原理和编程知识，但所有大学生都应能熟练地使用计算机、互联网、办公软件和搜索引擎，都应能熟练地在网上浏览信息和查找专业知识。在21世纪，使用计算机和网络就像使用纸和笔一样是人人必备的基本功。不学好计算机，你就无法快捷、全面地获得自己需要的知识或信息。

3. 每个特定的专业都有它自己的基础课程

每个特定的专业都有其基础课程，我们以计算机专业为例。许多大学生只热衷于学习最新的语言、技术、平台、标准和工具，因为很多公司在招聘时都会要求这些方面的基础或经验。这些新技术虽然应该学习，但计算机基础课程的学习更为重要，因为语言和平台的发展日新月异，但只要学好基础课程（如数据结构、算法、编译原理、计算机原理、数据库原理等）就可以万变不离其宗。有位同学生动地把这些基础课程比拟为计算机专业的内功，而把新的语言、技术、平台、标准和工具比拟为外功。那些只懂得追求时髦的学生没有内功的积累，是不可能成为真正的高手的。

（五）善于利用学习资源

我国目前大学的教学设施要比普通中学齐全得多，教学内容所包含的信息量越来越大。所以，教师应引导刚入学的新生在思想上认识到：要想在学业上获得成功，一定要充分利用现有的学习条件，掌握、运用自己所学的知识，提高自己的能力；要迅速熟悉学校中的教学及辅助设施，如教学办公地点、图书馆、实验室、复印室、录音室、书店的开放时间等。有一些大学生，对学习环境、教学设施的意义理解不够，认为只要把老师讲的知识掌握了就行了，所以他们在课堂以外，很少利用各种有利条件来发展自己、提高自己，这是对有限教育资源的浪费，不利于自身综合素质的提高。

大学生应该充分利用图书馆和互联网，培养独立学习和研究的本领，为适应今后的工作或进一步的深造做准备。首先，除了学习老师规定的课程以外，大学生一定要学会查找书籍和文献，以便接触更广泛的知识和研究成果。例如，当我们在一门课中发现了自己感兴趣的课题，就应当积极去图书馆查阅相关文献，了解这个课题的来龙去脉和目前的研究动态。熟练和充分地使用图书馆资源，是大学生特别是那些有志于科学研究的大学生的必备技能之一。其次，在书本之外，互联网也是一个巨大的资源库，大学生们可以借助搜索引擎在网上查找各类信息。很多同学其实并没有很好地掌握互联网的搜索技巧；还有些同学很容易相信网上的谣言，而不会利用搜索引擎自己查考、求证。除了搜索引擎以外，网上还有许多网站和社区也是很好的学习园地。

对图书馆的利用，这是大学学习的一大特点。高校图书馆是高校办学的三大支柱（师资、图书资料、实验设备）之一，高校图书馆有良好的学习环境和浓厚的学习气氛，有丰富的文献资源，有较多的检索工具，有现代化的电脑设备，是大学学习的重要一环。

对于图书馆的利用，在大学生的学习生涯中有不同的阶段。

1. 新生入学阶段

新生入学伊始是整个大学学习阶段利用图书馆的第一步，也是极为关键的一步。这一时期若对图书馆的认识和使用正确，就能较快地掌握打开知识宝库的钥匙。新生入学阶段应了解图书馆以下内容：

(1) 本校图书馆的建馆历史。

(2) 本校教学科研水平、研究成果，图书馆根据学校专业设置而配置的藏书体系及特点。

(3) 图书馆的工作流程、分类规则，了解一本书、一册刊、一份报从订购到利用中间要经过多少道工序，珍惜爱护图书馆的每一份文献，尊重工作人员的辛勤劳动。

(4) 各阅览室、书库的藏书情况、借阅方式、规章制度，能自觉保持公共场合的整洁、安静，维护良好的读书秩序，做文明读者。

在了解上述内容的同时，还应爱护图书馆的公共物品，有公德心。图书馆历来是一个汲取文化知识、陶冶情操的神圣地方，任何损书现象都有悖于社会主义精神文明建设，为大家所不齿。

2. 学习阶段

大学生不同于中学生，仅仅掌握老师在课堂上讲授的内容是远远不够的，需要了解本专业的最新发展动态、最新科研成果，需要了解相关学科知识，也需要其他各科知识来丰富自己、充实自己。这就要求大学生必须充分利用图书馆。大学生入学后，图书馆就成了学生们除课堂教育外的最主要的课堂，怎样快速获取所需信息，成了大学生面临的最实际的问题。

(1) 熟悉图书馆文献检索。较熟练地使用中外文工具书、了解国内外主要检索刊物和联机检索内容，了解文献检索的基本理论，检索途径、语言和方法，有触类旁通、举一反三的变通动力和检索能力。

(2) 熟练使用计算机检索系统。随着计算机技术和现代通讯技术的不断发展，一些高校纷纷建立了国际或国内联机终端和光盘检索系统，光盘的网络化趋势和校园网乃至地区网、国家网的建成将使用户上机检索成为必然，高校学生对计算机检索这种快捷而新颖的检索方法必须能熟练操作。

(3) 了解图书分类法。图书馆的藏书是根据中国图书分类法加工入库，大学生应对此有基本的了解，如图书馆的藏书怎样分类，有哪些检索工具，检索工具的编排体制、查阅方法等。大学生应走进图书馆，理论指导与实际操作相结合，效果会更显著。

3. 毕业阶段

撰写毕业论文，是对大学生几年来知识、能力、素质的综合考核。首先，要做的是与任课老师做好沟通，了解选题的范围和要求等。其次，要到图书馆查找有关资料，准备好所需文献，根据论文需求，集中可能要用的文献资料，包括各种文献索引和工具书。知识分为两种，一种是需要记忆的知识，一种是"知道从哪里获取知识"的知识。后一种知识的学习是非常重要而且终身受用的。知识面的拓展，学习研究的深入等都要求当今的大学生要充分利用图书馆。

（六）培养实践动手能力

理论联系实际是教学的基本原则，也是学习的基本方法。古人把理论和实践的关系概括为知和行的关系，古今中外许多学者都强调理论和时间的统一。颜元说："心中醒，口中说，纸上做，不从身上习过，皆无用也。"达·芬奇说："实践必须永远建筑在坚实的理论基础之上。""理论脱离实践是最大的不幸。"鲁迅说："必须和实际社会接触，使所读的书活起来。"

认知规律告诉我们，任何理论都是在实践的基础上总结概括出来的，没有凭空产生的理论；而理论一旦形成，就会以自己的普遍适用性去指导实践。人们的知识和实践的发展就是循着实践—知识—再实践—再认识的方向发展的。学生到学校里主要是学习理论知识，但我们不可能离开实际；离开大量的丰富具体的实践，我们就不可能深入地理解理论，不知道理论是怎样从实际中概括出来的。因此，我们必须强调学习要理论联系实际。

实践环节是教学内容的重要组成部分，是巩固理论知识，汲取新的知识，发展智能的重要途径。教学实践包括实验、专业实习、教育实习、社会调查、课程设计、毕业设计（论文）等，每个同学都要认真对待。

通过实验和科研训练，可以加深对理论知识的理解，提高基本操作技能，提高分析和解决问题的能力。我国大多数高校的实验课比较少，这就要求每个同学要珍惜每次实验的机会。实验课前要进行必要的预习，实验过程中要亲自动手操作，不要光看别人做，最后抄别人的答案。实验时要采取科学的态度，对实验数据要实事求是，不要凭主观臆测修正数据，做好数据分析和实验过程分析。在实验中，不仅要学会验证某一定律或原理，掌握实验操作技能，还要能够自己提出实验方案，能够分析和解决实验过程中出现的各种问题，能开展小型课题研究和课题设计。

理工科学生还必须重视生产实习。因为生产实习不仅能巩固理论知识，使头脑中的知识系统化、整体化，而且还能在实践中学到许多书本上学不到的新知识。同学们应在老师和工厂技术人员的指导下，设计和完成一个项目。文科学生要重视社会调查，学会写调查提纲、开调查会、整理调查资料、写调查报告。

学习基础较好的学生以及高年级的学生，应积极参加科研活动，组织科研小组，自己拟订方案和实验大纲，进行一些小型的课题研究、小型设计，制作简易的实验装置，这样可以培养和提高研究能力和动手能力。研究能力是自学能力、观察能力、思维能力和动手能力的综合反应。有了这些能力，毕业后就可以较快地适应工作需要，将所学的知识运用于实践之中。

第五讲

演讲与口才

　　世界上没有任何一个正常人不需要讲话，不需要交流，也没有任何一种工作不需要和别人打交道。而人与人之间交流思想、沟通感情，最直接、最方便的途径就是语言。通过出色的语言表达，可以使相互熟识的人情更浓、爱更深；可以使陌生的人彼此产生好感、结成友谊；可以使相互有分歧的人互相理解，使矛盾化为乌有；可以使互相仇恨的人化干戈为玉帛，友好相处。在工作和事业上，敢于说话又善于说话的人，可以充分利用自己的语言交际能力来征服他人，使工作顺利进行。

一、口才

（一）口才的定义

　　许多大学生都希望自己拥有出色的口才。但是，不少人对于口才却有着模糊的看法，认为口才无非就是说话，是可有可无的，或者把口才等同于油腔滑调。那么，口才到底是什么呢？

　　1. 口才首先是说话的能力

　　根据《辞源》的解释，"口才"又叫做"口材"，是指"善于说话的才能"。[①]《现代汉语词典》认为，"口才"就是"说话的才能"。[②] 也许有人会说，说话有谁不会。的确，除了哑巴谁都能说话。但是说话并不是一件容易事。天天说话，不见得就会说话；许多人说了一辈子话，没有说好过几句话。因此，说话并不难，难的是怎样才能达到"善于说话"的境界。

　　那怎样才叫做"善于说话"呢？语言学家王力先生的见解是："普通喜欢用'口若悬河'四个字来形容会说话的人，其实这是很不恰当的形容词。泼妇骂街往往口若悬河，走江湖卖膏药的人，更能口若悬河，然而我们并不承认他们会说话，因为我们把这

---

① 《辞源（修订本）》，商务印书馆 1988 年版。
② 《现代汉语词典》，商务印书馆 1996 年版。

'会'字的标准定得和一般人所定的不同。"①

2. 口才是以有效沟通为目的的一种综合能力

口才是以口头语言表达为主要手段，综合运用一个人的素质才智，实现有效沟通与说服的才能。会不会说话，口才的好坏，直接影响沟通与说服的效果。

如果仅仅把口才视为一种口头语言表达能力，那么只是看到了口才的表象。在这样的认识指导下，很容易走入一个误区：片面追求口语技巧，忽视口才作为一种能力的社会价值和实践意义。口才是为了沟通的需要，为了在现实工作和生活中解决问题的需要而出现的。如果没有需要，仅仅是为了口才而口才，那就是"卖弄"。从这个意义上讲，真正的口才是一种沟通的工具和艺术。

3. 口才是社会生活中重要的适用技能

善于说话的人，能够准确地向他人传达信息，赢得他人的理解、信任、支持，在交往中获得朋友，从而更有效地解决问题，办好事情。因此，口才又被认为是交际能力、办事能力的主要内容之一。在西方，人们认为无论在哪个行业中，擅长讲话是最有价值的技能之一。

需要指出的是，尽管口才有时会以一种表演艺术的形式出现，如演讲赛、辩论赛等，但口才并不是为了表演而存在的，而是为了通过沟通和说服来解决社会生活中的种种问题。举办演讲赛、辩论赛的目的也是为了通过比赛，激发人们对口才活动的兴趣，从而提高口才水平。

（二）口才的构成要素

从上面对口才的描述，我们可以得知口才作为沟通和说服的一种能力，它的构成要素主要有以下六个方面。

1. 口头语言表达能力

口头表达能力无疑是口才的基础，是口才的主要内容。

口语表达首先要求口音规范，也就是说要坚持"说普通话"。由于我国各地存在许多不同的方言，因此每个人在口语规范方面往往会受到母语方言的影响，这些都要通过训练加以纠正。

但是，也要注意，口头语言表达能力的评价核心是其传达信息的准确性和可接受性。一个人如果在口音方面不是很规范，并不影响其拥有好的口才。只要他能够让听众正确地理解他的意思，能够令听众喜欢听他说话，这时他的一些小小的缺陷甚至可以成为他的独特魅力。但是从一般意义上说，我们还是要尽量避免这些问题的出现，以更好地实现有效的沟通。

2. 听话能力

听是一个"接收意思、留心意思并确定听觉和视觉刺激物意思的过程"。② 如果把说话视为一个信息传播的过程，那么听话就是信息传播中的解码过程。

本杰明·富兰克林说："与人交谈取得成功的重要秘诀，就是多听。"只有会听，才

---

① 王力：《龙虫并雕斋琐语》，商务印书馆 2002 年版。
② ［美］鲁道夫·F·维德伯：《讲话的艺术》，中信出版社 2003 年版。

能更准确地把握说话对象的意图及其流露出的情绪、传播出的信息，更好地促使交谈继续下去，达到最终目的。

3. 体态表达能力

我们在表达意思时，常常使用一些辅助的非语言因素，如仪表、面部表情、手势、身体姿势、步伐移动等。这些非语言因素被称为态势语。体态表达能力，也就是运用态势进行表达的能力。

运用态势语要注意以下原则：

(1) 准确性原则。态势语所传递的信息受表达环境的制约，运用态势语必须进行推敲，力求准确。

(2) 适度原则。态势语仅仅是对口头表达必要的补充和辅助，因此运用态势语要适可而止，否则可能喧宾夺主。

(3) 自然原则。在使用态势语时，要自然，如果老想着怎样做动作，就会显得做作。

4. 心理素质

口才是通过各种实践活动显现出来的，而每一次口才表达成功与否与临场发挥好坏密切相关。要临场发挥好，必须具有良好的心理品质，如自信、热情、果断、镇定等。

心理素质的作用不仅体现在说话者对自我情绪和情感的调节控制方面，更体现在对听众心理的把握方面。成功的说话者应具有研究听众心理的能力。这样，在准备说话内容时就能充分考虑到听众的偏好和需要，在说话过程中能保持与听众的顺畅沟通，赢得听众的共鸣和支持，达到理想的说话效果。

5. 人际交往意识

人际交往意识，一方面是指说话者人际交往的自觉性，即认识到作为社会的一员，必须时时刻刻与人交流，从而增强说话的主动性；另一方面是指说话者应时时刻刻自觉意识到，任何口才表达活动不是自说自话，而是有具体的交集对象和交际场景。也就是说，口才与交际有着非常密切的关系。说话者不能只是想着自己怎么说，还必须学会把握说话的对象、主题、场景，说话必须"因人制宜"、"因事制宜"、"因时制宜"、"因地制宜"。

6. 知识面、阅历和智慧

宽广的知识面和丰富的阅历是口才不可或缺的因素。一个人的知识面越宽广、阅历越丰富，与人交谈的话题就越多，说话的信息量就越大，认识问题就越深刻，因此也越容易达到"侃侃而谈"的境界。

(三) 口才的培养方法

口才并不是一种天赋的才能，它是靠刻苦训练得来的。古今中外历史上那些能言善辩的演讲家、雄辩家，无一不是靠刻苦训练而获得成功的。美国前总统林肯为了练口才，徒步30英里，到一个法院去听律师们的辩护词，看他们如何论辩，如何做手势，同时一边倾听，一边模仿；他也会去听那些云游四方的福音传教士挥舞手臂、声震长空的布道，回来后学习他们的样子；他还对着树、树桩、成行的玉米练习过口才。日本前首相田中角荣，少年时曾患有口吃病，但他不被困难所吓倒。为了克服口吃，练就口才，他常常朗诵、慢读课文，为了准确发音，他对着镜子纠正嘴和舌根的部位，严肃认真，一丝不苟，终于克服了口吃的毛病。我国早期无产阶级革命家、演讲家萧楚女，更是靠平时的艰苦训练，练就了非凡的口才。萧楚女在重庆国立第二女子师范学校教书时，除了认真备课外，每天天刚亮就跑到学校后面的山上，找一处僻静的地方，把一面镜子挂在树枝上，对着镜子开始练演讲，从镜子中观察自己的表情和动作。经过这样的刻苦训练，他掌握了高超的演讲艺术，教学水平也很快提高了。1926 年，他年方 30 就在毛泽东同志主办的广州农民运动讲习所工作，他的演讲至今受到世人的推崇。我国著名的数学家华罗庚，不仅有超群的数学才华，而且也是一位不可多得的"辩才"。他从小就注意培养自己的口才，学习普通话，背了四五百首唐诗，以此来锻炼自己的"口舌"。这些名人与伟人为我们训练口才树立了光荣的榜样，我们要想练就一副过硬的口才，就必须像他们那样，一丝不苟，刻苦训练。正如华罗庚先生在总结练"口才"的体会时说的："勤能补拙是良训，一分辛苦一分才。"练口才不仅要刻苦，还要掌握一定的方法。科学的方法可以使你事半功倍，加速你口才的形成。当然，根据每个人的学识、环境、年龄等等的不同，练口才的方法也会有所差异，但只要选择最适合自己的方法，加上持之以恒的刻苦训练，那么你就会在通向"口才家"的大道上迅速成长起来。我们在此介绍几种符合同学们特点，简单、易行的口才训练方法。

1. 速读法

这里的"读"指的是朗读，是用嘴去读，顾名思义，"速读"也就是快速的朗读。这种训练方法的目的，在于通过锻炼使人口齿伶俐，语音准确，吐字清晰。

速读的方法是找来一篇演讲词或一篇文辞优美的散文。先用字典、词典把文章中不认识或弄不懂的字、词查出来，搞清楚，弄明白，然后开始朗读。一般开始朗读的时候速度较慢，逐渐加快，一次比一次读得快，最后达到你所能达到的最快速度。

速读的要求是读的过程中不要有停顿，发音要准确，吐字要清晰，要尽量达到发声完整。因为如果你不把每个字音都完整地发出来，那么一旦速度加快后，就会让人听不清楚你在说些什么，快也就失去了意义。我们的快必须建立在吐字清楚、发音干净利落的基础上。我们都听过体育节目的解说专家宋世雄的解说，他的解说就很有"快"的功夫。宋世雄解说的"快"，是快而不乱，每个字、每个音都发得十分清楚、准确，没有含混不清的地方。我们希望达到的快也就是他的那种快，吐字清晰，发音准确，而不是为了快而快。

速读法的优点是不受时间、地点的约束，无论在何时、何地，只要手里有一篇文章就可以练习。而且还不受人员的限制，不需要别人的配合，一个人就可以独立完成。当然，你也可以找一位同学听听你的速读练习，让他帮你挑出速读中出现的毛病。比如，哪个字发音不够准确，那个地方吐字还不清晰等等，这样就更有利于你有目的地进行纠正、学习。你还可以用录音机把你的速读录下来，然后自己听一听，从中找出不足，进行改进。如果有老师指导就更好了。

2. 背诵法

我们都背诵过课文，包括诗歌、散文、小说。背诵的目的是各有不同的。有的是因为老师要求必须背诵，而不得不背，以完成老师交给的学习任务；也有的是为了记忆下某个名诗、名句，以此来丰富自己的文学素养。而我们提倡的背诵，主要的目的是在于锻炼我们的口才。

我们要求的背诵，并不仅仅要求你把某篇演讲词、散文背下来就算完成了任务，我们要求的背诵，一是要"背"，二是要"诵"。这种训练的目的有两个：一是培养记忆能力，二是培养口头表达能力。

记忆是练口才必不可少的一种素质。没有好的记忆力，要想培养出口才是不可能的。只有大脑充分地积累了知识，你才可能张口即出，滔滔不绝。如果你的大脑是一片空白，那么你再伶牙俐齿，也无济于事。记忆与口才一样，它并不是一种天赋的才能，后天的锻炼对它同样起着至关重要的作用，"背"正是对这种能力的培养。

"诵"是对表达能力的一种训练。这里的"诵"也就是我们常说的"朗诵"。它要求在准确把握文章内容的基础上进行声情并茂的表达。

背诵法，不同于我们前面讲的速读法。速读法的着眼点在"快"上，而背诵法的着眼点在"准"上。也就是你背的演讲词或文章一定要准确，不能有遗漏或错误的地方，而且在吐字、发音上也一定要准确无误。

背诵的方法是：第一步，先选一篇自己喜欢的演讲词、散文、诗歌；第二步，对选定的材料进行分析、理解，体会作者的思想感情。这是要花点功夫的，需要我们逐句逐段地进行分析，推敲每一个词句，从中感受作者的思想感情，并激发自己的情感；第三步，对所选的演讲词、散文、诗歌等进行一些艺术处理，比如找出重音、划分停顿等，这些都有利于准确表达内容；第四步，在以上几步工作的基础上进行背诵。在背诵的过程中，也可分步进行。首先，进行"背"的训练，也就是先将文章背下来。在这个阶段不要求声情并茂，只要能达到熟练记忆就行。并在背的过程中，自己进一步领会作品的格调、节奏，为准确把握作品打下更坚实的基础。其次，是在背熟文章的基础上进行大声朗诵。将你背熟的演讲词、散文、诗歌等大声地背诵出来，并随时注意发声的正确与否，而且要带有一定的感情。最后，用饱满的情感，准确的语言、语调进行背诵。

背诵法的要求是准确无误地记忆文章，准确地表达作品的思想感情。比如，我们要背诵高尔基的《海燕》，我们首先就应明白，这是篇散文诗。它是在预报革命的风暴即将来临，讴歌的是海燕——无产阶级战士的形象。整篇散文诗都是热烈激昂的，表达了革命者不可遏止的爱憎分明。那么，我们在朗诵《海燕》时就要抓住这个基调。当然仅仅抓住作品的基调还是不够的，我们还要对作品进行一些技巧上的处理，如划分段落、确定重音、停顿等等。平平淡淡，没有波澜，没有起伏，一调到底的朗诵是不会成功的。有些人在背诵《海燕》时把握了它激昂奋进的基调，却没有注意朗诵技巧，开口就定在最高的音上，结果到了表达感情的最高点时，就只能是声嘶力竭，这也是把握欠准确的表现。如果对作者的思想感情发展的脉络有了准确的把握，那么就不会犯类似的错误了。

这个训练最好能有指导，特别是在朗诵技巧上给些指导。如果没有这个条件，也可以找人帮忙，请人听自己背诵，然后指出不足，使我们在改进时有所依据，这对练口才很有好处。

3. 练声法

练声也就是练声音，练嗓子。在生活中，我们都喜欢听那些饱满圆润、悦耳动听的声音，而不愿听干瘪无力、沙哑干涩的声音。所以，锻炼出一副好嗓子，练就一腔悦耳动听的声音，是我们必做的工作。

练声的方法是：

第一步，练气。俗话说练声先练气，气息是人体发声的动力，就像汽车上的发动机一样，它是发声的基础。气息的大小对发声有着直接的关系。气不足，声音无力，用力过猛，又有损声带。所以我们练声，首先要学会用气。吸气：吸气要深，小腹收缩，整个胸部要撑开，尽量把更多的气吸进去。呼气：呼气时要慢慢地进行。要让气慢慢地呼出。因为我们在演讲、朗诵、论辩时，有时需要较长的气息，那么只有呼气慢而长，才能达到这个目的。呼气时可以把两齿基本合上，留一条小缝让气息慢慢地通过。

第二步，练声。我们知道人类语言的声源是在声带上，也就是我们的声音是通过气流振动声带而发出来的。

在练发声以前先要做一些准备工作。先放松声带，用一些轻缓的气流振动它，让声带有点准备，发一些轻慢的声音，千万不要张口就大喊大叫，那只能对声带起破坏作用。这就像我们在做激烈运动之前，要做些准备动作一样，否则就容易使肌肉拉伤。

声带活动开了，我们还要在口腔上做一些准备活动。我们知道口腔是人的一个重要的共鸣器，声音的洪亮、圆润与否与口腔有着直接的联系，所以不要小看了口腔的作用。

口腔活动可以按以下方法进行：

第一，进行张闭口的练习，活动嚼肌，也就是面皮。这样等到练声时嚼肌运动起来就轻松自如了。

第二，挺软腭。这个方法可以用学鸭子叫"嘎嘎"声来体会。

人体还有一个重要的共鸣器，就是鼻腔。有人在发音时，只会在喉咙上使劲，根本就没有上胸腔、鼻腔这两个共鸣器，所以声音单薄，音色较差。练习用鼻腔共鸣的方法是，学习牛叫。但我们一定要注意，在平日说话时，如果只用鼻腔共鸣，也可能造成鼻音太重的结果。

我们还要注意，练声时，千万不要在早晨刚睡醒时就到室外去练习，那样会使声带受到损害。特别是室外与室内温差较大时，更不要张口就喊，那样，冷空气进入口腔后会刺激声带。

第三，练习吐字。吐字看似离发声远了些，其实二者是息息相关的。只有发音准确无误，清晰、圆润，吐字也才能"字正腔圆"。

我们在小学时，都学习过拼音，都知道每个字都是由一个音节组成的，而一个音节我们又可以把它分成字头、字腹、字尾三部分。这三部分从语音结构来分，字头就是我们说的声母，字腹就是我们说的韵母，字尾就是韵尾。

吐字发声时一定要咬住字头。有一句话叫"咬字千斤重，听者自动容"，说的就是这个意思。所以我们在发音时，一定要紧紧咬住字头，这时嘴唇一定要有力，把发音的力量放在字头上，利用字头带响字腹与字尾。

4. 复述法

复述法简单地说，就是把别人的话重复地叙述一遍。这种方法在课堂上使用得较多。例如，老师让同学们看一段幻灯片，然后请同学复述幻灯片的情节或人物的对话。这种训练方法的目的，在于锻炼人的记忆力、反应力和语言的连贯性。

复述的方法是：选一段长短合适、有一定情节的文章，最好是小说或演讲词中叙述性强的一段。然后请朗诵较好的同学进行朗读，最好能用录音机把它录下来，然后听一遍复述一遍，反复多次地进行，直到能完全把这个作品复述出来。复述的时候，你可把第一次复述的内容录下来，然后对比原文，看你能复述多少，重复进行直到把全部的内容复述下来。这种练习决不单单在于背诵，而在于锻炼语言的连贯性。如果能面对众人复述就更好了，它还可以锻炼你的胆量，克服紧张心理。

复述法的要求是：在开始时，只要能把基本情节复述出来就可以，在记住原话的时候，可以用自己的话把意思复述出来；第二次复述时就要求不仅仅是复述情节，而且要求能复述一定的人物语言或描写语言；第三次复述时，就应基本准确地复述出人物的语言和基本的描写语言，逐次提高要求。在进行这种练习之前，最好能根据自己的实际情况和所选文章的情况，制定一个具体的要求。比如选了一段共有 10 句话的文章，那么第一次复述时就要把基本情节复述出来，并能把几个关键的句子复述出来；第二次就应该能复述出 5～7 个句子；第三次就应能复述 8～10 个句子。当然，速度进展得越快，也就说明你的语言连贯性和记忆力越强。

开始练习时，最好选择句子较短、内容活泼的材料进行，这样便于你把握、记忆、复述。随着训练的深入，你可以逐渐选一些句子较长、情节少的材料进行练习。这样由易到难，循序渐进，效果会更好。

复述法练习一定要有耐心与毅力。有的同学一开始就选用那些长句子、情节少的文章作为训练材料，结果常常是欲速则不达。而且这个训练有时显得很繁琐、麻烦，甚至是枯燥乏味，这就需要我们要有耐心与毅力，要知难而进，勇于吃苦，不怕麻烦。没有耐心与毅力，那么你将注定一事无成。

5. 模仿法

我们每个人从小就会模仿，模仿大人做事，模仿大人说话。其实模仿的过程也是一个学习的过程。我们小时候学说话是向爸爸、妈妈及周围的人学习，向周围的人模仿。那么我们练口才也可以利用模仿法，向这方面有专长的人模仿。这样天长日久，我们的口语表达能力就能得到提高。

模仿的方法包括：

（1）模仿他人。在生活中找一位口语表达能力强的人，请他讲几段最精彩的话，录下来，供你进行模仿。你也可以把你喜欢的又适合你模仿的播音员、演员的声音录下来，然后进行模仿。

（2）专题模仿。几个好友在一起，请一个人先讲一段小故事、小幽默，然后大家轮流模仿，看谁模仿的最像。为了刺激积极性，也可以采用打分的形式，大家一起来评分，表扬模仿最成功的一位。这个方法简单易行，且有娱乐性，课上、课间、课后都可进行。所要注意的是，每个人讲的小故事、小幽默，一定要新鲜有趣，使大家爱听爱学。

（3）随时模仿。我们每天都听广播，看电视、电影，那么你就可以随时跟着播音员、演播员、演员进行模仿，注意他的声音、语调，他的神态、动作，边听边模仿，边看边模仿。天长日久，你的口语能力就得到了提高，而且还会增加你的词汇储备，增长你的文学知识。

模仿法要求要尽量模仿得像，要从模仿对象的语气、语速、表情、动作等多方面进行模仿。并在模仿中有创造，力争在模仿中超过对方。

在进行这种练习时，一要注意选择适合自己的对象进行模仿。要选择那些对自己身心有好处的语言动作进行模仿，我们有些同学模仿力很强，可是在模仿时都不够严肃认真，专拣一些脏话进行模仿，久而久之，就形成了一种低级的趣味，我们反对这种模仿方法。模仿法是一种简单易学、娱乐性强、见效快的方法。

6. 描述法

小的时候我们都学过看图说话。描述法就类似于这种看图说话，只是我们要看的不仅仅是书本上的图，还有生活中的一些景、事、物、人，而且要求也比看图说话高一些。简单地说，描述法也就是把你看到的景、事、物、人用描述性的语言表达出来。

描述法可以说是比以上的几种训练法更进了一步。这里没有现成的演讲词、散文、诗歌等作为你的练习材料，而要求你自己去组织语言进行描述。所以，描述法训练的主要目的就在于训练同学们的语言组织能力和语言的条理性。无论是演讲、说话、论辩都需要有较强的组织语言的能力，没有这种能力也就不可能有一张悬河之口。组织语言的能力是口语表达能力的一项基本功。

描述的方法是：把一幅画或一个景物作为描述的对象。第一步，对要描述的对象进行观察。比如，我们所要描述的对象是"秋天的小湖边"，那么我们就要观察这个湖的周围都有些什么，有树？有假山？有凉亭？还有游人？并且树是什么样子？山是什么样子？凉亭在这湖光山色、树影的衬托下又是个什么样子？秋天里的游人此时又该是一种什么心情呢？这一切都需要你用自己的眼睛去观察，用你的心去体验。只有有了这种观察，你的描述才有基础。第二步，描述。描述时一定要抓住景物的特点，要有顺序地进行描述。其要求是抓住特点进行描述，语言要清楚、明白，要有一定的文采。描述切忌平平淡淡，一定要用描述性的语言，尽量生动、活泼些。描述要讲顺序，不要东一句，西一句，描述的时候允许有联想与想象。比如，你观察到秋天的湖边有一位白发苍苍的老爷爷，孤独地坐在树阴下，你可能想到了自己的爷爷，也可能想到这个老人的生活晚景，还可能想到"夕阳无限好，只是近黄昏"这个诗句……那么在描述的时候，你就可以把这一切都加进去，使你的描述更充实、生动。

7. 角色扮演法

角色一词，我们也是从戏剧、电影中借用来的，是指演员扮演的戏剧或电影中的人物。我们这里的角色，与戏剧、电影中讲的角色有着相同的意义。角色扮演法，就是要我们学演员那样去演戏，去扮演作品中出现的不同的人物，当然这个扮演主要是在语言上的扮演。

角色扮演的方法是：

第一步，选一篇有情节、有人物的小说、戏剧为材料。

第二步，对选定的材料进行分析，特别要分析人物的语言特点。

第三步，根据作品中人物的多少，找同学分别扮演不同的人物角色。比比看，谁最能准确地扮演自己的角色。

第四步，也可一个人扮演多种角色，以此培养自己的语言适应力。这种训练的目的，在于培养人的语言的适应性、个性，以及适当的表情、动作。

这种训练法要求"演"的成分很重，它有别于对朗诵的要求。它不仅要求声音洪亮，充满感情，停顿得当，还要求能绘声绘色、惟妙惟肖地把人物的性格表现出来，而且要配有一定的动作和表情。从这个角度看，这个训练是有一定的难度的。

8. 讲故事法

同学们或许都听过故事，但是不是都讲过故事呢？讲故事看起来很容易，要真讲起来就不那么容易了。常言说："看花容易，绣花难。"听别人讲故事绘声绘色，很吸引人，有些朋友听起故事来甚至可以忘了吃饭、睡觉，可是自己一讲起来，仿佛就不是那么回事了，干巴无味，毫无吸引力。因此，讲故事也是一种才能，并不是人人都可以把故事讲好。学习讲故事是练口才的一种好方法。讲故事，可以训练人的多种能力。因为故事里面既有独白，又有人物对话，还有描述性、叙述性的语言，所以讲故事可以训练人的多种口语能力。

讲故事的方法是：

第一步，分析故事中的人物。故事的情节性是十分强的，而且故事的主题大都是通过人物的语言、行动表现出来的，所以我们在讲故事以前就要先研究人物的性格特征，以及人物之间的关系。比如，我们要讲《皇帝的新衣》这个童话故事，那么你就要分析其中的几个人物，以及他们的性格，然后把国王的愚蠢无知，骗子的狡诈阴险，大臣的阿谀奉承、不分是非，乃至小孩的天真无邪都用语言表现出来，这是一项十分艰巨的工作。

第二步，掌握故事的语言特点。故事的语言不同于其他文学形式的语言，其最大的特点是口语性强、个性化强。所以当我们拿到一个材料的时候，不要马上就开始练习，而要先把材料改造一下，改成适合我们讲的故事。

第三步，反复练讲。对材料做了以上的分析、加工以后，我们就可以开始练讲。通过反复练讲达到对内容的熟悉，最后便能使自己的感情与故事中人物的感情相融合，做到惟妙惟肖地表现人物性格，语言生动形象。

另外，边练讲，还要边注意设计自己的表情、动作，看看你讲故事时的表情、动作是不是与你讲的内容相一致。其要求是：第一，发音要准确、清楚。平舌音、翘舌音、四声都要清楚，最好能用普通话讲。第二，不要照本宣读。讲故事是不允许手里拿着故事书的，那样就成了念故事了。讲故事要用自己的语言去讲。

口才训练的方法多种多样，关键是要根据自己的个性寻找到适合自己的方式。由于每个人的情况都不一样，包括性别、年龄、家庭、气质类型、心理素质、声音条件、职业、知识结构、兴趣爱好、理想以及前面所讲口才要素的情况等等，因此口才训练目标应该充分考虑各要素，综合衡量后再做规划。

二、演讲

表达思想的能力和思想本身一样重要。可以说，面对公众演讲，实现有效对话的能力几乎也与专业技能一样重要。演讲是一种实力，成功的演讲能够让人们理解你、信任你，为你感动，受你激励，被你说服。演讲需要学习，需要准备，需要技巧，需要实践。

（一）演讲概述

演讲又称演说（Oration），是一门综合性的艺术，是指演讲者在特定的现实时境中，借助有声语言和无声语言等艺术表达手段，针对现实社会中的某一问题，或围绕一个中心，面对广大听众发表意见、抒发情感，从而影响和感召听众的一种现实信息交流活动。

具体来说，演讲是靠有声语言、态势语言和主体形象等手段，构成的一个综合、统一而完整的传达系统。三者缺一不可，否则就不能构成完整的、真正意义上的演讲活动。

也就是说，演讲活动不能没有演讲主体形象的介入，否则，只闻演讲者其声而不见演讲者其人，就算不上真正意义上的演讲。同时，演讲活动也不能离开态势语言，如若演讲者在讲台上一味地讲而无姿态表情的变化、手势动作的配合，就会使演讲缺少具体性、生动性和实体感。进而，演讲活动更离不开有声语言，否则，只见演讲者其人而不闻其声，就难以达到交流思想感情的目的。

由此如果以定义的方式来表述的话，演讲就是人们运用有声语言和无声语言，就某一问题或围绕一个中心表达真情实意，从而影响和感召听众的语言交际方式。

1. 演讲的特征

第一，演讲应具有工具性。不管何种类型的演讲，总是为某种目的而作，演讲是我们达此目的的工具。这种工具的便捷恐怕是很多其他工具无法比拟的。可以说，只要你想讲，随时随地都可进行。当然，对于工具的使用也是因人而异的，有人会用，有人不会用，有人不善用。会用的人让工具真正成为助手，不会用的人只能望"工具"兴叹，对演讲不加考虑即不善用演讲的人，往往会"弄巧成拙"。

第二，演讲应具有现实性。它有三个含义：一是指所作演讲应具有现实针对性，即应该是人们关心的现实问题，它既包括衣食住行等方面，也包括治学、为人、处事等方面。二是指具有基于现实的超现实性，如对理想、憧憬、太空、外星人的探讨，似乎距离现实很远，是想象中的事物，但它们无一不是基于现实的。三是指演讲者演讲时所流露的情感、所凭借的手段也应是真实的、可信的。

第三，演讲应具有艺术性。演讲源于生活，但应高于生活。完全等同于生活，完全的"下里巴人"，似乎原汁原味，但如同白开水一杯，无法令人回味再三；完全脱离生活，完全的"阳春白雪"，背离了演讲现实性的特征，让人无法企及，成了空中楼阁。只有找到了生活和艺术之间平衡的尺度，才能更好地驾驭演讲这一工具。

第四，演讲应具有鼓动性。前面说过，任何演讲都不会是无缘无故的，都要达到某一目的。这一目的就是要让听众响应你，心有所动或有所感而有所为，因而演讲需有鼓动性。听众得不到鼓动，你的振臂高呼也就失去了目的。要使演讲有鼓动性，要调动各种手段，既包括言词的斟酌、思考的深入、观点的新异，也包括有声语言与无声语言的合理使用。

2. 演讲的要素

演讲作为一个交流活动的整体包括以下要素。

(1) 演讲者。演讲者是指演讲活动的中心，是演讲内容和形式的发生者和体现者。演讲者个人的可信度、态度、知识、表达能力、准备等对演讲者活动的成败起决定作用。

(2) 演讲信息。演讲信息是指演讲者所传达的思想感情、知识信息。演讲信息是实现演讲目的的载体。演讲就是要将你想传达出去的内容通过一定的表达形式成为实际交流出去的信息。

(3) 听众。听众是指接受演讲者信息的人。演讲是必须以听众为中心的活动，演讲者总是抱着某一影响听众的特定的目的进行演讲。因此，听众不仅是演讲内容的接受者，也是演讲活动的参与者，更是演讲水平的最终评判者。听众决定了演讲目的是否能够实现以及实现的程度。演讲者必须认真调整自己的演讲信息，使其适合听众的经验、兴趣、知识和价值观。

(4) 渠道。渠道是眼见信息得以交流的方法。现场、电台、电视都是演讲信息的渠道。演讲者可利用一个或多个渠道进行演讲。

(5) 反馈。反馈是指听众对演讲信息所作出的反应。听众的反应通过表情、声音以及行动等渠道反馈给演讲者。反馈对演讲者很重要，它是演讲者调节内容和节奏的唯一依据。

(6) 场合。场合是指演讲发生的地点和时间。场合同样影响演讲者对演讲内容的组织。演讲是在户外还是在室内进行，是对一群人还是对少数人，时间是白天还是晚上、餐前还是餐后，排序如何等等都会对演讲的内容产生影响。

3. 演讲的作用

(1) 对演讲家的作用。对于演讲家个人来说，演讲具有以下三方面的作用：

①促进自己迅速成材。演讲家都不是天生的，而是后天实践造就的，是经过艰苦的多方面的努力才成功的。当我们看到演讲家在讲台上口若悬河、滔滔不绝地讲述的时候，我们自然会对他那悦耳的声音、和谐的语调及优美的态势语等等由衷地赞叹，这是讲台上的功夫。而比这更重要的是演讲家讲台下的功夫，那就是他必须具备站在时代前沿的精深的思想、渊博的学识、丰富的阅历，这需要自身努力的学习与钻研。同时，他还必须具备敏锐的观察力、敏捷的思维能力、准确的判断力、迅速的应变力和较强的记忆力，这更需要刻苦的磨炼。可以说，是多方面刻苦的学习与磨炼造就了一个演讲家。当他成为一个演讲家的时候，我们说：他成材了。而当他正在加倍努力学习与磨炼尚未成"家"的时候，他也在思想、学识、智能等方面得到了极大的提高。所以说，演讲对促进人的成材有极大的作用。

②激励自己多做贡献。一个人思想精深，学识渊博，但若是茶壶煮饺子——倒

（道）不出来，就未免太遗憾了。鲁迅、闻一多先生不仅能写而且也能说，能充分利用演讲这个迅速直接的传播工具来宣传真理，揭露邪恶，也为社会进步做出了贡献。

③融洽自己的人际关系。演讲家经过长期训练和实践所得的本领，不仅在演讲台上可以表现他们的文雅举止和出众口才，而且在日常交际生活中，他们的丰富的学识、敏捷的应对、良好的修养都很容易冲破种种人际关系的障碍，比一般人更能迅速、有效地与人交往和沟通。同时，演讲家通过演讲活动可以广泛地接触各阶层、各地区人士，扩大自己的交际面。

（2）对社会的作用。演讲对自身有许多作用，但对社会的作用更大。

①祛邪扶正，形成正确的舆论，促进社会文明发展。人类社会的文明史，就是真善美与假恶丑的斗争史。而演讲历来是这种斗争的主要工具之一。古今中外一切正义的演讲家，都是拿着演讲这个武器，宣传真理，唤醒民众，推动社会进步的。我国古代演讲家盘庚为了迁都所作的演讲中，将旧都比作被砍倒的树木，把新都比作刚生出的新芽，使民众深刻认识到了迁都的意义而欣然接受，实现了迁都的伟大壮举。1775年，美国演讲家帕特里克·亨利在弗吉尼亚州会议上发表了激励人心的抗英演讲，迅速地唤起了千百万人民坚定地投身斗争中。他的"不自由，毋宁死"的名言，至今仍教育着千万民众为自由而战。可见，正确的演讲可以启迪人心，传播文化，宣传真理，祛邪扶正，把人类社会推向理想境界。

②培养高尚美好的情感，促进人类的文明建设。演讲家在演讲时，总是用正确的道德情感来感染和影响听众，从而培养听众的情感，诸如爱国主义情感、国际主义情感、集体主义情感、革命英雄主义情感等。古罗马统帅恺撒被以布鲁图斯和卡西乌斯为首的密谋者刺杀。布鲁图斯为了掩盖其不可告人的罪行，在当众演讲中颠倒是非，恶毒地诋毁恺撒是暴君、独裁者，轻信的听众便一致叫喊："杀得好！"而恺撒生前的执政官安东尼在演讲中历陈恺撒的功绩，说明他是宽厚的君主。他友谊、真诚的情感影响了听众，使之转变了原来的成见，并愤怒地烧了布鲁图斯的家。由此可见，演讲对培养、影响听众的情感作用非常大。

③唤起听众的行动和实践。一次成功的演讲，除了启迪人心、传播真理、培养情感外，最终目的是唤起听众的行动和实践，使之投身于改造主、客观世界的社会活动中。我国伟大的民主主义革命先行者孙中山先生在致力于民主革命40年间，始终以演讲为武器启迪和呼唤民众投身于民主革命。正如后来许多参加辛亥革命的老人回忆道，他们之所以参加辛亥革命，就是因为听了孙中山先生激动人心的演讲所致。可以说，一切成功的演讲必然导引出听众正确的行动。不能导引出听众正确行动的演讲决不是好的演讲。所以，每位演讲家都应当刻意追求这种导发作用，使演讲产生强烈的现实意义和历史价值。

④政治斗争的有力武器。演讲历来是政治家发表政见、阐明观点、批驳政敌、争取盟友的有力武器，特别是在社会处于激烈变革的年代，这种社会作用就尤为突出。谋臣启奏、策士应付、诸侯施令、辩士游说，无不以演讲作为手段。梁代刘勰《文心雕龙·论说》中写道："一人之辩，重于九鼎之宝，三寸之舌，强于百万之师。""一言可以兴邦，一言可以误国。"英国作家麦卡雷说："舌头是一把利剑，演讲比打仗更有威力。"

出身寒微的拿破仑，在群雄角逐的时代，年仅 27 岁就获得当时法国 3000 万人民的崇拜，他不无骄傲地说："一支笔、一条舌，能抵三千毛瑟枪。"当然，这些不过是社会矛盾发展的"必然"，通过个人语言的"偶然"而起作用的结果，但毕竟是通过个人语言的"偶然"。

在特定的社会条件下，语言的力量确实是惊人的。汉代刘向在《说苑·善说》列举了许多事情："昔子产修其辞而赵武致其敬，王孙满明其言而楚庄以渐，苏秦行其说而六国以安，蒯通陈其说而身得以全。夫辞者，乃所以尊君、全身、安国、全性者也。"足见演讲的政治威力之大。

历史上，很多口若悬河、能言善辩之士，凭着一张剑舌，活跃在政治舞台上，他们有的劝阻战争，化干戈为玉帛；有的怒斥奸佞，以正气压倒歪风；有的巧设比喻，以柔克刚，争取盟友；有的反唇相讥，锦里裹针，瓦解敌阵。诸葛亮"舌战群儒"和"智激周瑜"就是家喻户晓、老少皆知的故事。《三国演义》在第九十回描写了诸葛亮"兵马出西秦，雄才敌万人，轻鼓三寸舌，骂死老奸臣"的故事：蜀魏两军对阵时，魏臣王朗到阵前来劝降，也就是这个舌战群儒的诸葛亮，把王朗说得一钱不值，王朗气盛，羞愧不已，一头撞在马下。孔明的"三寸不烂之舌"，当真抵挡住成千上万的敌军！

古希腊的德摩西尼是一位杰出的民主政治家和爱国主义者，他充分而有效地把演讲运用于激烈的政治斗争之中，发挥了巨大的社会作用。公元前 4 世纪中叶，马其顿腓力二世向外侵略扩张，慷慨陈词，发表了八篇著名的《斥腓力演说》。这些演说，措词尖利，揭露深刻，极大地鼓舞了人们反抗侵略、保家卫国的爱国激情。他的八篇演说，合称为"腓力匹克"，后来被引申为普通名词，专指激昂愤慨、猛烈抨击政敌的演说。

1963 年 8 月 28 日，美国黑人民权运动领袖马丁·路德·金在华盛顿特区组织领导了一次 25 万人的集会和游行示威，反对种族歧视，要求民族平等。当游行队伍到达林肯纪念堂前时，他发表了著名的《在林肯纪念堂前的演讲》。在这次演讲中，他首先热情洋溢地赞扬了一百多年前林肯签署的《解放宣言》，然后，话锋一转，指出一百多年后的今日，黑人仍处在水深火热之中，号召黑人奋起斗争，并且以诚挚抒情的语调，描述了黑人梦寐以求平等、自由的理想："黑人儿童将能够与白人儿童如兄弟姐妹一般携起手来"，"上帝的灵光大放光彩，芸芸众生共睹光华"！这篇演讲内容充实，感情炽热，气势磅礴，产生了极强的感染力，是一篇反抗种族歧视、争取民族平等的战斗檄文，大大地推进了美国黑人民权运动。

正因为演讲与政治活动联系密切，具有极大的组织、鼓动、激励、批判和推动作用，所以，人们不仅利用演讲来为特定的政治目的服务，同时广泛关心各国政界、军界和知名人士的演讲，从中了解和研究其演讲所透露的信息，还可预测今后的发展趋势，制定相应的对策。

⑤经济活动的理想筹码。经济与政治关系密切，政治动态常常直接或间接影响经济的发展。因而，从事经济活动的人，常常能从演讲，特别是各国领导人的演讲内容中，捕捉到有关经济信息，从而预测经济发展动向，以便采取相应的措施，调整对策。同时，在经济活动中，企业或事业的领导人，也常常运用演讲，把企业活动的奋斗目标、方针、措施，向本部门的职工传达，使领导的决心变成职工的具体行动，从而推动企业

各项工作的全面开展。在贸易洽谈中，生动的演讲常常能把客户的注意力引到产品价格相对的价值上来，使对方感到他们将得到好处，而不是付出代价。在涉外经济活动中，演讲是获取经济新闻的重要渠道。当今，公共关系学已成为一门新兴的科学，在公关活动中，演讲与口才有着十分重要的意义。日本企业家把青年在大街上说唱叫卖而毫无愧色的表现作为合格人才的首要条件，这正好反映了演讲在经济活动中的重要作用。在美国甚至有直接以演讲活动来盈利的公司。据 1984 年 4 月 15 日《参考消息》报道，美国纽约帝国大厦，有一家名叫哈利·沃克的特殊公司，这是一家专门提供演讲服务的公司，它拥有 6 间办公室，十几位雇员，生意十分兴隆，年收入纯利竟高达一千多万美元。这不仅说明了演讲的重要，为世人所瞩目，而且也表明，演讲本身也像商品一样进入了经济活动的市场。

⑥传播知识的有效途径。演讲是高级的、完善的口语表达形式，能最大限度地发挥语言在传授知识、探讨学问、宣传成果、交流经验方面的作用。当今，尽管科学技术高度发展，知识传播的途径增多，但作为直接运用语言进行传播的演讲，由于现场的作用，能让人体感受多重的综合刺激，高度调动人们的注意力，促进思维活动，并且使听众在情绪、情感、意志等方面同时受到影响，从而加深对演讲所传播的科学知识的理解，增强学习效果。因而它始终是传播科学文化知识，提高文化素养的有效途径。

学校是传播科学文化知识的基地，虽然一般的课堂教学不能算作演讲，但它毕竟具有许许多多演讲的因素。因此，从某种意义上讲，课堂传道授业，也可以说是演讲功能的体现。同时，在学校教学活动中，作为课堂教学的辅助和补充，经常开展的各种类型的学术讲座，就是非常正规的演讲。这种演讲通常是由具有一定修养和造诣的学者、权威担任主讲，能造成良好的心理定势，引起学生的兴趣。这种演讲对深化课堂教学内容，繁荣学术研究，促进科学的普及起着十分重要的作用。此外，学校广泛开展的读书演讲、电影故事演讲、专题辩论演讲、调查访问演讲以及其他专题演讲，对培养学生的观察能力、分析综合能力、表达能力也都具有十分积极的作用，可以促使青年学生向多学科的领域迈进。

（二）演讲的技巧

演讲是一个技能性非常强的活动。完成一次成功的演讲不仅要有充分的准备，而且还要熟练地掌握许多在演说过程中经常使用的具体方法和技巧。

1. 独特的视角和切入点

视角是演讲的灵魂，好的视角会带来好的观点。演讲的技巧再高，没有好的观点和思想深度都只会显得苍白。而好的切入点能在最短时间内激发听众的兴趣，令听众很容易进入演讲者设计的语境。

2. 适当的激情

适当的激情是指：一要调动自己的情绪，更好地爆发出感染力；二要带动听众的情绪，使听众主动进入与演讲者的同向思维，从而达到演讲的效果。但是激情要运用得当，必须与演讲的内容适配，过度的激情反而起到负面效果。

3. 演示的技巧

（1）肢体语言，包括手势、站姿、目光和表情。

手势：以自然为佳，最好就是日常的习惯性手势，在此基础上，可进行适当的修饰和设计，改掉一些不良的手势习惯。手势宁少毋多，不要让人感到生硬。指向听众或自己时不要用手指，而要用手掌。常用手势包括双手或单手有力地指向对方或自己，用力握拳，曲起手指敲击桌面以加强语气，用力挥一下手，自然连续地转动手腕，双手平摊、耸肩，用手指表达数字，伸大拇指表示极度肯定和赞赏，摆 V 字造型表达胜利的信心或快乐，轻摆手指表示否定或轻蔑，用手指轻敲太阳穴表示思考，等等。

站姿：挺直、舒展、自然，不要左右摇摆。在想向听众表达一种传递信息欲望时，应适度前倾；在表达一种神圣感或渲染某种深远的情绪，希望将听众共同带往一种情绪境地时，可采用微仰头、仰望苍穹等姿态（如共同哀悼、共同展望等）。

目光：目光要有力，凝视听众，但不可在一处停留过久，否则该处听众会不自在；也不可跳跃太频繁，一句话未说完时尽量不要转移目光，否则给人以游离、不自信的感觉。除非是表达悲痛的情绪，否则眼角不要向下垂。

表情：首先是自信和从容，然后应有一些变化，能配合演讲的内容，善用眉头、眼角、嘴唇等易控制的部分，有效地传达自己的情绪。避免表情呆滞，或显得过于呆板，一般情况下面带微笑。

（2）语速适中，富于变化。太快让人听不清楚，对主要观点难以形成深刻印象，而急促的语速也给人以过于紧张、缺乏控制力的错觉。太慢显得拖沓，容易令人失去耐心，也给人以缺乏力度和激情、技巧不熟练、对演讲内容不熟悉等错觉。过于平板的语速也容易使人陷入单调的境地，这时需要用一定的提速来突出激情部分，加强自己想强调的部分。

（3）音量和语调适中，有起伏。音量应适应演讲的内容。呼吁、号召时自然加大音量，加重语气，如果一直用大音量或重语气则无法突出重点，反而给人以嘈杂、夸张的感觉。表达激动的情绪时自然用高亢的语调，如赞美、愤怒、质问等，但一直高亢而缺乏起伏易给人矫情作势的感觉。一般情况下以从容、有力作为主基调，适当加入高潮式的高音量和语调为佳。

（4）突出关键词。一篇演讲或一段话中总会有一些关键词（或重点词），可在演讲前先梳理一下，演讲时用重音与轻音的变化突出这些词，讲到这些词时可适当放慢节奏，让听众听得更清楚，加深印象，同时可适当运用手势、停顿、反复等手法来强化效果。

（5）适当的停顿。考虑听众的接受度，要让听众有足够的时间消化你所想传递的信息，同时给自己控制节奏、理清思路、观察反馈的时间。但停顿时间不宜过多、过长，以免形成拖沓的印象，要保持一定的语句连贯度。

（6）吐词有力、清晰。演讲的根本是要让别人听清楚自己所讲的，所以一定要避免和尚念经般含糊其辞，吐词含混也给人自信心不足的感觉。要善于用腹中的气，很清晰地将要讲的语句尽量送到远处，直达听众的心中，这样语言才显得有力度。

（7）设计开头和结尾。好的开头对于演讲非常重要。一个动作、一句有力的称谓、一个幽默的自嘲、一个引人入胜的故事、一个有趣的问题、一个设计好的悬念等，就可以马上将听众的注意力集中到你的演讲中来，激发出听的兴趣，或直接切换到你所希望的情绪中（如轻松、友善的接受、好奇、激情澎湃、神圣感等）。

结尾同样如此，一般采用的是一个行动口号或呼吁、一个总结性的建议、一个有力的疑问、一个非常肯定性的判断句。应避免虎头蛇尾，不了了之。

4. 语言技巧

（1）语言适度夸张。演讲不同于教学，演讲需要语言的适度夸张来强化自己的观点，使听众形成深刻的印象。例如："我说过一万遍了，现在我要第一万零一遍地再次强调……"

（2）采用各式问句。适度采用设问、反问、连续追问等手法，可直击听众心灵，达到激起兴趣、引发思考、引起共鸣的效果。

（3）悬念设计。在演讲的开头或过程中有意设计一些悬念，可激发听众的好奇心，引导听众耐心听下去。

（4）适当的连续排比。排比句是非常煽情的，在演讲的高潮部分适度加入排比能起到锦上添花的效果。

（5）运用情景描述、比喻、类比等手法。用自己描述性的语言将听众带入一种场景，使大家在一个共同的场景和氛围中感受演讲内容，而比喻、类比能将复杂的观点简单化、形象化，帮助听众更直观地理解演讲内容（毛泽东同志就很擅长这个手法），使听众更容易引起共鸣。

（6）语言的渲染力。演讲是要达到煽情的效果。语言的渲染力主要靠日常语言习惯养成，但也可以进行设计。同样的语意，可以用不同的语句表达，设计时是可以选择的。

5. 其他注意事项

（1）进入"自我催眠"境地。进入演讲状态时，首先要相信（或坚信）自己所讲的内容，然后应深入到自己所营造的语境和场景中。此时，应该有适度的"无视听众"的错觉，这样才能排除现场干扰，克服紧张等负面情绪，完整地把自己预先的想法表达出来。

（2）演讲中"场"的沟通。在场地布置上应尽量避免在演讲者和听众间摆放障碍物，这样能使双方的交流更直接。演讲中要想象自己凭一股气场笼罩住了全场，让自己有控制全局的感觉。而眼神与听众的不断交流，也能形成一种即时的来回反馈，形成和谐的、融为一体的现场氛围。

（3）腹式呼吸法。为使自己的声音更具穿透力，应平时多练习腹式呼吸和腹式发声，用腹部而不是胸部的气流（更不是单凭嗓子），将每一个发音送到最后一排听众的耳中，同时又显得轻松自如。

（三）演讲能力的训练

演讲能力的培养方式是多种多样的，但是归结起来，一般都要做到"三多"，即多看、多听、多问。

1. 多看

多看的含义主要表现在以下三个方面：

（1）多看一些演讲与口才方面的书籍和文章。演讲具有很强的科学性和艺术性，因此，演讲者必须认真系统地看一些与演讲相关的书籍，如演讲学、演讲美学、修辞学、逻辑学、心理学、语言学、交际学、伦理学、教育学等，全面掌握演讲的知识和规律，打下扎实的理论基础后，再由理论到实践，用理论指导实践。这样，就能使自己的演讲与口才水平在实际运用中得到较快的提高。

目前，国内和国外的演讲理论、演讲实践和演讲技巧的书籍越来越多，数不胜数；演讲与口才的杂志和报纸也纷纷面世，而且深受欢迎。例如，邵守义老师主编的《演讲与口才》杂志，自1983年来创刊以来，越办越火红，发行量早已突破一百万，被广大读者誉为"说辩的良师，交际的指南，公关的益友，人才的摇篮"，曾荣获全国优秀期刊奖。

（2）多看一些名人的演讲录像，多看一些电视谈话节目和电视论辩赛。这样，就能增强对演讲的感性认识，提高对演讲态势语言技巧运用的理解，并从中感悟出演讲的要点和精义。

参加演讲活动，特别是看演讲高手动作优雅、举止得体、表情丰富的演讲，是一种美的享受，艺术的熏陶。在古希腊时代，人们都以看名人演讲为荣。在国外，人们参加演讲活动都要穿上正规礼仪服装，怀着十分虔诚和崇拜的心情注视着演讲者，他们把看名人演讲，作为一种文化层次高、社会地位高的标志之一。

（3）"多看"的含义还表现在要求演讲者要认真仔细地观察社会，观察生活，观察人与人之间微妙的关系和变化，观察与演讲内容相关的事物。要善于用自己的眼睛看表面，看本质，看点，看面，看深，看细，看过去，看现在，看未来。对客观世界的方方面面切不可心不在焉，听而不闻，视而不见，而是要用眼睛作摄像机把生活中的各种各样的现象和素材拍摄下来，经过大脑的分析，整理后在储存在脑海里或记录在本子上。

演讲活动是一种高级交际活动，也是一项复杂的智力活动。演讲者往往身负严肃的政治使命或教化使命，经常面对着生疏、变换着的听众，只有符合社会需要、符合听众的心理特征和交际需求的演讲，才有可能获得成功。因此，演讲者在台上演讲时，还要多看听众，多用眼睛和听众进行交流，观察听众的表情和反映，以便及时调整演讲思路和演讲内容。

2. 多听

演讲者要把话讲给别人听，要使自己的演讲动听，其前提之一，就是演讲者自己首先要多听。

一是多听别人演讲，多听别人说话，以提高有声语言的表达能力。资产阶级革命家、美国第16任总统林肯，是闻名于世的大演讲家。他的成功就在于他从青少年时代就开始了对演讲口才的刻苦练习，并做到了多看、多听。

二是多听电台、电视台播音员、节目主持人播音、讲话，提高自己普通话的标准程度和音色、音质、音量的水准，以达到演讲语言流畅悦耳、优美动听的目的。

三是多听自己的讲话练习或录音（像）。正如罗马哲人塞涅卡说的那样："在向别人说些什么之前，首先要把它说给自己听听。"初学演讲者在正式上台讲话之前，应该反复地练习讲几遍，可以对亲朋好友讲，可以找个偏僻无人的地方讲，也可以对着镜子或录音（像）机讲。每讲一遍，自己都要留心地听，仔细地找出语言上的毛病，或请内行人指出弱点和不足，并认真加以改正。如果每次演讲、发言之前都能坚持试讲、试听几遍，长此以往，其口语表达能力则会不断提高。

四是学会"听"话的艺术。要学会说话，首先就应该学会"听"话。"听君一席话，胜读十年书。"会"听"话的人既能很好地领会、理解别人说话的意思，又能仔细地欣赏、揣摸别人说话的技巧，更能从别人的言谈中听出言下之意和弦外之音，同时，还要做到察言观色。

3. 多问

演讲是一门学问，有许多客观规律和成功的经验。但不少人都有这样一个误解，认为说话是天生的，一个人两三岁就会咿呀学语了，好像也没有花多大功夫，自然而然就会了。因此，很多人对说话的艺术和技巧都不大在意，更谈不上用心去求教，去学习，去研究了。有的人虽然觉得说话、演讲有东西可学，但又只限于看看书或听听录音，而不好意思开口向别人请教，结果只是事倍功半。

柏拉图说过："不知道自己的无知，乃是双倍的无知。"英国诗人雪莱说过："我们学得越多，就越发现自己无知。"我国古代教育家孔子也说过："知之为知之，不知为不知，是知也。"一个人要想提高自己的演讲水平和口才，就必须放下架子，丢掉面子，向有经验的演讲者和对口才有研究的专家虚心求教，不懂就问，不耻下问，这样才能使自己的演讲与口才能力发生质的变化，收到事半功倍的效果。由于广播、电视深入千家万户，录像、录音设备的普及应用，几乎所有大型的较为重要的会议和活动都会有新闻工作者录像、录音，制作后多次向广大听众和观众播放。现代人的说话，已经不是一说而过了，而是会音像齐全地永久保留。所以，每一个人对自己的发言、报告、演讲一定要加以重视，高度负责。在国外尤其是发达的国家，不管是国家首脑还是一般人员，他们在发表重要讲话和演讲之前，都要向演讲口才专家咨询求教，并接受专家的辅导和指点。

第六讲

形象文明

"生活中最重要的是礼貌,它比最高智慧,比一切学识都重要。"

（［俄］赫尔岑）

　　中华民族是有着悠久历史文明的古国,素有"礼仪之邦"的美誉,而作为民族希望之星的新一代青年大学生,我们又应该怎样让中华民族崇礼、尚礼的优良传统代代相传、生生不息呢? 在构建和谐社会的今天,大学生具有良好的形象,做文明大学生,不仅对于自己健康成长和成才有重要影响,而且对于促进社会文明与和谐的构建都具有重要的社会意义。

　　然而,大学生中不文明的形象却随处可见。一位老教授感慨地说:"我看有的大学生在大学四年里能学会文明排队,就算他们没有辜负大学的培养和教育了。"例如,公共汽车上,两鬓苍白的老教授无奈地"站立观察着"和他同乘一辆车且安然地坐在他身边的一对"学生情侣"静静地"私语"。遇见师长不搭不理,径自而去,背后直呼其名已属寻常。教室、自习室,一对对男女勾肩搭背、搂搂抱抱,全然不顾及别人的"视觉污染"。食堂就餐完毕,餐单及地面一片狼藉。图书阅览完毕,在借阅的图书上画线,撕页经常有之。考试作弊方法更是五花八门,日新月异,令老师也防不胜防,等等。

　　如此素质的学生怎能为社会所接受、在群体中受欢迎呢? 一个不懂得尊重自己、尊重他人的人又怎么期望他去尊重社会、尊重民族呢? 难怪一些用人单位抱怨:如今的大学生从学校里带出来的是一股子傲气和散漫的作风,大事做不来,小事不愿做,自身修养和文明素质令人失望! 听罢,震惊,怀疑——想想吧! 这样的评价是否也有你有我在里面? 这样的"形象定位"即使是我们掌握了高深的知识,对社会对人民又有何价值呢? 大学生的形象素质如何定位,在应试教育向素质教育转轨的今天,如何加强礼仪教育,提高学生的文明素质,教育学生先学会如何做人实乃教育的当务之急!

　　那么,什么是形象? 什么是形象文明呢?

一、形象文明及其特征

(一) 形象文明的含义

1. 什么是形象

《辞海》上说：形象是根据现实生活各种现象予以选择、综合所创造出来的，具有一定思想内容和审美意义的具体生动的图画。任何事物都有外在的具体可感的形象，如人的形象、音乐形象、艺术形象、文学形象、机构形象，等等。

形象是人的精神面貌、性格特征等的具体表现，并以此引起他人的思想或感情活动。它就像一种介质存在于人的主体和客观的环境之间。每个人都通过自己的形象让他人认识自己，而周围的人也会通过这种形象对你作出认可或不认可的判断。这种形象不仅包括人的外貌与装扮，而且包括言谈举止、表情姿势等能够反映人的内在本质的内容。

2. 什么是文明

英文中的文明（Civilization）一词源于拉丁文"Civis"，意思是城市的居民，其本质含义为人民和睦地生活于城市和社会集团中的能力，引申后意为一种先进的社会和文化发展状态，以及到达这一状态的过程。其涉及的领域广泛，包括民族意识、技术水准、礼仪规范、宗教思想、风俗习惯以及科学知识的发展，等等。

3. 什么是形象文明

根据前面对形象和文明的界定可以看出形象文明是一个复合词，即形象与文明的组合。归纳起来，形象文明就是：一个人通过其形象所表现出来的内在修养与进步状态。

大学生形象文明就是指大学生在学习、生活的过程中，所表现出来的能够反映其内在修养与进步状态的外貌特征、言谈举止、表情姿势等。

(二) 形象文明的特征

形象文明是通过形象所表现出来的内在程度，所以具有鲜明的实践性、外在与内在性相统一的特征。（1）实践性，每个人的形象文明程度都是在实践活动的过程中表现出来的。（2）外在性与内在性相统一，每个人的外在行为活动都是在内在因素的影响下发生的。例如，一个人不遵守交通规则，是由于其没有认识到可能会带来的危害，或者是认识了但抱着一种侥幸的心理。

二、形象文明的作用

(一) 从个体来讲，一个人的形象文明程度代表着他的品德修养和内在价值

荀子说："人无礼则不生，事无礼则不成，国无礼则不安。"可见礼仪是做人的根本，是事业成功的基础，是治国安邦的良药。形象文明归根结底就是一个人达礼的程度。"治国平天下，先从修身起"。莘莘学子将来无论从事何种职业，都得先从学会做人开始。人的素质的外在表现即形象。形象又是一种内涵极深、外延极广的概念，人的精

神面貌无疑就是一种形象、一种综合的感觉。目前，人们一般都将大学生形象同视觉形象统一起来，这就是我们常说的 CI 概念。CI 是英语 Corporate Identity 的缩写，直译为"组织特征"。其基本构成要素包括：理念识别（大学精神、校训、人生观等），行为识别（学风建设、心理素质、精神状态、气质情怀等），视觉识别（衣着服饰、言谈举止、人际交往等）。结合 CI 概念，不难发现，当代大学生的形象设计应是博学多才、高素质、强活力的一族，又有独立的人格、多样化的能力，应是智力型与能力型相结合的人才。所以，通过大学生的形象反映他们的品德修养与内在价值。

孔子认为："不学礼，无以立。"大学生是属于社会层面较高的一个特殊阶层，则更应该拥有良好的形象。因此，在研究当代大学生的形象素质定位及如何提高他们的形象素质问题上，一方面应从学校德育教育上加强礼仪教育，强化礼仪课程，寓德教于礼仪教育中，开展丰富多彩的礼仪活动，促进校园尚礼风气更加浓烈；另一方面大学生本身应该做到内强素质，外树形象。"没有规矩，不成方圆"，大学生要严格要求自己，给自己制定"礼"制，从外在形象的塑造到内心境界的追求，自觉调整道德观念、价值观念、行为方式，不断拓展自我知识领域，全面完善自我形象。

（二）从群体和社会而言，一个人的形象代表着其相应的人群、民族、地区和国家的文明程度

在国内，我们经常可以听到某某地区的人如何不文明，就在于这些地区有一些行为不端的人，给其他地区的人留下了不好的印象。同理，中国人一旦出了国，他的一言一行，除了代表自己还代表国家，是国家的"形象大使"。如果把一切不文明的行为表现在外国人眼中，损坏的就不仅是个人的形象，而且是国家的形象。

作为一名中国人，应该懂得什么叫爱国，什么叫文明，什么叫形象。懂得了，就应该去做，就应该把文明带出国门，把中国人勤劳、善良、机智、聪明、纯朴、克俭、正直、礼貌等很多优秀品质、优秀文化带到国外，而不是把不文明的言行带出去。同时，还要把其他国家的文明和优秀的文化带回中国。只有这样，我们的文明素质才能得到真正提高，我们的文明程度才会更高。

中国人在国外的旅游形象向来遭人诟病，如时间观念淡薄、嗓门大、随地吐痰、乱扔垃圾、出言不逊等。不久前，欧洲某酒店举行了一个全球优秀游客评选，日本游客获得第一名，而中国游客得到的评价则是倒数第三。去国外旅游，还要外交部专门发文强调文明举止，实在令人汗颜。

"礼"，是儒家思想中的重要内容。所谓"不学礼，无以立"，而"温良恭俭让"，"言语之美，穆穆皇皇"，以及"洒扫、应对、进退之节，爱亲、敬长、隆师、亲友之道"等，这些都是中华民族的传统美德。不幸的是，如今，尊长爱幼、其乐融融的天伦场景似乎只能从韩国的电视剧中看到，"待人以礼"的精神则在日本发扬得更加光大。在孔子的故乡——中国，"礼"甚至一度沦为封建糟粕，被扫进历史的垃圾堆。

三、大学生形象文明状况

文明举止关乎大学生的社会形象。有位作家曾说过："如果说这个世界上还有最后

71

一方净土，那么一定是大学校园；如果说这个世界上还有一群乐观而真诚的人们，那么一定是大学生。"当"大学生"三个字出现在人们的头脑中时，人们往往会想到一个意气风发、充满理想、精神焕发的形象，而且会把一些美好的品德和良好的愿望集中在他们身上，而不愿意把随地吐痰、在公共场所吸烟、说粗话、乱扔垃圾、破坏公物、破坏绿化、自私冷漠甚至违法犯罪等行为和美好的大学生形象联系在一起。

人的一举一动、一颦一笑确实可以反映出一个人或者一个群体的精神风貌和道德水准，大学生的文明礼仪行为是大学生良好社会形象的具体展示，而违反礼仪规范甚至违法的行为则会给大学生的整体形象带来很大的负面影响，同时也会给自己带来不良的后果。

大学生形象文明总体上是好的。但是，我们也经常会看到以下种种现象：一些大学生在校园内随地吐痰，在课桌上、墙上随手涂鸦；课堂上手机铃声大作，惹得全班同学侧目而视，而机主本人却面无愧色；旷课或迟到，上课打瞌睡，课后上自习的人偏少，甚至出现了教室里的灯比人多的现象，考试作弊等等。这些不文明行为不但影响了大学生的形象，而且污染了校园环境，给其他同学的学习、生活等带来了不利的影响。

为了比较，我们有必要来看看中国历代大学生的形象素描。

（一）新中国成立前大学生的形象

通常人们把民国时期到新中国成立这段时间定义为新中国成立前。那时候的国中生（初中生）相当于清朝的一个秀才，大学生应该算是举人，在社会上是相当受尊重的。若家里出一个大学生，那可是小科及第，光大门楣的事情。

他们统一的服饰有两种。一种穿一身中山服，一腔爱国的热血，正气凛然。另外一种穿长衫，看上去文质内敛，风骨俊秀。新文化、新救国理念使他们又能在特定的环境里把文明承先启后。所以人们一直觉得那时候的大学生，是表里如一的文明青年。

在描写新中国成立前中国学生运动的电影里，一般都有这样的镜头：走在抗日游行前列的大学生领袖，表情视死如归，慷慨激昂的口号振聋发聩，就算面对日伪的机枪狂射，也不会退却。这些镜头反映了他们的精神状态，敢于舍身报国。

（二）新中国成立之初大学生的形象

新中国成立之初，全国人民虽然很艰苦，但大学生的生活还是很有保障的，上大学不仅免费，学生的生活开支也由国家补贴。打天下需要将军和枪炮，坐天下需要文臣和知识。

新中国成立之初的大学生很单纯，一门心思想着学文化，为祖国建设出力。校园里基本是穿着朴素、埋头苦读的好学生，他们的志向是当科学家，造出原子弹一类的国之利器。那时大学生谈恋爱的现象几乎就没有。

（三）20 世纪 80 年代大学生的形象

终于迎来了改革开放的春风，学生可以安心上课了。这个阶段的大学生虽然开始缴学费，但毕业后包分配的政策决定了他们将来衣食无忧。从温饱线上走过来的父母明白一个稳定的工作是多么重要，大家争先恐后地把孩子往大学送。

改革让旧思想和体制解冻，各种思潮在高校校园产生了空前激烈的交锋，大学生很自然地成为中坚力量：演绎理想，创造激情。当然，处于青春期的他们也没放弃对爱情大胆不懈地追求。有人说他们是让人担忧的一代，也有人说他们是天之骄子。

政治型价值观是 20 世纪 80 年代大学生的主导价值观。课余除了谈恋爱就宣泄空虚颓废，白天阳光灿烂地读书恋爱，晚上穿着运动鞋在摇滚乐的喧嚣里嘶吼。

怀念那时候的学生们的纯洁信仰，白衬衣、黑裤子、运动鞋，及膝的连衣裙、合适的高跟鞋，如同一片朴实的白桦林。

（四）20 世纪 90 年代大学生的形象

先富起来的那一批人对 20 世纪 90 年代的大学生的影响巨大，他们从头发到脚指头都被商业化了。不能说他们品位低，也不能说他们的拜金主义可耻，只能怪那时代的人都被下海就能淘到金的思维给妖魔化了。还在读书的学生，自制力又能强到哪去？

他们中有积极图强的，在学校里就开起了小卖部，同学间商品直销，校门口摆摊设点，想早点积累财富，累积经商经验，将来进军商界；有假期打工赚钱的，凭自己能力为家庭减轻负担；还有为钱不择手段的……

有人说生活很无奈，有人说生活很精彩。90 年代的大学生相信后者，他们急不可待，迫切想进入社会、融入社会。什么新潮时尚，他们就用什么，名牌西服、时装，手机……他们不管经济是否超过负荷，因为做社会精英就是他们的梦想和动力。

（五）当代大学生的形象

现在的大学生在高中时代就早早经历了 20 世纪 90 年代大学生的洗礼。他们对自己需要什么和想要什么不再迷惘。这一代是理性的。他们清楚地知道：有些东西靠冲动并不一定就能得到。

他们在宿舍的寝室里网游，在网络上恶搞，这一切都只是为了开心而已。大学谈恋爱再没什么忌讳，同居也不再是新鲜事。

21 世纪的大学生把政治与经济统一起来取舍所需，看似活得逍遥自在。但过重的经济负担促使很多大学生都边读书边工作，"两手都要抓，两手都要硬"。

你可以看到一部分学生天天在学校里呆着，修几个专业学位，他们厚积薄发，争取以高学位逃脱毕业就业难的关隘。一部分学生工作、学习、恋爱、结婚齐步进行，实在是比以前大学生高明了许多。时代在进步，大学生怎能甘于人后。

四、大学生形象之伤

曾几何时，大学生是受人尊重，让人羡慕的，象牙塔也一直是许多学子们所向往的地方，好像只有迈入了大学校门才算是功德圆满。可是，如今高校不停地扩招，各高校的学生比以前多了很多之余，学生的素质也开始参差不齐。有五类大学生已严重影响了大学生的形象。

（一）爱慕虚荣型

自改革开放以来，人们的生活水平普遍提高，有相当一部分家长宁愿自己省吃俭用也要给孩子最好的。也正是因为过分的溺爱造成了很多大学生自觉性不强从而养成好吃懒做的恶习。出了新款手机就会换，衣服只挑名牌，地摊货绝对不要。艰苦朴素的传统在现在已逐渐失传。对于粮食的浪费更是让老一辈人心疼，只要今天的饭菜稍微有点不好吃，很有可能把刚刚买回来的饭菜倒掉，去买些别的来填饱肚子。什么"锄禾日当午，汗滴禾下土。谁知盘中餐，粒粒皆辛苦"早被抛到脑后，拿父母的钱肆意挥霍已经变成了一件习以为常的事情。这类大学生虚荣心太强，几乎忘记了自己是学生，也忘记了自己的本质。

（二）素质低下型

如果说十年前的大学生的素质比较高的话，那么现在的大学生的素质则参差不齐，鱼目混珠。素质稍差的大学生可能会用文明词来骂人，如果你文化水平不高或许还听不出个中的门道。不过要是真碰上素质非常差的，那骂街的现象则不再是奇观。还有一部分大学生在与人接触的时候经常以自我为中心，只要是自己认为对的事情，就不会计较事情的本质究竟怎样。现在大学生的心理素质也越来越差，脆弱得不堪一击。先有清华生伤熊事件，后有大学生虐猫事件，再到数不清的大学生自杀现象。原本是社会中学识比较高的人群，素质却成了相对较低的一类。他们在大学里究竟学到了些什么？是偏激还是脆弱？

（三）沉迷网络型

现如今网络越来越多地占据我们的生活，而大学生则又是这一阵营的主力军。随便到一个网站的聊天室聊天便会发现一间房间里至少有一半以上的大学生。BBS里混迹的资深版主和版友也均来源于各大高校。对于网络游戏大学生则更是中坚力量。正常的上课时间里只要随便到校园周边的网吧去看看就会发现大学生的影子，凌晨的时候看见他们在游戏里拼搏，在论坛里"灌水"，在QQ上"潜水"都是家常便饭。在他们眼中，虚拟已经可以代替现实的一切，在那里打造着自己理想的殿堂，仿佛只有网络才是最幸福的国度。网恋引发的冲动，让一个个痴情男女不惜放弃学业飞到恋人的城市相聚；网络引发的犯罪时有发生。如果大学生都把这份精力放在学习上将会是怎样一种景象？

（四）随意恋爱型

大学生谈恋爱已经不再是新鲜事，在某些大学中大学生不谈恋爱反而会被人取笑，甚至有一些没有女（男）朋友的人会觉得很自卑。如果说以前还要背着老师和其他同学谈恋爱的话，现在则已经日趋公开化。在宁静的校园里，放眼望去，会在角落发现许多态度亲昵的情侣。到大学的目的究竟是为了学习还是为了谈恋爱？如果说光谈谈恋爱也不太严重，可是在大学里已经不再把性当成一回事。本来很严肃的事情，却被他们当成了一件很随意的事。

（五）不求上进型

紧张的高考之后终于如愿考入大学，仿佛一踏进校园的大门就已经从苦海升到了天堂。谈恋爱、玩游戏、逃课打篮球成为每天的必修课，每到期末考试就会临时抱佛脚，考试前的半个月可能比整个学期看的书还要多。如果幸运通过考试那最好，如果不小心与幸运之神擦肩而过的话，再次突击则是他们再一次捧着书本啃书的最佳理由。上学的时候没觉得什么，不过当毕业后真正走上工作岗位的时候就会有种"书到用时方恨少"

的感觉。浑浑噩噩地睡到自然醒，上课迟到、旷课、看课外书已经习惯成了自然。将来是考研还是就业？就业方向如何？都无从知晓。混日子在校园里已经开始变成时尚。

以上五种类型只代表大学生中的一部分，更多的大学生还是在努力地学习，为了自己的将来而打拼。总之，路是自己选的，该怎么走，每个人都有个人的想法。如果想要好的明天的话，以上几类大学生不妨向努力认真的同学学习一下，毕竟机会是留给有准备的人，如果没能力即使准备得再充分也会与好机会擦肩而过。

那么大学校园里，我们究竟应该遵循怎样的行为原则呢？你只要掌握一把"金尺子"——公德原则就可以了。大学生作为一个高素质的文化群体，理应具有较强的社会公德意识。除了要掌握一定的科学文化知识外，大学生更要加强道德素质培养。缺乏精神文明的社会只会止步不前，缺乏公德素质的大学生也不可能走向成功。社会要想进一步发展，我们要想生活学习得更好，就必须遵守相应的道德规范，真正从我做起，从现在做起。所以，不断增强道德素质已成为大学生成才路上的必修课。

五、树良好形象　倡文明新风

所有缺乏文明的毛病，说到底，还是一个礼仪教育的缺失问题。礼仪教育的核心是"尊重他人，完善自己"。要改善大学生的形象，首先必须加强对当代大学生的礼仪教育，普及礼仪知识，使他们既知书，又达礼。

英国哲学家约翰·洛克说："礼仪的目的与作用在于使本来顽梗的性格变柔顺，使人的气质变温和，使他获重别人的尊重，和别人合得来。"礼仪教育不仅是一种礼貌教育，还是一种素质、人格的教育。一个随地吐痰、不顾别人感受而到处喧哗的人，或许有文化、有知识，但一定没有教养，没有素质。事实上，对于个人来说，良好的习惯和教养，也是一种资本，它可以内化为一个人内在的性格、情操，影响人的一生。因此，高校不要忽略了对当代大学生达礼的教育、做人的教育。

（一）对大学生进行形象文明教育的原则

如何科学地设计高校德育课程体系直接关系到实现德育工作的预期性和实效性。依据高校学生思想品德状况和发展规律，设计过程中应遵循以下原则培养"文明诚信"的大学生。

1. 实效性原则

所谓实效性原则，是指开展形象文明教育活动所产生的实际效果。这是大学生形象文明教育体系构建的首要原则。

2. 整体性原则

所谓整体性原则，是指大学生形象文明教育体系设计应从一个系统的、动态的、多维度的整体来考察。

3. 主体性原则

所谓主体性原则，是指形象文明教育体系设计要以学生为主体，从内容和方法上要考虑学生接受的愿望和认识发展水平，不能脱离学生实际。要尊重学生德育实践的主体地位，真正使德育教育由教师的知识转换为学生成熟的品德心理结构，内化为学生的内在道德能力系统。

4. 社会性原则

尊重学生主体并不等于不要社会的标准。作为将来社会建设的接班人，大学生的言行必须符合社会的共同规范和行为准则，否则其主体性也将失去。

5. 发展性原则

所谓发展性原则，是指大学生形象文明体系设计必须考虑两个变化：一是必须用发展的观点去研究分析学生的形象文明现状，不仅要注意学生已经形成的形象文明特征，还要注意那些新出现的形象问题和发展趋势；二是教育内容也应随着形势的变化而变化，既要注意内容设计的相对稳定性、科学性，又要着眼于内容实施上的变化性和逻辑性。

（二）大学生形象文明的要求

1. 遵纪守法，维护公德

认真学习校规校纪和国家的法律法规，做到知法、懂法、守法，严格遵守各项规章制度，爱校如家。在教学区不大声喧哗，不嬉笑打闹；在宿舍内，不打扑克，不睡懒觉；在公共场所，不言谈污秽，不接吻拥抱，不吸烟，不酗酒，在教室里不使用手机，听音乐，不做与上课无关的事情。自觉维护公共秩序，主动排队，主动站在"一米线"外。爱护校园内的照明、供水、供气、通信等公物设施、设备，爱护公共财物，不随意损坏。

2. 厉行节约，反对浪费

节约用水、用电，随手关闭水龙头，下课、下晚自习后要关闭教室内所有的电灯、电风扇、多媒体等电器，杜绝"长流水"、"长明灯"等不良现象；要节约每一粒粮食，不要将吃剩的馒头随意扔进垃圾筒；要节约每一张纸，不要让一张白纸保留着她的圣洁就提前"退休"；要节约每一分钱，要体会父母的艰辛和不易。

3. 保护环境，讲究卫生

自觉爱护花草、树木和各种公益设施，做到不践踏草坪，不爬墙爬树，不攀折花木，不乱刻、乱涂、乱画、乱贴，不乱扔果皮、纸屑、塑料袋等废弃物，少吃口香糖，不随地吐痰。要学习环保知识，树立环保意识，积极参加环保活动，自觉清扫宿舍卫生，自觉维护校园环境卫生。

4. 注意安全，加强自律

妥善保管自身财物和公共财物，养成安全防范意识；爱护公共消防器材和设施，不带易燃易爆物等危险品进入校园和宿舍；不在宿舍内使用电炉、电饭锅及电热水壶等大功率电器，不在宿舍内使用酒精炉等危险品；不在宿舍内看电视，弹吉他，大声放音乐，不在楼道内穿旱冰鞋或滑板行走；不带异性朋友进入宿舍；不外出租房居住；进出校园佩戴胸卡，主动配合保卫人员查验。

5. 努力学习，互帮互助

严格按学院的作息时间行事，做到按时起床、上早操、上课、上晚自习，不旷课、不迟到、不早退，杜绝通宵上网、通宵打扑克，不无事外出在大街上闲逛，认真学习，增长本领。对周围的同学要做到有求必应，互帮互助，不歧视、不鄙视、不排斥、不愚弄那些在心理上或生理上有缺陷的同学。

6．文明礼貌，乐于助人

文明用语："你好"，"请"，"谢谢"，"对不起"，"麻烦你了"，"再见"等。见到老师、长辈、领导主动问好。认真倾听对方讲话，谈话时与对方目光交流50％以上，注视对方双肩与头的三角区，交流中少打手势，声音适中，不要随便打断对方讲话。进入办公室要先敲门、报告，经过允许方可进入，离开时要礼貌告别。不要随便坐在老师座位上，不要乱翻办公室的东西。

7．衣着整洁，仪态端庄

在教室、礼堂等正规场所穿正装，不得穿拖鞋、背心、短裤、吊带、超短裙、无后跟凉鞋进入。面容整洁，头发整齐，精神饱满。起立、坐下要轻要稳，不要碰出太大的声音。不要用手指指人。不喧哗、不放声大笑、不在远距离大声喊人，走路不要搭肩膀；站、坐姿势要端正，不要坐在椅子扶手上，坐下时腿不要乱跷、摇晃，更不要把腿搭在椅子扶手上，也不要把裤管撩起；手不要搭在临近的椅子背上；女同学不要叉开双腿。

8．诚信考试

讲究诚信，以正确的心态对待考试，将考试舞弊行为驱逐出校园。

9．科学上网

杜绝痴迷网络，合理利用时间，争做"网络道德模范"、"文明使者"、"安全卫士"。

（三）遵守社会公德，树立文明形象

每个人都需要与他人交往，在各种场所都应注意小节，养成良好的行为习惯，树立文明的形象。

1．公共场所

（1）走路的时候。如果道路比较窄，应尽量靠道路两旁地走；几个人一起走的时候，千万不要为了"保持团结"而并排走，迫使后面的人只能乖乖地跟着你们后面慢慢走。

（2）在人多的地方，不可以横冲直撞。如果碰了别人、踩了别人的脚，应该诚恳道歉。同样，如果别人不小心碰了你或踩了你的脚也应该谅解别人。

（3）在街上行走要注意文明礼貌，女士要使自己的仪态端庄大方，不要左顾右盼，摇头晃脑；男士要彬彬有礼，注意风度。

（4）行走的时候，应该请受尊重的人走在马路的里侧。

（5）女士穿高跟鞋，走在不太平的路段或阶梯的时候，男士可以伸手搀扶，而女士也应该愉快地接受并表示感谢。

（6）应该养成把果皮、果核、烟蒂以及其他垃圾扔进垃圾箱的习惯，需要处理痰、涕的时候，应该用纸先包起来，再扔进垃圾箱。

（7）路上遇到熟人，应主动打招呼。如果需要简短交谈，应站在不碍事的路边。如果两个人相距较远，又需要打招呼，可以挥手示意，或者紧走几步到他附近再喊，不要隔着很远就大喊大叫。

（8）在公共场合，包括在公共汽车上，不论是夫妻还是恋人，都不可以表现得过分亲昵，否则既不雅观又有伤风化。

（9）在洗手间。洗手间，很多都用英文做标志。有的地方还在沿用"W·C"，现在基本上用"Toilet"和"Rest-room"或"Bath-room"。

（10）我们都希望使用干干净净的洗手间，所以必须从我做起。每次用完后，无论是公共洗手间还是私人洗手间都要放水冲洗干净再走，不要添脏添乱。洗完手后最好用纸巾把手和弄湿的洗手池台面擦干净。有的洗手间还专为洗手后擦手提供了烘手机、毛巾或纸巾等。洗手后千万要注意将手擦开净再走，不要一边走路一边甩动双手，弄得到处是水，甚至甩到其他人身上。有些人还习惯在自己身上一抹，这都是失礼的表现。

（11）即使在洗手间，有人遇到熟人也会热情地寒暄。还有的人在用餐时间还不忘寒暄一句：您吃了吗？往往叫对方无从回答。在这种"特殊时期"，还是彼此平淡一点的好，不要过多客套。

2. 交通工具

（1）坐公共汽车时，很多在单位的时候表现得"人模人样"的人，却丑态百出。

只有做到在自我约束的基础上，互敬互让，文明用语常挂嘴边，才能避免很多不必要的磨擦。那些因为踩脚、碰撞而引发的"战争"，显得既没教养又很无聊。

作为年轻人，应该主动将座位让给老人、儿童、孕妇以及病人，不要在需要让座的时候，赶紧闭上眼睛装作"已然入仙境"，丢了自己的翩翩风度。有些人知道不应该把瓜果皮壳等扔在车内，却顺手从窗口扔出去，这同样是不道德的。其实，每辆车上都应该有垃圾篓，完全可以多走几步把垃圾扔进垃圾篓里。

还有一些事项需要注意：在公共汽车上吸烟是很不道德的表现；雨天乘车，请带好伞袋，把雨伞放到事先准备好的伞袋里；当在公共汽车上提较大的包或袋子的时候，应尽可能地和别人保持一点距离，以免碰到别人；如果穿着长大衣或风衣，上下车或楼梯的时候，一定要把衣服提起来，以免走在你身后的人不小心踩到衣角，而使你摔倒。

（2）坐火车时，较大行李应放在行李架上。在座位上，如果把鞋脱了，伸出脚搁在对面座位上，既不雅观，更是对对面乘客极大的不尊重。

在车厢里应自觉保持安静，不要大声聊天。

废弃的物品要自觉放在垃圾箱里。阅读后的报纸或杂志要整理好，不要随便乱扔。

有吸烟习惯的人，要到列车的吸烟区。

（3）坐飞机时，登机坐下来后就要把安全带系好，等待起飞。要遵守飞机上的一切规章制度。用餐时要将坐椅复原，吃东西轻一点，少喝酒多喝水这样对你的身体也有好处。另外，要等飞机完全停稳后再站起来拿行李，并排队按顺序走出去。

（4）乘出租车的时候，刚上车时，应该先和司机确认好要去的具体地点。要注意保持车内的整洁。不要将垃圾扔到车窗外。在车上，不要乱蹬、乱踏。

3. 形象礼仪

（1）由浅入深，穿衣有三层境界：第一层是和谐，第二层是美感，第三层是个性。

（2）聪明、理智的你买衣服时可以根据下面三个标准选择，不符合其中任何一个的都不要掏出钱包：你喜欢的、你适合的、你需要的。

（3）经典很重要，时髦也很重要，但切不能忘记的是一点匠心独具的别致。

（4）衣服和丈夫一样，适合自己的就是最好的。

（5）不要太注重品牌，这样往往会让你忽视了内在的东西。

（6）衣服可以给予女人很多种曲线，其中最美的依然是 X 形，衬托出女性苗条、修长的身段，女人味儿十足。

（7）应该多花些时间和精力在服装的搭配上，不仅能让你以 10 件衣服穿出 20 款搭配，而且还锻炼自己的审美品位。

（8）即使你的衣服不是每天都洗，但也要在条件许可的情况下争取每天都更换一下，两套衣服轮流穿着一周比一套衣服连着穿 3 天会更加让人觉得你整洁、有条理。

（9）选择精良材质的保暖外套，里面则穿上轻薄的毛衣或衬衫，这样的国际化着装原则将会越来越流行。

（10）决没有所谓的流行，穿出自己的个性就是真正的流行。

（11）无论在色彩还是细节上，相近元素的使用虽然安全却不免平淡，适当运用对立元素，巧妙结合，会有事半功倍的美妙效果。

（12）优雅的衣着有温柔味道，但对于成熟的都市女子来说，最根本的是高贵和冷静。

（13）时尚发展到今日，其成熟已经体现为完美的搭配而非单件的精彩。

（14）闪亮的衣饰在晚宴和 Party 上将会永远风行，但全身除首饰以外的亮点不要超过两个，否则还不如一件都没有。

（15）一件品质精良的白衬衫是你衣橱中不能缺少的，没有任何衣饰比它更加能够千变万化。

（16）每个季节都会有新的流行元素出台，不要盲目跟风，让自己变成潮流预报员，反而失去了自己的风格。关键是购买经典款式的衣饰，耐穿、耐看，同时加入一些潮流元素，不至于太显沉闷。

（17）黑色是都市永远的流行色，但如果你脸色不是太好则最好避免，加入灰色的彩色既亮丽又不会太跳，不挑人是合适的选择。

（18）寻找适合自己肤色的色彩，一定要注意服装是穿在自己身上的，而不是白色或者黑色的模特衣架。

（19）重视配饰。衣服仅仅是第一步，在预算中留出配饰的空间。认为配饰可有可无的人是没有品位的。

（20）逐步建立自己的审美方向和色彩体系，不要让衣橱成为色彩王国。选择白、黑色、米色等基础色作为日常着装的主色调，而在饰品上活跃色彩，有助于建立自己的着装风格，给人留下明确的印象；而且由于色彩上不会冲撞，也可以提高衣服间的搭配指数。

4. 同事之间

同事是与自己一起工作的人，与同事相处得如何，直接关系到自己的工作、事业的进步与发展。如果同事之间关系融洽、和谐，人们就会感到心情愉快，有利于工作的顺利进行，从而促进事业的发展；反之，同事关系紧张，相互拆台，经常发生摩擦，就会影响正常的工作和生活，阻碍事业的正常发展。

处理好同事关系，在礼仪方面应注意以下几点：

（1）尊重同事。相互尊重是处理好任何一种人际关系的基础，同事关系也不例外。同事关系不同于亲友关系，它不是以亲情为纽带的社会关系。亲友之间一时的失礼，可以用亲情来弥补，而同事之间的关系是以工作为纽带的，一旦失礼，创伤难以愈合。所以，处理好同事之间的关系，最重要的是尊重对方。

（2）物质上的往来应一清二楚。同事之间可能钱财跟物品上的往来，但切忌马虎，每一项都应记得清楚明白，即使是小的款项，也应记在备忘录上，以提醒自己及时归还，以免遗忘，引起误会。向同事借钱、借物，应主动给对方打张借条，以增进同事对自己的信任。有时，出借者也可主动要求借入者打借条，这也并不过分，借入者应予以理解。如果所借钱物不能及时归还，应每隔一段时间向对方说明一下情况。在物质利益方面无论是有意或者无意地占对方的便宜，都会在对方的心理上引起不快，从而降低自己在对方心目中的人格。

（3）对同事的困难表示关心。同事有困难，通常首先会选择自己的亲朋帮助，但作为同事，应主动问询。对力所能及的事应尽力帮忙，这样，会增进双方之间的感情，使关系更加融洽。

（4）不在背后议论同事的隐私。每个人都有"隐私"，隐私与个人的名誉密切相关，背后议论他人的隐私，会损害他人的名誉，引起双方关系的紧张甚至恶化，因而是一种不光彩的、有害的行为。

（5）对自己的失误或同事间的误会，应主动道歉说明。同事之间经常相处，一时的失误在所难免。如果出现失误，应主动向对方道歉，征得对方的谅解；对双方的误会应主动向对方说明，不可小肚鸡肠，耿耿于怀。

5. 礼貌用语的"四有四避"

在交际中，人们使用礼貌用语通常要做到"四有四避"，即有分寸、有礼节、有教养、有学识，要避隐私、避浅薄、避粗鄙、避忌讳。

（1）"四有"。

①有分寸。这是语言得体、有礼貌的首要标志。要做到语言有分寸，必须配合以非语言要素，要在背景知识方面知己知彼，要明确交际的目的，要选择好交际的方式，同时，要注意如何用言辞行动去恰当表现。当然，分寸也包括具体的言辞的分寸。

②有礼节。语言的礼节就是寒暄。有五个最常见的礼节语言的惯用形式，它表达了人们交际中的问候、致谢、致歉、告别、回敬这五种礼貌。问候是"您好"，告别是"再见"，致谢是"谢谢"，致歉是"对不起"。回敬是对致谢、致歉的回答，如"没关系"、"不要紧"、"不碍事"之类。

③有教养。说话有分寸、讲礼节，内容富于学识，词语雅致，是言语有教养的表现。尊重和谅解别人，是有教养的人的重要表现。在别人的确有了缺点时委婉而善意地指出。谅解别人就是在别人不讲礼貌时要视情况加以处理。

④有学识。在高度文明的社会里，必然十分重视知识，十分尊重人才。富有学识的人将会受到社会和他人的敬重，而无知无识、不学无术的浅鄙的人将会受到社会和他人的鄙视。

（2）"四避"。

①避隐私。隐私就是不可公开或不必公开的某些情况，有些是缺陷，有些是秘密。在高度文明的社会中，除少数必须知道的有关人员外，隐私不必让一般人员知道。因此，在言语交际中避谈避问隐私，是有礼貌的重要表现。西方人一般不询问对方的年龄、职业、婚姻、收入之类，否则会被认为是十分不礼貌的行为。

②避浅薄。浅薄就是不懂装懂，言不及义，言辞单调，词汇贫乏，语句不通，白字常吐。如果浅薄者相遇，彼此还不觉浅薄，但有教养、有知识的人听他们谈话，则无疑感到不快。知识就像海洋，我们每个人都不可能做"万能博士"或"百事通"。我们应当学有专攻又知识渊博，要谦虚谨慎，不可妄发议论。

③避粗鄙。粗鄙指言语粗野，甚至污秽，满口粗话、丑话、脏话，上溯祖宗、旁及姐妹、下连子孙、遍及两性，不堪入耳。言语粗鄙是最无礼貌的语言。它是对一个民族语言的污染。

④避忌讳。忌讳，是人类视为禁忌的现象、事物和行为，避忌讳的语言同它所替代的词语有约定俗成的对应关系。社会通用的避讳语也是社会一种重要的礼貌语言，它往往顾念对方的感情，避免触忌犯讳。下面是一些重要的避讳语：

首先是对表示恐惧事物的词的避讳。比如，关于"死"的避讳语相当多，就是与"死"有关的事物也要避讳，如"棺材"说"寿材"、"长生板"等。

其次是对谈话对方及有关人员生理缺陷的避讳。比如，现在对各种有严重生理缺陷者通称为"残疾人"，是比较文雅的避讳语。

最后是对道德、习俗不可公开的事物行为的词的避讳。比如把到厕所里去大小便叫"去洗手间"等。

6. 女性上班族形象礼仪

（1）外表的塑造——商务着装礼仪。相信很多女性上班族都收到过这样的请柬，上面要求"请着正装或晚礼服出席"。特别是进入社交季之后，更要避免穿着上的另类或不合时宜。

（2）形体礼仪——站姿、坐姿、行姿。女性上班族要予人内外皆美的印象，要注意下面这些小节：打情骂俏——无论是通过电话抑或是与相恋同事在办公室公然谈情，莺声笑语都会影响旁边的同事工作，即使你的工作再出色，在形象方面也会大打折扣。煲电话粥——在办公时间打工作以外的电话不合适。

（3）动作语礼仪——握手礼、手势语、拱手与鞠躬礼。进行介绍的正确做法是将级别低的人介绍给级别高的人。例如，如果你的首席执行官是琼斯女士，而你要将一位叫做简·史密斯的行政助理介绍给她，正确的方法是："琼士女士，我想介绍您认识简·史密斯"。如果你在进行介绍时忘记了别人的名字，不要惊慌失措。你可以这样继续进行介绍："对不起，我一下想不起您的名字了。"与进行弥补性的介绍相比，不进行介绍是更大的失礼……

（4）内在的修炼——专业素养及态度。职业礼仪的培养应该是内外兼修的。古语说得好：腹有诗书气自华。内在修养的提炼是提高职业礼仪的最根本的源泉。工作时注意自己的仪态，不仅是自我尊重和尊重他人的表现，也能反映出员工的工作态度和精神风貌……

7. "形象定位"

"认识自己"是让自己面对一个真实的自我，把真实的自我拿来面对社会，就是"形象定位"。尤其是如今社会，强调专业高于一切，所以"形象定位"必须充分考虑自己的工作需求。

（1）合适的装扮。了解自己的身材、脸型、个性特质以及工作需求，再参考专家的意见，设计出既具个人风格又符合工作场合的造型，就能给人留下更加得体的印象。

（2）表现工作能力。掌握机会、用适当方法表现自己的才能，能让领导、部门同事迅速认识自己。同时，应掌握不躁进、不矫情的大度思想，更应把持"胜不骄、败不馁"的原则。

（3）适当表现个性。虽然在一个有制度、有规模的大公司工作，不适合展现自己的个性，而是一味地压抑、曲迎也不是长久之计。其实，公司本意也并非如此。可以用适当方式，把自己的个性做合理的伸张。

（4）表现自己的修养。修养的好坏，可以表现出一个人智慧的大小、气度的深浅。特别是在别人急躁、慌乱的时候，我们如果还能用个人修养圆融化解，最能树立良好的形象。

（5）必须注重礼仪。礼仪是"发乎中形于外"的肢体语言，也是人与人沟通良好与否的重要因素之一。尤其在职场上，一个具礼仪风范的人，往往能摒除情绪干扰，就事论事，化戾气为祥和，特别能建立个人良好形象。

8. 涉外礼仪

（1）涉外性送礼。在涉外性的各种友好交际中，为了向他人表示慰问、祝贺或感谢，往往需要赠送一些物美价廉的小礼物。在选择礼品时，应考虑到受礼人的爱好、习惯和忌讳，还要考虑到礼品的意义、特色和价值。

一般而言，应邀出席私人家宴时，应向女主人赠送小件土特产、小艺术品、小纪念品、小食品、干鲜果品或花束，也可向主人的小孩赠以糖果或玩具等。应邀参加他人的婚礼，应赠送小型艺术品、鲜花或其他日用实物。探视病人，可赠以营养食品、果品或鲜花。元旦节、圣诞节时，可送日历、烟酒、名茶或糖果。出席各种宴会，可酌情赠送花束或花篮。

所送礼品，即使已有包装盒，也应再用彩色礼品纸包扎，并用彩带系上梅花结或蝴蝶结。礼物宜当面呈送，但婚礼赠品可事先送去。节日礼品也可派人送或寄送。

在挪威，商人出席对方晚宴的第二天，会给主人送上一份礼物。

在丹麦，商人被邀请做客时，应给同行的其他商人各送一束鲜花或精美礼物。

（2）国际社交场合，服装大致分为礼服和便装。正式的、隆重的、严肃的场合着深色礼服（燕尾服或西装），一般场合则可着便装。目前，除个别国家在某些场合另有规定（如典礼活动，禁止妇女穿长裤或超短裙）外，穿着趋于简化。

（3）我国服装无礼服、便服的严格划分。一般来讲，在正式场合，男同志着上下同质同色的中山装，或着上下同质同色的深色西服并系领带，配穿同服装颜色相宜的皮鞋；非正式场合（如参观、游览等），可穿各式便装、民族服装、两用衫，配颜色相宜的皮鞋或布质鞋。

（4）任何服装都应做到清洁、整齐、挺直。上衣应熨平整，下装熨出裤线。衣领、袖口要干净，皮鞋应上油擦亮。穿中出装要扣好领扣、领钩、裤扣。穿长袖衬衣要将前后摆塞在裤内，袖口不要卷起，长裤裤筒也不允许卷起。两扣西服跟上衣若系扣子，可系上边一个，若是一扣或多扣西服上衣均应扣全。男同志在任何情况下均不应穿短裤参加涉外活动。女同志夏天可光脚穿凉鞋，穿袜子时，袜口不要露在衣、裙之外。

（5）参加各种涉外活动，进入室内场所均应摘去帽子和手套，脱掉大衣、风雨衣等送入存衣处。西方妇女的纱手套、纱面罩、帽子、披肩、短外套等，作为服装的一部分允许在室内穿戴。在室内外，一般不要戴黑色眼镜。有眼疾须戴有色眼镜时，应向客人或主人说明，并在握手、交谈时将眼镜摘下，离别时再戴上。

（6）在家中或旅馆房间内接待临时来访的外国客人时，如来不及更衣，应请客人稍坐，立即换上正装、穿上鞋袜，不得赤脚或只穿内衣、睡衣、短裤、拖鞋接待客人。

（7）在交际场合中，一般是在相互介绍和会面时握手；遇见朋友先打招呼，然后相互握手，寒暄致意；关系亲切的则边握手边问候，甚至两人双手长时间握在一起；在一般情况下，握一下即可，不必用力。但年轻者对年长者、身份低者对身份高者时应稍稍欠身，双手握住对方的手，以示尊敬。男子与妇女握手时，应只轻轻握一下妇女的手指部分。

（8）握手也有先后顺序，应由主人、年长者、身份高者、妇女先伸手，客人、年轻者、身份低者见面先问候，待对方伸出手后再握。多人同时握手，切忌交叉进行，应等别人握手完毕后再伸手。男子在握手前应先脱下手套，摘下帽子。握手时应双目注视对方，微笑致意。

（9）有些国家还有一些传统的见面礼节，如在东南亚信仰佛教的国家见面时双手合十致意；日本人行鞠躬孔；我国是传统的拱手行礼。这些礼节在一些场合也可使用。

（10）公共场合远距离遇到相识的人，一般举起右手打招呼并点头致意，也可脱帽致意。与相识者在同一场合多次见面，只点头致意即可；对一面之交的朋友或不相识者，在社交场合均可点头或微笑致意。

（11）涉外交往中，谈话时表情要自然，语言和气亲切，表达得体。谈话时可适当做些手势，但动作不要过大，更不要手舞足蹈，用手指点人。谈话时的距离要适中，太远太近均不适合，不要拖拖拉拉、拍拍打打。

（12）参加别人谈话要先打招呼，别人在个别谈话时，不要凑前旁听；有事需与某人谈话，可待别人谈完；有人主动与自己说话，应乐于交谈；发现有人欲与自己谈话，可主动询问；第三者参与谈话，应以握手、点头或微笑表示欢迎；若谈话中有急事需离开，应向对方打招呼，表示歉意。

（13）谈话时若超过三人，应不时与在场所有人攀谈几句，不要只与个别人攀谈，而冷落其他人。如果所谈的问题不便让其他人知道，可另约机会。

（14）在交际场合，自己讲话时要给别人发表意见的机会；另外，在别人讲话时，也应适时发表个人的看法。对于对方谈到的不便谈论的问题，不应轻易表态，可转移话题。要善于聆听对方的讲话，不要轻易打断，不提与谈话内容无关的问题。在相互交谈时，应目光注视对方，以示专心。别人讲话不要左顾右盼、心不在焉，或注视别处、老看手表等作出不耐烦的样子，或做伸懒腰、玩东西等漫不经心的动作。

（15）在交际场合结识朋友，可由第三者介绍，也可自我介绍。为他人介绍，要先了解双方是否有结识的愿望，不要贸然行事。无论自我介绍或为他人介绍，都要做到自然。例如，正在交谈的人中，有你所熟知的，便可趋前打招呼，这位熟人便将你介绍给其他客人。自我介绍时，要主动讲清自己的姓名、身份、单位（国家），对方则会随后自我介绍。为他人介绍时还应说明他人与自己的关系，以便于新结识的人相互了解与信任。介绍其他人时，要有礼貌地以手示意，而不要用手指指点别人。介绍也有先后之别。应先将身份低的、年纪轻的介绍给身份高的、年纪大的，把男子介绍给妇女。介绍时，除妇女和年纪长者外，一般应起立。但在宴会桌上、会谈桌上可不必起立，被介绍者只要微笑点头有所表示即可。交换名片也是相互介绍的一种形式。在送给别人名片时，应双手递出，面露微笑，眼睛看着对方，在接受对方名片时也应双手接回，还应轻声将对方的姓名等读出，然后郑重地收存好。

（16）涉外交往在谈话时，内容不能涉及疾病、死亡等不愉快的事情，也不要提起一些荒诞离奇、耸人听闻、淫秽的话题。不应径直询问对方的履历、工资收入、家庭财产等私人问题。对方不愿回答的问题不应究根寻底，对对方反感的问题应表示歉意或立即转移话题。在谈话中一定不要批评长辈和身份高的人，不要议论当事国的内政，不要耻笑讽刺对方或他人，不要随便议论宗教问题。

（17）男子一般不参加妇女圈内的议论。与妇女谈话更要谦让、谨慎。不宜询问妇女的年龄和婚姻状况，不要说对方的身材、健康、收入及私生活方面的话题。不要与妇女开玩笑，更不要无休止的攀谈以免引起对方和他人的反感。

（18）谈话中要使用礼貌语言，如"你好"，"请"，"对不起"，"打扰了"，"再见"等。见面时一般先问好，如"身体好吗？""最近如何？""一切顺利吗？"对新结识的人常问："你是第一次到中国（或本地）吗？""来中国（或本地）多久了？""你喜欢我们的城市吗？"分别时讲"很高兴与你结识，希望今后再见面"，"晚安，请代向朋友（夫人、丈夫等）致意"，"请代问全家好"等。

（19）社交场合的谈话话题，还可涉及天气、新闻、工作业务等方面，但一定注意内外有别，保守国家秘密。

第七讲

人际关系

当代社会，中国的青年一代尤其是一些大学刚毕业的学生不太受社会欢迎，原因很多，其中一个重要原因就是人际交往能力和与人共处的能力有问题。

现代社会需要的是复合型人才，需要的都是合作、共赢。但是，从小就被强化了的竞争意识（多数简化为成绩的竞争）带来非常不好的影响：一方面，形成一种意识，以为竞争是人际关系中最重要的主题，为了取得竞争中的优胜地位，其他一切都是可忽略的，甚至可以不择手段——这也是恶意竞争者最为典型的思考方式；另一方面，即使是那些在学习竞争中处于优势地位的人，因为作为天之骄子处处受到褒奖，也很容易让他们产生异乎寻常的优越感，并由此忽视了在人际交往方面的锻炼。

被人们称为"第一代成功学大师"的美国著名心理学家和人际关系学家戴尔·卡耐基说："一个人事业的成功只有15％取决于他的专业技能，另外的85％要依靠人际关系和处世技巧。"可见，学会人际交往的技巧、建立良好的人际关系在人的一生中有多么重要，尤其是对我们青年一代大学生的发展起着至关重要的作用。我们除了睡眠以外，大部分时间都在进行人际交往。在交往中，有人成功，有人失败。人际交往有没有成功的秘诀？答案是肯定的。

一、了解人际关系

这是一个生活常识：人既要同自然界发生关系，又要同社会发生关系，离开自然界，人不能生存，离开社会，人不成其为人。古希腊著名哲学家亚里士多德在《政治学》一书中谈到，一个生活在社会之外的人，同人不发生关系的人，不是动物就是神。在现实社会中，我们每个人都生存于一定的群体之中，而且必然在一定的人际关系中扮演各种社会角色。这种群体性使得人际间交往活动频繁。人际交往又是建立人际关系的社会活动，它渗透到社会的各行各业和各种人际关系之中，人们通过人际交往来分享信息，交流思想与感情，共同感受，相互影响，相互评价，形成信念、观点、才智，以满足自己生理、精神、社会等各方面的需求，同时也促进社会的发展。

（一）什么是人际关系

人生活在社会上就要与人打交道。人际关系，简单来说，是人们在进行物质交往和精神交往过程中发生、发展和建立起来的人与人之间的关系。其内容主要是物质关系和精神关系。

人际关系可分为两类：一类是积极、友好、和谐的，另一类是消极、敌对、不和谐的。例如，交朋友也有积极和消极的两种情况。孔子说："友直、友谅、友多闻，益矣。友辟、友善柔、友便佞，损矣。"就是说，同好人交朋友，受到朋友的支持与帮助，自然受益变好；同坏人交朋友，受到朋友的伤害和腐蚀，自然受损变坏。人们还常用"近朱者赤，近墨者黑"的比喻，来说明交友的结果。因此，我们倡导积极、友好、和谐的人际关系，反对消极、敌对、不和谐的人际关系。

（二）人际关系的功能

人际关系到底有些什么功能？功能，是指人或事物在运动过程中所显示出来的作用或影响。前面已经讲到，人际关系有积极、友好、和谐与消极、敌对、不和谐之分，这在现实生活中随处可见。我们这里所讲的功能，主要是积极、和谐的方面。

1. 产生合力

合力，就是人的力量、能力的有机组合。人的力量、能力如果按照正确的方式组合起来，就会产生很大的力量，就会产生 $1+1>2$ 的效果。我们平常说的"团结就是力量"、"人心齐，泰山移"就是这个道理。

法国著名的军事家拿破仑说过：两个马木留克兵绝对能打赢三个法国兵，一百个法国兵与一百个马木留克兵势均力敌，三百个法国兵大都能战胜三百个马木留克兵，而一千个法国兵则总能打败一千五百个马木留克兵。这是什么原因呢？在历史上，法国与马木留克民族打仗，双方都是使用骑兵作战。马木留克骑兵骑术和剑术较精，刚强剽悍，善于单个格斗，但是纪律不好，配合较差，产生的整体力量不大。而法国骑兵骑术和剑术都不如马木留克兵，单个对打打不赢马木留克兵，但是法国骑兵具有严格的纪律，相互之间配合密切，能够产生很大的整体力量。由此可见，人们的组合方式和程度不同，其整体效应就不同。因此，人们相互结合所产生的合力，不是个人力量的简单相加，它的大小取决于人们结合或协作的方式，即取决于人际关系的构成。

2. 形成互补

互补，是指集体内部，人与人之间能够互相学习、取长补短。他实际上是通过交往，在多方面的双向交流中产生能力上的跃进的行为。俗话说："荷花虽好，也要绿叶扶助。"这是对人际关系互补的生动比喻。

3. 互相激励

所谓激励，就是激发鼓励。对于群体中的人来说，通过互相激励，能够给群体成员带来创造活力。人际关系之所以有互相激励功能，是因为存在以下激励因素：

（1）群体压力因素。根据现代心理学的从众心理效应原理，社会心理环境一经形成，就产生一定的群体压力，对群体成员有制约和规范的作用。比如在一个集体内部，大家都认为不努力工作是不光彩的，那么，混日子的人就会感到有压力，很难再混下去，就要设法改变自己；如果集体内部大多数人认为努力工作是傻子，消极怠工才是聪明人，那么努力工作的人也会感到有压力，就会逐步学会偷懒。以上看出，人的发展方向，在很大程度上取决于社会心理环境，取决于社会心理环境所形成的群体压力。因此，要提倡健康向上的心理环境，抑制消极的群体情绪。

（2）人际比较因素。在人的深层意识中，存在着一种时时想估计自己的驱动力，所以人们经常通过与他人的对比来评价自己。例如，一个偏僻乡村的能人，全村的人都很尊敬他，他自己也觉得自己很杰出，但当他进入繁华地区以后，与众多的能人相比较，就会觉得自己太平凡、太一般了。再如高中的尖子生，进入大学后，觉得自己并不怎样优秀，因为他周围的同学都是中学的尖子生，大家在一个层次上，就显得平淡了。这种新的、高层次对照组的人际比较，会产生激励竞争的结果，使人的智力向更高的层次发展。

（3）竞争因素。改革开放二十多年来，竞争这个词已经人人皆知，入脑入心。在竞争状态下，会造成一种生机勃勃、人人争先的局面，从而提高竞争群体的整体水平。在市场经济条件下，各行各业都处于激烈的竞争之中，在竞争过程中，人的潜能会得到很大的发挥。比如一个班级参加竞赛，由于班级荣誉和个人自尊心的驱使，会出现人人争先和团结协作的动人场面，这就是一种竞争激励因素。

（4）情感激励因素。对外界刺激肯定或否定的心理反应，这就是情感。由于人是合群的，富有同情心和正义感，喜欢与自己合得来的人交往，有时可以因此而改变自己的态度，与自己喜欢的人保持一致。这就是人的情感互相作用、互相影响的表现。在群体内部，一部分人中产生出积极向上的情感并不断作用于其他成员，使整个群体内部发出浓烈的积极情感，这就是情感激励。

情感激励有时可以创造出许多动人的奇迹和神奇的效果。比如，王若飞在狱中的乐观主义精神，就激励了狱中的难友。在一个单位，一部分人认真负责、满腔热情的工作态度，就会感染和激励其他同事发挥出巨大的工作热情。

（5）联络感情。人有合群的需要，不愿意孤立、独处。医学心理学的研究表明，孤独的人，会变得精神忧郁、变态，其寿命比乐观、开朗、爱交往的人短。人们通过彼此的互相交往，诉说各自的喜怒哀乐，增进相互间的思想感情，产生一种亲密感甚至依恋之情，从中吸取力量。因此，人际交往对人的身心健康来说，也是十分重要的。

（6）交流信息。在社会生活中，信息的交流与沟通，是人们相互联系的重要形式。人们的生产、生活、工作、娱乐都离不开信息的交流。可以说，没有信息交流，就没有个人和社会的进步。当今的时代，是信息时代，信息对于每个人都非常重要，每个人都是一个信息源，既是信息的传播者，也是信息的接收者。以信息的两步传递法来看，第一次是广播、电视、报纸、因特网等传媒，但不少人没有听广播，没有看报、看电视，没有上网。第二步是听过广播、看过电视、报纸和上过网的人将信息传递给朋友、同事、亲人。依靠两步传递的方式，重要的信息最终传达到人们中间。这说明，人际关系具有交流信息的功能。

信息传递不只是一个简单的传递过程，在信息传递和交流过程中，会不断地形成新的信息、新的思想。正如英国戏剧家萧伯纳所说："如果你有一个苹果，我有一个苹果，彼此交换，每个人还是一个苹果；如果你有一个思想，我有一个思想，彼此交换，每个人就有两个甚至多于两个的思想。"

因此，为了能够在今后的事业中获得充分发挥自己潜能和特长的机会，现阶段的中国学生有必要认真审视自己在人际交往方面的弱点，坚持以诚待人、平等交往的原则，努力塑造自己的个人魅力，建设自己的人际关系网，培养终身的友谊，同时也要善于从朋友身上学习。唯有如此，才能在不远的将来成为真正意义上的、能适应现代社会需要的国际化人才。

（三）人际交往必备的原则

可以这样说，人际交往就是一门艺术，它需要原则、方法和技巧。在人际交往中，如果原则用得好，方法、技巧恰当灵活，一个人便会有好的人际关系；反之，就会与他人疏远，关系淡薄，甚至剑拔弩张。人际交往有以下四个原则。

1. 以诚待人，平等交往

心理学研究表明，人都有友爱和受人尊敬的需要。青年人交友和受尊敬的希望非常强烈，他们渴望独立，成为家庭和社会中平等的一员。老年人因年龄原因不能再工作，但他们曾经为家庭和社会作出了贡献，也希望得到他人的平等对待，物质上共享社会进步的成果，精神上得到他人的尊敬。总之，只要是人，都希望得到别人的平等对待。因此，交往必须平等，平等才能深交。

"善大，莫过于诚"，人际交往的第一步就是要以诚待人，平等交往。

热诚的赞许与诚恳的批评，都能增进彼此的信任，我们需要的是：做个诚恳的、受人尊重和信任的人。

如果想广交益友，自己就要首先成为别人眼中的益友。在与人交往的过程中，要学会悉心倾听、将心比心，严于律己、宽以待人，要坚持真诚的原则，真心帮助他人而不求回报，对朋友的不足能诚恳地提出批评意见，对不同的观点能直抒己见（当然需要有好的方法和技巧），既不当面奉承别人，也不在背后诋毁别人。

2. 轻利重义，互惠互利

社会心理学表明，良好的人际关系的建立，取决于交往双方所付出的代价与交往所获得的报偿之间是否大体相等。现实生活中不乏乐于助人、大公无私的典型，也不乏自私自利、信奉"人不为己，天诛地灭"的极端利己主义者，但更多的是互利互惠、互帮互助、公平合理的交往。互惠互利不仅仅是物质的交换，否则，交换的双方就会以"礼"的多少来确定关系的亲疏，使人际关系庸俗化；同时，也不仅仅是精神上的安慰和满足，如果交往的一方付出很多，另一方一毛不拔，则交往难以进行下去。

做到互惠互利，一是要忌斤斤计较，不能把互利理解成简单的对等，应提倡为别人着想。二是要忌强求，互利是自觉自愿的行为，在"给予"对方的同时，得到一定的物质和精神上的回报，这是正常的，但不能向对方提出硬性要求，非要获得某种回报不可。因为你对对方的付出，是出于关心和帮助，而不是"等价交换"，怀着自私的目的是不能搞好人际关系的。三是要忌损人利己，如果交往中你得到了好处，却损害了别人的利益，这不是真正的互利。同样，那种只需被给予不愿付出的守财奴也是不能搞好人际关系的。同时，在人际交往中，遇到利益冲突时，重义而轻利，自当会获得别人的尊重和真情。四是要忌互相利用，那种勾心斗角、尔虞我诈、处心积虑、别有用心的做法，只能使关系越搞越砸。人们在交往中，大多数是互利的。因为互利有三个方面，一是物质互利，二是精神互利，三是物质精神的互利，如相互赠送礼品、相互安慰等都是互利的。从心理学的角度讲，人际交往也应该是互利的。因为每个人都希望被别人关心、注意、爱护，这是人的一种心理需要。那么，我们在同他人交往的时候，就要注意关心、爱护他人，使别人获得心理满足，这样才能得到别人的关心和爱护。从时间的角度讲，交往也应该是互利的。现代社会时间是很宝贵的，如果一个人占用另一个人的时间而获得精神或物质上的利益，而另一个人什么也得不到，那这种关系是不能长期维持下去的。

3. 诚实守信，一言九鼎

古今中外，都把"信"字作为人际交往的重要原则。中华民族历来讲究信用，与信用有关的俗语比比皆是、童叟皆知："一诺千金"、"一言既出，驷马难追"；《论语·学而》中说，"与朋友交，言而有信"；《西游记》中说"言而无信，不知其可也"……讲的都一个"信"字。美国著名教育心理学家卡尔·罗杰斯把人际关系构成的三要素界定为"真实"、"信任"和"理解"。"真实"，罗杰斯有时干脆称之为"表里一致"，是指人际关系的坦诚如实，没有任何虚伪。这"真实"就有"信用"之意。

诚实守信，第一是守信，人无信不立，守信是取信于人的第一方法。第二是不轻诺，在不了解客观情况或无把握的情况下，决不能轻易许诺于人，否则导致食言，不能兑现承诺。许下的诺言就要按期兑现，否则自然无法取信于人。第三是诚实，真诚待人，让人容易接近，才能取信于人。

为什么在人际交往中要守信用呢？我们知道，当一个物体向一个方向运动时，根据惯性原理可以知道它继续运动的方向。在人际交往中强调的"信"，就如同惯性，一个讲信用的人，能做到前后一致，言行一致，表里如一。因此，人们可以根据它的言论去判断他的行动，进行正常的交往。而一个人不讲信用，前后矛盾，言行不一，则无法判断这个人的行动动向。这就像古人所说的那样，"人而无信，不知其可也"。自然，对于这种人，是无法进行正常交往的。

4. 互容互谅，海阔天空

林则徐曾说："海纳百川，有容乃大。"这正是人际关系中互容互谅的生动体现。所谓容，就是接纳、宽容、忍耐的意思。互容，只有在人与人交往中才能产生，也只有双方都有容纳对方的雅量，人际关系才能维持和发展下去。从心理障碍看，嫉妒、排他的狭隘心理是妨碍关系协调的大敌。狭隘的心理表现为气量小，容不得比自己强的人，听不进不同意见。嫉妒心理则是狭隘心理的进一步恶化。照黑格尔的说法，嫉妒是"平庸的情调对于卓越才能的反感"。卓越的人才往往是心胸博大的。南宋时期著名教育家朱熹和陆九渊的治学思想是对立的，曾有过激烈的唇枪舌剑，但两人互相敬重，互拜为师。朱熹主持白鹿洞书院后，特邀陆九渊讲学，并把陆九渊的话刻在石碑上，立于书院前，被历代传为佳话。

人际关系中的互容，一方面要能容人之长，对别人的长处，不仅要承认、佩服，还要"见贤思齐"，努力向别人学习，争取把他人的长处发展成自己的优势，并不断激励自己，与对方开展合理的竞争。决不能嫉妒别人之长，而故意挑别人的缺点、短处，甚至企望别人犯错误来抵消其长处。另一方面，还要能容人之短，要对别人的缺点、局限、短处给以宽容之心。实际上任何人都不可能没有短处，有高峰必有深谷，能力越强的人，其缺点可能越显著。正如鲁迅所说："倘要完全的书，天下可读的书怕要绝无，倘要完全的人，天下配活的人也就有限。"

相容互谅，就要对他人设身处地给予理解。古人云："易地则皆然"，就是要我们从他人的角度来看事物，这既符合辩证法，又带有比较深的感情色彩。有的人自尊心强，听不得不同的意见；有的心胸狭窄，一句话就可能引起猜疑，感情恶化。只有互谅互让才能改变这种情况。相容互谅就要宽宏大量，克制忍让，将心比心，小小的摩擦在所难免，切勿耿耿于怀。即使是有理，必要时也要让人，给人以机会。相容就是心胸宽广，忍耐性强，也叫宽宏大量。人们往往把宽广的胸怀比作大海，能广纳百川之细流，也不拒暴雨和冰雹；也有人把忍耐性比作弹簧，具有能伸能屈的韧性。相容是一个有自信心、有坚定意志、开朗、豁达的人对别人的谦让，他不是怕人，而是为了团结人，为了减少不必要的麻烦而主动地容忍他人。心理学研究表明，自信心越高的人，相容度就越强。

相容不是随波逐流，不讲原则。随波逐流的人表面上看来能容忍人，但实际上心中无主见，目标不明确，原则性不强。能相容别人的人则是心中有主见，目标明确，原则性强，他们容人是把原则性与灵活性有机地结合起来，以便更好地达到远大目标。春秋末期，越国战败，越王勾践向吴国称臣，并作为人质到吴国服侍吴王夫差。在吴国三年中，越王非常恭顺，什么侮辱都能够忍受，包括尝夫差的大便。后来吴王认为勾践已是一个失去自信心的人，对吴国不会构成威胁，就放了勾践回国。勾践回国后，卧薪尝胆，经过长期准备，越国富强起来，终于起兵灭掉了吴国。这个故事说明了相容、忍让的重要性，越王忍辱负重，才能最终实现远大的目标。

二、与心理相关的人际交往

谈到交往，必然与心理有关，没有健康的交往心理，交往技巧就只能是纸上谈兵。

(一) 影响人际交往的几种不良心理

良好的心理素质，是人们进行广泛社交活动的必要条件。相反，心理状态不佳，会形成某些隔膜和屏障，在一定程度上阻碍人们交朋结友以及适应社会。因此，我们在工作生活中应该注重自身修养，努力克服以下种种人际交往中的病态心理。

自卑心理：有些人容易产生自卑感，甚至瞧不起自己，只知其短不知其长，甘居人下，缺乏应有的自信心，无法发挥自己的优势和特长。有自卑感的人，在社会交往中办事无胆量，习惯于随声附和，没有自己的主见。这种心态如不改变，久而久之，有可能逐渐磨损人的胆识、魄力和独特个性。

怯懦心理：主要见于涉世不深，阅历较浅，性格内向，不善辞令的人。怯懦会阻碍自己计划与设想的实现。怯懦心理是束缚思想行为的绳索，理应断之，弃之。

猜忌心理：有猜忌心理的人，往往爱用不信任的眼光去审视对方和看待外界事物，每每看到别人议论什么，就认为人家是在讲自己的坏话。猜忌成癖的人，往往捕风捉影，节外生枝，说三道四，挑起事端，其结果只能是自寻烦恼，害人害己。

逆反心理：有些人总爱与别人抬杠，以此表明自己的标新立异。对任何事情，不管是非曲直，你说好他偏说坏，你说一他偏说二，你说辣椒很辣，他偏说不辣。逆反心理容易模糊是非曲直的严格界限，常使人产生反感和厌恶。

排他心理：人类已有的知识、经验以及思维方式等，需要不断地更新，否则就会失去活力，甚至产生负效应。排他心理恰好忽视了这一点，它表现为抱残守缺，拒绝拓展思维，促使人们只在自我封闭的狭小空间内兜圈子。

作戏心理：有的人把交朋友当作是逢场作戏，往往朝秦暮楚，见异思迁，且喜欢吹牛。这种人与人之间的交往方式只是在做表面文章，因而常常得不到真正的友谊和朋友。

贪财心理：有的人认为交朋友的目的就是为了"互相利用"，因此他们只结交对自己有用、能给自己带来好处的人，而且常常是"过河拆桥"。这种人际交往中的占便宜心理，会使自己的人格受到损害。

冷漠心理：有些人对与自己无关的人和事一概冷漠对待，甚至错误地认为言语尖刻、态度孤傲、高视阔步，就是自己的"个性"，致使别人不敢接近自己，从而失去了更多的朋友。

（二）人际交往的基础心态——自信

你有与人交往的自信心吗？感到怕与人交往吗？怕在公开场合露面或说话吗？感到自己没有交往能力吗？

这些都是涉及人际交往中自信力的问题。个人自信与否通常在与人交往时表现得非常明显，而人际交往过程也常常会影响他/她的自信。

自信在人际交往中十分重要。缺乏自信的人，总认为别人看不起自己，同时也常常瞧不起别人，把表扬看成是"讥讽"，把善意的批评帮助看成是"整人"。以这样的态度与人交往和相处，往往会导致彼此关系紧张，也容易被人拒绝，招人非议。而这种人际交往中的挫折与失败，又会反过来进一步打击和影响一个人的自信程度，如此陷入一种恶性循环中。

自信而纯洁的人是交往中的主动者，他们在人际交往中所遇的阻碍较少。自信的人给人不卑不亢、落落大方、谈吐从容的感觉，可以诚恳地接受别人正确善意的批评，优雅地接受别人的赞扬，同样也可以理直气壮地拒绝别人无理的要求。纯洁的人因为心理负担少，他们更乐于积极主动地与人往来。而那些表里不一，企图在交往中钻营取利者却只会疲于应付，终是自欺欺人，损人损己。

其实，人人皆平等，但人与人之间存在着差别却是不争的事实。这些差别，有些是天生，有些则是后天形成的。但是，对一个人来说，最重要的是你总会面对机遇和选择。如果你只是埋怨和感叹世界的不公平，那就会失去更多的东西。如果你的起点比别人低，你就必须加快速度；如果你只是一味抱怨，那就会被别人越抛越远；如果你认为这个世界不公平，并因此放弃了自己的机遇和选择，那么，真正应该对你的失败负责的，恰恰是你自己，而不是这个世界。相反，在不公平面前，如果你能振作精神，拥有乐观、豁达的心胸，拥有良好的自信心并下定决心克服障碍、继续前行，说不定你会取得意想不到的成功。

让我们看一个故事。

有一位叫黄美廉的女士，她自小就患上了小儿麻痹症。因为肢体失去了平衡感，她的手足经常乱动，她总是眯着眼、仰着头、张着嘴巴，口里念叨着模糊不清的词语，模样十分怪异。其实她已经失去了语言表达能力。

但是，黄美廉凭借她顽强的意志以及乐观、积极的精神，考上了美国加州大学，并获得了艺术博士的学位。她靠出色的听力去理解别人，并用手中的画笔抒发自己的情感。

在一次讲演的现场，一个不懂世故的中学生问黄美廉："黄博士，你从小就长成这个样子，请问你自己怎么看你自己？"在场的人都在责怪这个学生的不敬，但黄美廉却十分坦然地在黑板上写下了这么几行字："一、我好可爱；二、我的腿很长很美；三、爸爸妈妈那么爱我；四、我会画画，我会写稿；五、……"最后，她再用一句话作为结束语："我只看我所拥有的，而不是看我所没有的！"

黄美廉的成功说明，任何先天的缺陷或贫穷都不值得自卑，每个人都有权利去进行正常的人际交往。尤其在大学生所处的环境里，大家是完全平等的，不需要在交往过程中有任何顾虑或掩饰。对于我们自己来说，如果我们能悦纳自我，采用一种积极、乐观、平等和自信的态度与人相处，不妄自菲薄，也不盲目自大，多发现别人的长处，能够赞美和欣赏别人的优点，那么，在这样交往的情景、气氛与过程中你会得到一种对自我的肯定，同时获得别人的接受与认同，从而进一步提高自信。

那么，自信到底是一种什么心态？

有这么一段话：

我改变不了环境，但可以改变自己；

我改变不了事实，但可以改变态度；

我改变不了明天，但可以改变今天；

我不能掌控别人，但可以控制自己；

我不能决定我的相貌，但可展露我的笑容；

我不能左右天气，但可以改变心情；

我决定不了过去，但可以决定未来；

我做不了贵族的后代，但我可以是贵族的祖先。

如果你不自信了，请用心去读它；如果在人际交往中害怕了，请用心去读它。

另外，还需要注意的是，无论在人际交往中面临什么样的问题，只要设身处地、将心比心地尽量了解并重视他人的想法，就能更容易地找到解决方案。尤其是在发生冲突或误解时，当事人如果能把自己放到对方的处境中想一想，也许就可以了解到对方的立场和初衷，进而求同存异、消除误解。

有这样一则小故事：妻子正在厨房炒菜，丈夫却在她旁边一直唠叨不停："慢些。小心！火太大了。赶快把鱼翻过来。快铲起来，油放太多了！哎哟，锅子歪了！"

"请你住口！"妻子脱口而出，"我懂得怎样炒菜。"

"你当然懂，太太。"丈夫平静地说道，"我只是要让你知道，我在开车时，你在旁边喋喋不休，我的感觉如何。"

聪明的你是否也犯过这种小错误呢？在人际交往中，很多人往往不自觉地走入这种错误的陷阱。

对每个人想获得成功的年轻人来说，具备这种心理并赢得他人的信任并不困难，只要做到下面六点就能够成功：

我怎样对待别人，别人就怎样对待我——我替人着想，他人才会替我着想。

想要得到他人的理解，就要首先理解他人——只有将心比心，才会被人理解。

别人眼中的自己才是真正存在的自己——要学会以别人的角度来看问题，并据此改进自己在他人眼中的形象。

只能修正自己，不能修正别人——想成功地与人相处，想让别人尊重自己的想法，唯一的方法就是先改变自己。

真诚坦白的人才是值得信任的人——要不设防地，以自己最真实的一面示人。

真情流露的人才能得到真情回报——要抛弃面具，真诚对待每一个人。

三、人际交往技术与艺术

很多人不知道如何"结交朋友"，不知道"怎么让自己更有人缘"。大家总是感觉，有些人非常有魅力，更容易受到他人的欢迎，我们也会觉得"和这些有魅力的人在一起，自己的心情就十分愉快，也可以听到许多有趣的事情，可以学到很多东西"。

无疑，有魅力的人总是那些善于和人相处、善于处理人际关系的人。但许多年轻人错误地认为"魅力是与生俱来的。看着那些有魅力的人，除了羡慕和赞叹以外，我们实在不知道该如何做才能达到他们的高度"。其实，魅力、人缘都可以培养，只要做到以下几点，任何人都可以成为有魅力的人。

（一）努力建立良好的第一印象

怎样表现才能给人留下良好的第一印象呢？戴尔·卡耐基在其《人性的弱点：如何赢得朋友和影响他人》中指出，给人留下良好的第一印象包括以下六种途径：

（1）真诚，对别人感兴趣；

（2）报以微笑；

（3）多提别人的名字；

（4）做一个耐心的倾听者，鼓励别人谈他们自己；

（5）谈符合别人兴趣的话题；

（6）以真诚的方式让别人感到他们自己很重要。

只要在生活和工作中多练习上述六点，给人留下的第一印象一定是良好而深刻的。

（二）活泼主动，展示真我

为了具备良好的人际交往能力，很多内向的同学迫切地想改变自己的性格。一位同学说："我是一个极端内向、不善于言谈的人，平时很少和身边的人交流。其实我也不想这样，只是不知道该说些什么。结果，身边的人以为我很难相处，使我感觉越来越孤单，也不能集中精力学习。我该怎么办才能成为外向活泼的人呢？"

首先，我们要有一种观念：内向并不是缺点。著名的瑞士心理学家荣格在其心理学理论中指出："人可以从不同的事物中吸取能量——外向的人可以从和他人的相处中得到能量，而内向的人可以从独自的思考中得到能量。"内向的人不应该彻底改变自己，而应当庆幸自己拥有这样的个性，并通过最适合自己的方法获得能量。让一个很外向的人整天独自思考，他会头大；同样的，让一个内向的人去参加大派对或面对数千人发表演讲，他也会觉得压力很大。因此，善于发挥自己的特长，以自己擅长的方法获得成功，才是最重要的。

其次，内向和外向之间并不是非此即彼的关系，而是有一个可以动态调整的范围。比方说，假如用1到10共十个数字来标记人的性格，1为极端内向，10为极端外向。那么，要一个人从内向的2跳到外向的9显然是不现实的，但是要让他从2跳到4就不会很困难了。事实上，每一个人都有一个属于自己模式的动态范围。每一个内向的人都可以在不给自己太大压力的前提下，尽量往外向的方向发展。

因此，对于上述那位内向而又渴望转变为外向型的同学，我们的建议是：

（1）接受并庆幸你拥有内向的性格，并从中获取能量。外向者喜欢从执行中学习，内向者可以通过静思找到问题的关键；外向者善于组织人和事，而内向者善于组织思想；外向者善于表达，而内向者善于感悟。

（2）尽量找机会，给自己一些"较外向但又不带来太大压力"的事去做，如要求自己开会时发言，或一个月主动交一个朋友，等等。这些计划最好有"可衡量的目标"，以督促自己执行。

（3）主动、开朗一点。想结识有趣的人，就要先成为有趣的人。想成为有趣的人，就要主动和别人谈有趣的事，而不要老是听别人讲话。喜欢和人分享有趣事物的人，他的身旁必定有愿意倾听的朋友。

（4）待人真诚、主动而热心。改变自己的最终目标是要更好地与人相处，但这并不代表你必须改变自己的性格。只要以诚待人、将心比心、多听少讲，就容易被人接受和信任。

（5）针对一些你想认识的人，找一些共同的话题。与人交流时，专注于对方的讲话，让对方知道你在认真倾听；在适当的时候表达自己的意见。

（6）主动找人讲话时，不要那么在乎"面子"。如果一个人不理睬你，那就找另一个朋友，你不会有任何损失。

（7）参加一些社团，通过社团活动认识更多的人。

（8）让自己更平易近人，学会微笑。

（三）培养兴趣和爱好

有些人为了建立良好的人际关系，干脆抛下自己分内的工作不做去结识朋友或刻意经营。殊不知，真正希望结交益友的人，自己只有首先成为别人眼中的益友，人们才会因为你的个人魅力而接近你。因此，人际交往中最重要的就是，先改变别人对你的看法，让人觉得"和他在一起可以学到知识"、"他是一个开心果"、"他是一个经常有奇思妙想的人"等等，这样，不用特别经营也能找到一群好朋友。

所以，如果"没有特长和爱好可能会成为自己提高人际交往能力的一个障碍"的话，你可以有意识地去选择和培养一些兴趣爱好。共同的兴趣、爱好也是与朋友建立深厚感情的途径之一。很多在事业上有所建树的人都不是只会闭门苦读的书呆子，他们大多都有自己的兴趣和爱好。

业余爱好不仅是改进人际交往的一种方式，还可以发掘自己在读书以外的潜能。例如，体育锻炼既可以发挥运动潜能，也可以培养团队合作精神。如果真的没有什么兴趣爱好，那么，多读些好书，丰富自己的知识也可以改进自己的人际交往能力，因为没有什么比智慧和渊博更能体现一个人的个人魅力了。

（四）掌握有效的沟通技巧

如何掌握有效的沟通技巧并成为受欢迎的人呢？有两条说起来很简单，但非常深刻的基本的原则：一是不要轻易地批评、指责和抱怨，二是给予真诚的欣赏和赞扬。

为什么不要轻易地批评、指责和抱怨呢？因为每一个人做一件事情肯定是有他自己认为的理由，你批评、指责、抱怨是因为你不知道他背后的原因。少一些批评、指责和抱怨，多一分理解，多一些沟通，你们的关系就会很融洽、和谐。因为把别人看成天使你就生活在天堂里，把别人看成魔鬼你就生活在地狱里。

人性中最大的秉性是渴望被赏识，在人际交往中要永远记住，我们遇到的人都希望得到别人的欣赏和赞扬，这是所有人都喜欢的东西，我们要试着找出别人的优点，给别人诚实和善意的赞赏。

给大家提供一些具体的方法：

第一个技巧是学会赞美，这是交往的基本功。比如，你赞美一个人的时候不要笼统地说，要具体地说，因为你具体地说才表明你真的观察了。那怎么具体化呢？如果夸一个女孩子，你不要夸她漂亮而是夸她的眼睛长得像赵薇的一样漂亮，效果可能会更好。不具体地赞美是没有什么效果的。

第二个技巧是从否定到肯定的评价。生活中有个例子：买西瓜的时候有个师傅总是挑最好的瓜给我，原因就是我曾对师傅说那次您卖给我的西瓜是我今年吃到的最甜的西瓜，而这个师傅以前挑瓜却很随便。

第三个技巧是主动与别人打招呼。我们看到越是有修养的人越是主动和别人打招呼。主动打招呼说明你心里有人，人家当然喜欢你。喜欢就要表达出来，行动比语言更有说服力。"慷慨赞美，吝啬批评"，一个人无论他错得多么离谱，我们用责备的方式很难让他改变，试着了解别人为什么这么做，比批评更有用处。俗话说，"全然的了解就是全然的宽恕"。

第四个技巧是给对方一个没有期待的评价。有一个男生喜欢上了一个女孩，却遭到拒绝。在朋友的帮助下，他给那个女孩写了一封情书，一个星期之后这个男生就成功了。问那个女孩子，怎么开始你不同意后来却答应他了呢？那个女孩子说，那个男生太会说话了，写的情书其中有三句话让她印象很深刻："莫非你是天上的仙女吗？为什么来到人间？为什么又偏偏和我相遇？"那个女孩说："如果我不答应，不是太对不起他对我的赏识了吗？"

第五个技巧，由低向高的评价。评价一个人绝对不能从高向低评价，容易让对方产生不喜欢、厌烦的心理。

第六个技巧是千万不要伤害别人。我们通过人际交往主要是希望在有些时候得到大家的欢迎，希望通过交往影响对方。怎么样才能达到这个结果呢？人是具有丰富情感的动物，感情永远大于理性，理性往往是处在被感情支配的地位。与人交往一定不要伤害别人的感情，如果伤害了别人的感情，无论你多么有道理都不能让对方接受。

如果问一个不善交际的人："为什么认为自己不会交际呢？"他多半会回答："没有口才。"他们以为只要口才好就可以有效地与人交往了。其实，这种看法是片面的。在人际交往过程中，除了上述那种以说话为主的语言交际行为之外，还有大量以其他手段为主的非语言交际行为。不难想象，如果人类交际中缺乏非语言交际行为，那么人们的交际活动将会是何种情形。正像一幅图画有时意味着千言万语一样，语言有时不足以表达我们所要表达的意思。比如，你将如何用语言去表达"会意的一瞥"这种动作的确切含义？或者，在某人痛失亲人之际，你又将如何用语言去传达你当时的面部表情呢？

简而言之，非语言交际行为主要是指语言之外借助于手势和面部表情以及其他辅助手段而传递交际信息的一种交际活动，亦即运用体态语言、空间距离语言和外部环境语言而进行交际的一种无声语言行为。

心理学家总结出一个公式：

$$人类信息表达的效果 = 7\% 语言 + 38\% 声音 + 55\% 体态语$$

如果把交际中的言语比作是陆地，那些非语言就是海洋，海洋比陆地更广阔深远。掌握非语言表达技巧会增进双方的交往，使交际更有效。

非语言沟通技巧的特性有：无处不在，不可避免；较少意识得到；注重感受和情绪的表达；要配合语言沟通技巧运用。

非语言沟通技巧包括面部表情、身体距离、姿势、动作、眼神、声调音量、仪表服饰、身体接触，甚至你所布置的环境等。这些主要体现在交往的礼仪中。

（1）面部表情。与人交往时，面部表情宜生动吸引，并要配合说话内容。笑容亦是面部表情最重要的一环，一个友善的笑容，能拉近彼此的距离，使人愿意与你亲近。

（2）眼神接触。适当的接触是敬意和注意的有力象征。眼神接触能有力地表示出你的态度。眼神接触要自然，不要过于频密，也不要逃避或以敌视的眼神望着对方。与人交流时不需一直凝望对方眼睛，可不时转移至对方面部的其他地方，如鼻，这样会较自然。

（3）身体姿势（包括坐姿，站姿）你的身体摆出来的姿势等于告诉别人，你希望和别人有什么样的交往关系，对方所说的事你有没有兴趣。双手交叉或双腿交叠得太紧，都是封闭式的姿态，显示你紧张的心绪或没有兴趣和别人交往；双手不交叉，双腿交叠而方向指向对方或微微张开，都是开放式的姿态，这些姿势被理解成你精神放松，而且愿意和别人保持交往；面向别人并向前倾斜是非常重要的姿势，显示敬意和投入。

（4）手势及其他动作。说话时可以适当地配合手势的运用，加强内容表达和感染力，不过要注意手势运用应自然，不要太夸张。不经意地咬指甲或做其他小动作会表达出坐立不安的情绪。紧张的人会手握拳，或扳折手指关节等。当一个人想表达他的友谊时，通常是张开手臂。点头是聆听技巧的一种，表示正聆听及明白对方的说话。简单的动作能有助表达，加强说服力；动作过分会令人觉得神经质。

（5）声调。语调要恰当，并且高低抑扬，给人以亲近感。声量要适中，不要过大声或过细声：大声令人有凶恶的感觉；过细声使人听得吃力。说话尽量要清晰流畅，不要过于简略或含糊。

声调的作用有多么重要，我们从以下故事即可感受得到。

有一次，意大利著名悲剧影星罗西应邀参加一个欢迎外宾的宴会。席间，许多客人要求他表演一段悲剧，于是他用意大利语念了一段"台词"。尽管客人听不懂他的"台词"内容，然而他那动情的声调和表情，凄凉悲怆，不由使大家流下同情的泪水。可一位意大利人却忍俊不禁，跑出会场大笑不止。原来，这位悲剧明星念的根本不是什么台词，而是宴席上的菜单。

（6）距离。人与人之间距离的远近，表示不同的意义。不同的场合及熟悉程度有不同的距离标准。每个人都有无形的私密空间，若被人入侵就会有不舒服的感觉。距离可分为亲密距离（44厘米以内）、私人距离（46厘米～122厘米）、社交距离（1.2米～3.7米）、公众距离（3.7米以外），不同的情境、不同的关系需要有不同的人际距离。

（7）外表。外表包括整洁、发型、衣着等，影响给人的第一印象。

（五）建立并维护好你的人际网

人际网就是与每个人发生联系的人际关系的网络。人与人其实并不都是直接认识的，许多是经过人际网间接认识的。试想一下，如果一个人认识200个可以信赖的人，而在这200个人中，每个人又认识200个可以信赖的人，那么，这个人只需要两次信息传递，就可以获得40000个人中任何一个人的信息；更进一步地，如果信息可以传递三次，这个人就可以获得800000个人中任何一个人的信息了。这些让人惊奇的数字不正显示出人际网的强大吗？

现代社会的发展需要那些善于与人合作、与人交流的人，所以，要利用各种机会和渠道，建立并扩大自己的人际网，与此同时培养自己与别人相处的能力。

不管是自己的生活伴侣、工作同事还是朋友，每一个人都平均认识500个左右的人。这些关系可被利用起来并运用技巧把它们联结整合起来。假如你善于经营自己的人际网络，一定能获得"蜘蛛人"那样的非凡力量，你的人生也将从此变得更丰盈完满。那么，如何建立并维护自己的人际关系网呢？

1. 树立目标

为你的未来确定一个主要目标。你的目标确立得越具体，你的关系网就越容易被全面地联结起来。譬如，把媒体上频频露面的著名人物当作自己的职业榜样。把你的职业目标用生动明确的语言描述出来，然后规划好你能够分步骤达成的中间目标。

2. 建立联系

一切活动都会为你提供扩大社交圈的可能性。你应预先思考一下，你渴望认识什么样的人，接着收集一些可以参与到跟这些人交谈中去的信息，让自己尽一切可能适应环境。

3. 告诉别人

无论你是在谋求一份新工作还是要购买一台价格便宜的电脑，你并不知道谁能够帮助你，"撒网"就可能作为一种选择被派上用场。把你的愿望告诉每一个你碰巧遇到的人，通过口头传播肯定会让你受益匪浅并大有惊喜。

4. 参加聚会

积极利用各种聚会，不仅是正式的派对。活动前、讲座中间休息时、午餐时……你都不应置身事外。你完全可以有意地结交一些你的同事、领导以及你对面的人。事业的成功一样可以在下班的时间里取得。

5. 收集信息

详细而且积极认真地倾听，通过提问题你可以使正在进行的谈话朝着你所希望的方向发展。为了你的现在和将来，为了你自己和他人，要收集一些个人或企业联系方式和值得了解的信息。更重要的是人际网络要用心地勤于维护，缺少妥善的管理将使你前面所有的努力功亏一篑。

6. 填写记录卡片

精确地记录在哪种活动中结交了什么样的人。不要仅写下名字，还要写下你对他们工作最感兴趣的方面，不必记下所有的细节。介绍他人加入，你的人际关系网是一张安全而有高度弹性的网，所以你可以慷慨地介绍更多的人加入到你们的行列中。这样做的意义在于：你是这个关系网中真实鲜活的一分子，而且一个积极介绍人的名声就由此形成并传播出去。

7. 保持忠诚

不要由于你的朋友离职了，就把他从你的联系人名单里删去，要定期或不定期保持和他的联系，哪怕是他和你目前的工作没有一点关系。只有注意时刻维护好你的人际关系，你才能在需要他人帮助的时刻获得恰当的帮助。

8. 一份祝福

小事也可以带来大影响：在熟人生日时送上一束鲜花或是发出一个表示关切和祝福的电子邮件；在朋友婚礼婚庆或是生育时及时送上温馨祝福；获知同事取得成功的消息时，在第一时间祝贺他……不久之后，你会发觉自己也得到了超出期望的美好和诚挚的祝福，会有很多人想着你、念着你。建立一个稳定可靠的联络方式，跟同事或是同行每个月在聚会上碰碰面。在这样的内部聚会上会有不少免费而又不可忽视的内部消息、改进工作方法的建议和成功卓著的战略。

另外，在自己的人际网中，需要一些彼此高度信任的、一辈子的知己。在寻求成功的道路上，这样的友谊弥足珍贵。

交朋友时不要只看对方的爱好和个性，更重要的是，你需要一些善于鼓励人的、乐观而幽默的、诚恳且有同理心、乐于助人并愿意听人诉说的朋友。也许你会说："我没有这样的朋友，也不敢去乱找朋友，如果被人拒绝了怎么办？"即使别人拒绝了你，你也没有失去任何东西，可如果别人接受了你，你就可能因此找到知己。同时，在寻找好友的过程中，也应让自己成为这样的人。

别人的经验和自己亲自实践同等重要。所以，要多在朋友中发掘值得欣赏的东西，如热心、幽默、机智、博学、正直、礼貌、尊重他人等等，并且多学习。在班级、单位中，多观察周围的人，特别是那些你觉得人际交往能力特别强的人，看他是如何与人相处的。比如，看他们如何处理交往中的冲突，如何说服他人和影响他人，如何发挥自己的合作和管理能力，如何表达对他人的尊重和真诚，如何表示赞许和反对，如何在不冒犯他人的情况下充分展示个性等等。有的方法可以直接借鉴，有的方法可以间接模仿，有的地方可以比他们做得更好。通过观察和模仿，你会逐渐地发现，自己的人际交往能力有了意想不到的进步。

　　人生最大的失败之一就是没有人际交往。在学习、生活和工作的过程中，有许多机会可以提高人际交往能力。建议大家好好把握每一个机会，因为人际交往是每一个现代人的必修课。

第八讲

职业规划与成功

每人都向往快乐而成功的人生。古人云："凡事预则立，不预则废。"职业生涯规划如同事业的航标，没有规划，难免走弯路。格莱恩·布兰德曾说："成功就是事先树立的有价值的目标被循序渐进地变为现实的过程。"

一、职业规划的内含

（一）职业规划的含义

职业生涯规划（Career Development）是美国十几年来从人力资源管理理论与实践中发展起来的新学科。美国组织行为专家道格拉斯·霍尔（Douglas T. Hall）认为，所谓职业生涯是指一个人一生中连续从事的职业，不仅包括过去、现在和未来那些可能的职业发展过程，而且还包括个人对职业发展的见解和期望。职业生涯又可以分为外职业生涯和内职业生涯，两者的异同见表8-1。

表8-1 外职业生涯和内职业生涯的异同

	外职业生涯	内职业生涯
定义	从事一种职业时的工作时间、工作地点、工作单位、工作内容、工作职务与职称、工资待遇等因素的组合及其变化过程	从事一种职业时的知识、观念、经验、能力、心理素质、内心感受等因素的组合及其变化过程
体现	通过名片、工资单、人事档案来表现，如工资、岗位津贴、福利待遇、奖金等	通过从事职业时的表现，工作结果、言谈举止体现出来
变化	由别人给予和认可的，也容易被别人否定、收回和剥夺，操控权主要掌握在别人手中	靠自己的不断探索而获得，不随着外职业生涯的发展而自动具备，也不会由于外职业生涯的失去而自动丧失

从内、外职业生涯的差异来看，把职业关注焦点放在外职业生涯的发展和内职业生涯的发展上，决定了职业生涯的成功与否。由于人的职业发展受到许多偶然因素的影响，这些偶然因素往往是我们无法预料和控制的，而自我的成长和完善则是可以通过自身的努力来实现的，因此内职业生涯才是职业规划关注的焦点。"机会总是给有准备的人"，说的正是这个道理。对职业生涯考察角度不同，自然各有其道理。但是，职业生涯有其基本的内涵：

第一，职业生涯是个体的行为经历，而非群体或组织的行为经历。

第二，职业生涯实质是指一个人一生之中的工作任职经历或历程。就此意义讲，狭义的职业生涯更适宜。

第三，职业生涯是个时间概念，意指职业生涯期。狭义的职业生涯期始于工作之前的专门的职业学习和训练，终止于完全结束或退出职业工作；就广义而言，由出生之始到完全结束职业工作为止。实际的职业生涯期在不同个人之间有长有短，不是一样的。

第四，职业生涯是个涉及具体职业内容的发展概念、动态概念。职业生涯不仅表示职业工作时间的长短，而且内含着职业发展、变更的经历和过程，包括从事何种职业工作，职业发展的阶段，由一种职业向另一种职业的转换等等具体内容。

一个人的职业生涯规划是一个漫长的过程，也许一生只从事一种职业，也许一生从事多种职业，但每个人都希望找到一种相对固定并适合自己的职业。而选择和规划自己的职业生涯又往往受学识、爱好、机遇、工作环境等主客观条件的制约。

进行职业生涯规划应明确以下五个问题：

What are you? ——对自己有一个深刻的反思，一个清醒的认识。

What do you want? ——是对自己职业发展的一个心理趋向的检查。

What can you do? ——是对自己能力与潜力的全面总结。

What can support you? ——客观存在的各种状态和人为主观因素。

What you can be in the end? ——自己最终的职业目标是什么？

（二）职业规划的意义

在某种程度上，选择比努力更重要。职业是人生非常重要的内容，在某些时段就是人生的主旋律。你的职业令你愉不愉快、开不开心，直接决定了你的生活品质。尤其是对于职业女性而言，是否有必要改变职业？什么时候来做这个决定？是否要结婚生子？做了妈妈是否能够重新规划自己的职业？这些人生的转折是否能够给生命注入新的元素，让生活更加丰盈饱满并最终能在职场上取得成功？这是职业女性在面临职业选择时不得不考虑的问题。

虽然越来越多的人认为，职业不过是一份工作，人生真正的满足可以从其他地方获得。然而，幸福的人往往是这样的一类人，那就是他的职业和生活方式与他的生活目标相一致。生活的目标或许是相对固定的，是静态的，但职业和生活方式却处在动态的变化之中。如何在这样的动态和静态相结合的情势当中找到一个最佳的平衡点，选择一条合适自己的职业发展道路，是个看似简单但实施起来颇费功夫的难题。职业选择的正确与否，直接关系到人生事业的成败。良好的职业选择是以自己的最佳才能、最优性格、最大兴趣、最有利的环境等信息为依据的。

那么为什么要做职业生涯规划呢？

一份行之有效的职业生涯规划将会：引导你正确认识自身的个性特质、现有与潜在的资源优势，帮助你重新对自己的价值进行定位并使其持续增值；引导你对自己的综合优势与劣势进行对比分析；使你树立明确的职业发展目标与职业理想；引导你评估个人目标与现实之间的差距；引导你前瞻与实际相结合的职业定位，搜索或发现新的或有潜力的职业机会；使你学会如何运用科学的方法采取可行的步骤与措施，不断增强你的职业竞争力，实现自己的职业目标与理想。

（三）职业生涯设计的定位

1. 目标取向（objective orientation）——I want to be

职业生涯目标的设定，是职业生涯规划的核心。一个人事业的成败，很大程度上取决于有无恰当的目标。制订一个明确的实施计划，首先要明确给自己定位：一定要清楚根据计划你要做什么；清楚地知道自己的职业环境，自己将会有怎样的发展机遇；不论未来是就业或者创业，都需要为自己的未来预留发展空间。体现个人价值首先要明确个人价值，要清楚自己究竟想做什么、能做什么。所有的职场中人都应自问：我的定位是什么，核心竞争力有哪些？目标的设定应以自己的最佳才能、最优性格、最大兴趣、最有利的环境等信息为依据。通常，目标分短期、中期、长期和人生目标。短期目标一般为 1～2 年，可以拆分为日目标、周目标、月目标、年目标；中期目标一般为 3～5 年；长期目标一般为 5～10 年。

2. 能力取向（capability orientation）——I can be

实际上每个人不是只包含有一种职业性向，而可能是几种职业性向的混合。据统计，在选错职业的人当中，有 80% 的人在事业上是失败者。由此可见，职业选择对人生事业发展是何等重要。如何才能选择正确的职业呢？从能力取向方面至少应考虑以下几点：

（1）性格与职位的匹配。需要考量与职业选择相关的性格特征，包括合群性、责任性、情绪性、进取性、自律性、自信心、灵活性、有恒性、宽容性、自主性、支配性等等。

（2）兴趣与职位的匹配。职业兴趣特征包括现实性、探索性、艺术性、社会性、事业性和传统性。

（3）能力与职位的匹配。职业选择与个人的能力和特长息息相关。通常语言、数字运算、逻辑判断、资料分析、机械推理、空间关系方面的能力称为一般能力；而沟通能力、创新能力、学习能力、问题解决能力、合作能力、信息处理能力和管理能力则是核心能力。

3. 机会取向（opportunity orientation）——I might be

判断一个工作是否是好工作的标准包括：（1）感兴趣的工作岗位；（2）有序的制度管理；（3）有保障的培训机会；（4）公平的升迁机会；（5）开明的领导；（6）舒畅的氛围；（7）和谐的同事关系。

二、有关职业规划的理论

（一）职业选择理论

不同学者从不同角度探讨了人们进行职业选择的依据和规律，富有影响力的职业选择理论有帕森斯的人职匹配论和霍兰德的职业性向理论。

1. 帕森斯的人职匹配论

人职匹配论最早由美国波士顿大学的帕森斯教授提出，这是用于职业选择与职业指导的最经典的理论之一。1909 年，帕森斯在其所著的《选择一个职业》一书中，明确阐明职业选择就是在清楚认识和了解个人的主观条件和社会职业岗位需求条件的基础上，将主客观条件与对自己有一定可能性的社会职业岗位相对照，最后选择一种职业需求与个人特长匹配相当的职业。具体地说就是：（1）清楚地了解自己的态度、能力、兴趣、智谋、局限和其他特征；（2）清楚地了解职业选择成功的条件、所需知识、在不同职业工作岗位上所占有的优势和劣势、不利和补偿、机会和前途；（3）将上述两个条件平衡。

人职匹配可分为两种类型：第一种类型是条件匹配，即所需专门技术、专业知识和应有的素质的职业与掌握该种特殊技能、专业知识和素质的择业者相匹配；第二种类型是特长匹配，即某些职业需要具有一定的特长，具有此特长的择业者可选择该职业。

帕森斯的人职匹配论作为职业选择的经典原则，至今仍然正确有效，并对职业生涯管理、职业心理学的发展具有重要的指导意义。

2. 霍兰德的职业性向理论

美国约翰·霍普金斯大学心理学教授约翰·霍兰德（John Holland）是美国著名的职业指导专家。1959 年，霍兰德以自己从事职业咨询的经验为基础首次提出了职业选择理论。在 1973 年出版的《做出职业选择》一书中，霍兰德全面表述了他的职业性向理论（Career Orientation），带来广泛的社会影响。

约翰·霍兰德基于自己对职业性向测试（VPT）的研究，将劳动者职业性向划分为实际性向、调研性向、社会性向、常规性向、企业性向和艺术性向六种。

（1）实际型（R）。

共同特点：愿意使用工具从事操作性工作，动手能力强，做事手脚灵活，动作协调。偏好于具体任务，不善言辞，做事保守，较为谦虚。缺乏社交能力，通常喜欢独立做事。

性格特点：感觉迟钝、不讲究、谦逊的、踏实稳重、诚实可靠。

典型职业：喜欢使用工具、机器，需要基本操作技能的工作。要求具备机械方面的才能、体力，或从事与物件、机器、工具、运动器材、植物、动物相关的职业，并具备相应能力，如技术性职业（计算机硬件人员、摄影师、制图员、机械装配工），技能性职业（木匠、厨师、技工、修理工、农民、一般劳动）。

（2）调研型（I）。

共同特点：思想家而非实干家，抽象思维能力强，求知欲强，肯动脑，善思考，不愿动手。喜欢独立的和富有创造性的工作。知识渊博，有学识才能，不善于领导他人。考虑问题理性，做事喜欢精确，喜欢逻辑分析和推理，不断探讨未知的领域。

性格特点：坚持性强，有韧性，喜欢钻研。为人好奇，独立性强。

典型职业：喜欢智力的、抽象的、分析的、独立的定向任务，要求具备智力或分析才能，并将其用于观察、估测、衡量，形成理论，最终解决问题的工作，并具备相应的能力，如科学研究人员、教师、工程师、电脑编程人员、医生、系统分析员。工作中，调研兴趣强的人做事较为坚持，有韧性，善始善终；调研兴趣弱的，如小于 20％的人通常做事容易浅尝辄止。

（3）社会型（S）。

共同特点：助人、合作，有责任感、同情心，喜欢并善于社会交往，乐善好施。

典型职业：具有这种性向的人会被吸引从事那些包含着大量人际交往活动的职业，而不是那些有大量智力活动或体力活动的职业，对人进行说服、劝导、帮助、教育和治疗活动，如心理咨询、教育、法律、宗教和社会服务等。

（4）常规型（C）。

共同特点：尊重权威和规章制度，喜欢按计划办事，细心、有条理，习惯接受他人的指挥和领导，自己不谋求领导职务。喜欢关注实际和细节情况，通常较为谨慎和保守，缺乏创造性，不喜欢冒险和竞争，富有自我牺牲精神。

性格特点：有责任心、依赖性强、高效率、稳重踏实、细致、有耐心。

典型职业：喜欢要求注意细节、精确度，有系统、有条理，具有记录、归档、据特定要求或程序组织数据和文字信息的职业，并具备相应能力，如秘书、办公室人员、记事员、会计、行政助理、图书馆管理员、出纳员、打字员、投资分析员。常规型的人做事有耐心、细致；如果人的常规兴趣弱，若小于 20％的人通常做事较为粗心，容易丢三落四，不够踏实。

（5）企业型（E）。

共同特征：追求权力、权威和物质财富，具有领导才能。喜欢竞争、敢冒风险、有野心或抱负。为人务实，习惯以利益得失、权利、地位、金钱等来衡量做事的价值，做事有较强的目的性。

性格特点：善辩、精力旺盛、独断、乐观、好交际、机敏、有支配欲望。

典型职业：喜欢要求具备经营、管理、劝服、监督和领导才能，以实现机构、政治/社会及经济目标的工作，并具备相应的能力，如项目经理、销售人员、营销管理人员、政府官员、企业领导、法官、律师。工作中通常要求管理人员和销售人员要有较强的企业兴趣，企业兴趣强则做事目的性强、务实、推动性也较强；若企业兴趣弱，如小于 40％的人则做事的推动性较弱，速度较慢。

（6）艺术型（A）。

共同特点：有创造力，乐于创造新颖、与众不同的成果，渴望表现自己的个性，实现自身的价值。做事理想化，追求完美，不重实际。具有一定的艺术才能和个性。善于表达、怀旧、心态较为复杂。

性格特点：有创造性，非传统的，敏感，容易情绪化，较冲动，不服从指挥。

典型职业：喜欢的工作要求具备艺术修养、创造力、表达能力和直觉，并将其用于语言、行为、声音、颜色和形式的审美、思索和感受，并具备相应的能力，不善于事务性工作，如艺术方面（演员、导演、艺术设计师、雕刻家、建筑师、摄影家、广告制作人）、音乐方面（歌唱家、作曲家、乐队指挥）、文学方面（小说家、诗人、剧作家）。通常在企业中艺术兴趣高的人倾向于理想化，做事追求完美。在企业中，艺术的测试不是指人们做艺术工作，而是工作中的艺术，倾向于将事情做得漂亮、有美感、有情调、锦上添花，追求完美。

霍兰德认为这六种职业性向并非完全独立，在一些性向间，存在着重要的相关性。当人们无法在个人所偏好的部门找到合适的工作时，往往在与性向点较近的部门选择工作，选择的结果往往比选择与之较远的部门更令人满意。实际上，大多数人都并非只有一种职业性向，性向越相似或相容性越强，则一个人在选择职业时所面临的内在冲突和犹豫就会越少。奥尼尔等人（Oneil，Magoon，&Tracey，1978）进行了一项长达七年的跟踪研究，研究结果有力地支持了霍兰德职业性向理论预测的有效性。

（二）职业生涯发展过程理论

职业生涯发展过程理论包括划分职业生涯发展阶段的职业生涯发展阶段理论、阐述职业生涯发展途径和方式的职业生涯发展路径理论。

1. 金斯伯格的职业生涯发展阶段理论

美国著名的职业指导专家、职业生涯发展理论的先驱和典型代表人物金斯伯格（Eli Ginzberg）对职业生涯的发展进行了长期研究。他研究的重点是从童年到青少年阶段的职业心理发展过程，通过比较美国富裕家庭的人从童年期到成年早期和成熟过程中有关职业选择的想法和行动，将职业生涯发展分为幻想期、尝试期和现实期三个阶段。

（1）幻想期（11岁之前）。11岁之前的儿童对大千世界，特别是对于他们所看到的或接触到的各类职业工作者充满了好奇，幻想着自己将来要当什么，并在游戏中扮演他们各自所喜爱的角色，甚至在日常服饰打扮、语言行动上进行效仿。此期的职业需求特点是：单纯由自己的兴趣爱好所决定，并不考虑也不可能考虑自身的条件、能力的水平和社会需要与机遇，完全处于幻想之中。

（2）尝试期（11～17岁），即接受初等和中等教育并由少年向青年过渡的时期。这一时期，人的心理和生理均在迅速成长、发育和变化，独立意识和价值观念开始形成，知识和能力显著增长与增强，初步懂得社会生产与生活的经验。此阶段的人在职业需求上呈现出的特点是：开始注意自己的职业兴趣，而且还更多地客观地审视自身各方面的条件、能力和价值观；开始注意职业角色的社会地位、社会意义以及社会对该职业的需要。尝试期又可分为四个阶段：一是兴趣阶段（11～12岁），开始注意并培养自己对某些职业的兴趣；二是能力阶段（13～14岁），开始以个人的能力为核心，衡量并测验自己的能力，同时将其表现在各种相关的职业活动上；三是价值观阶段（15～16岁），逐渐了解自己的职业价值观，并能坚固个人与社会的需要，以职业的价值性选择职业；四是综合阶段（17岁），将上述三个阶段进行综合考虑，综合相关的职业选择资料，以此来正确了解和判定未来的职业生涯发展方向。

（3）现实期。17岁以后的青年和成年即将步入社会劳动，他们能够客观地把自己的职业愿望或要求同自己的主观条件、能力以及社会现实的职业需要密切联系和协调起来，寻找适合于自己的职业角色。处在这一时期的人的职业需求不再模糊不清，已有具体的、现实的职业目标，表现出的最大特点是客观性、现实性、讲求实际。现实期又可分为三个阶段：一是试探阶段，即根据尝试期的结果，进行各种试探活动，试探各种职业机会和可能的选择；二是具体化阶段，即根据试探阶段的经历作进一步的选择，进入具体化阶段；三是专业化阶段，即依据自我选择的目标，作具体的就业准备。

金斯伯格的职业生涯阶段理论理论，实际上是就业前人们职业意识或职业追求的变化发展过程。金斯伯格的职业生涯理论对实践产生过广泛的影响，但他的理论对职业发展中后期未作具体的分析。

2. 职业生涯发展路径理论

(1) 直线型职业生涯发展路径。直线型职业生涯发展路径，即从业者一生只从事一种职业，不断学习和提高专业技能，积累经验和资历，只在这个职业的一系列职位中发展。例如，只从事教师职业，需先后担任助教、讲师、副教授和教授。直线型职业生涯发展路径只有一个通道，通道清晰，目标明确。从业者通常做垂直运动，职业生涯发展目标就是晋级。走此路径者职业发展需要个人努力，更需要组织栽培。员工被要求"干一行，爱一行，钻一行"，"甘当革命的螺丝钉"，甚至有的人一辈子就做一个工种，精益求精。

(2) 螺旋型职业生涯发展路径。螺旋型职业生涯发展路径，即从业者在职业生涯发展中从事两种或两种以上职业，不断学习和提高多种技能，培养灵活的就业能力，不断积累，提升人力资本，在不同职业甚至不同行业中寻求发展。例如，做过外贸、信息收集员，再做某网络公司的策划总监，原有的市场经验和信息收集分析的经验都为从事策划奠定了基础。再如，有人先做记者，后做公关，他的职业目标是在传媒业的大空间内拓展自己的事业——做策划或广告。螺旋型职业生涯发展路径的通道不明晰，目标不明确，但总是在追求心理成就感的满足，运动方式是螺旋式上升。

(3) 跳跃型职业生涯发展路径。跳跃型职业生涯发展路径，即从业者一生职业生涯中职务等级或职称等级不是依级晋升，而是越级晋升。走跳跃型职业生涯发展路径可用较短的时间到达较高职业高度，但跳跃型职业生涯发展路径不是一种普遍适用的路径，它需要特殊的机遇或个人的特别努力。

(4) 双重型职业生涯发展路径。单线型职业生涯发展路径只能有一个职业生涯发展通道，或是管理性职业生涯发展路径，或是技术性职业生涯发展路径。通常情况，一般技术性职业生涯发展路径发展机会相当有限，在职业地位、薪资、发展机会等各方面，技术性职业均不敌管理性职业，特别是在中国，"学而优则仕"的观念和"官本位"思想根深蒂固。为提高地位并得以加薪，专业人员会跻身于管理层；为激励专业人员，管理人员也常以"官帽"相许，结果有可能把一位合格的技术专家培养成拙劣的管理者，造成人力资本的巨大浪费。

(三) 职业生涯发展管理理论

1. 埃德加·施恩的职业锚理论

埃德加·施恩（Edgar H. Schein）认为，职业规划实际上是一个持续不断的探索过程。在这一过程中，每个人都在根据自己的天资、能力、动机、需要、态度和价值观等慢慢地形成较为明晰的与职业有关的自我概念。随着一个人对自己越来越了解，就会越来越明显地形成一个占主要地位的职业锚（career anchor）。所谓职业锚就是指当一个人不得不做出选择的时候，他（她）无论如何都不会放弃的职业中那种至关重要的东西或价值观，实际上就是人们选择和发展自己的职业时所围绕的中心。一个人对自己的天资和能力、动机和需要以及态度和价值观有了清楚的了解之后，就会意识到自己的职业锚到底是什么。施恩根据自己在麻省理工学院的研究指出，要想对职业锚提前进行预测是很困难的，这是因为一个人的职业锚是在不断发生变化的，它实际上是在一个不断探索的过程中产生的动态结果。有些人也许直到他们不得不做出某种重大选择的时候，才清楚自己的职业锚是什么。比如，到底是接受公司将自己晋升到总部的决定，还是辞去现职，转而开办和经营自己的公司。正是在这一关口，一个人过去的所有工作经历、兴趣、资质、性向等才会集合成一个富有意义的模式（或称为职业锚），这个模式或职业锚会告诉此人，对他个人来说，到底什么是最重要的。施恩根据自己对麻省理工学院毕业生的研究，概括出五种职业锚，即技术或功能型职业锚、管理型职业锚、创造型职业锚、自主与独立型职业锚和安全型职业锚。

（1）技术或功能型职业锚。具有较强的技术或功能型职业锚的人往往不愿意选择那些带有一般管理性质的职业，相反，他们总是倾向于选择那些能够保证自己在既定的技术或功能领域中不断发展的职业。

（2）管理型职业锚。有些人则表现出成为管理人员的强烈动机，承担较高责任的管理职位是这些人的最终目标。当追问他们为什么相信自己具备获得这些职位所必需的技能的时候，许多人回答说，他们之所以认为自己有资格获得管理职位，是由于他们认为自己具备以下三个方面的能力：①分析能力，在信息不完全以及不确定的情况下发现问题、分析问题和解决问题的能力；②人际沟通能力，在各种层次上影响、监督、领导、操纵以及控制他人的能力；③情感能力，在情感和人际危机面前只会受到激励而不会受其困扰和削弱的能力，以及在较高的责任压力下不会变得无所作为的能力。

（3）创造型职业锚。有些人具有强烈的建立或创设某种完全属于自己的东西的渴望并付诸行为，如设计一件署着他们名字的产品、创立一家自己的公司等等。

（4）自主与独立型职业锚。有些人在选择职业时似乎被一种自己决定自己命运的需要所驱使着，他们希望摆脱那种因在大企业中工作而依赖别人的境况。因为，当一个人在某家大企业中工作的时候，他或她的提升、工作调动、薪金等诸多方面都难免要受到别人的摆布。这些人中有许多人还有着强烈的技术或功能导向。然而，他们却不是到某一个企业中去追求这种职业导向，而是决定成为一位咨询专家，要么是自己独立工作，要么是作为一个相对较小的企业的合伙人来工作。

（5）安全型职业锚。还有一部分人似乎比较愿意去从事能够提供有保障的工作、体面的收入以及可预见的未来生活的职业。这种可预见的未来生活通常是由良好的退休计划和较高的退休金来保证的。对于那些对地理安全性更感兴趣的人来说，如果追求更为优越的职业，意味着将要在他们的生活中注入一种不稳定或保障较差的地域因素的话，那么他们会觉得在一个熟悉的环境中维持一种稳定的、有保障的职业对他们来说更为重要。对于另外一些追求安全型职业锚的人来说，安全则是意味着所依托的组织的安全性。他们可能优先选择到政府机关工作，因为政府公务员似乎还是一种终身性的职业。这些人显然更愿意让他们的雇主来决定他们去从事何种职业。

2. 双职业生涯理论

双职业生涯是指夫妻双方作为一个整体，进行双方的职业生涯设计，双方均可为自己事业的成功而拼搏，不需要其中一方以牺牲自己事业为代价来换取另一方的成功。双职业生涯设计可在夫妻双方的职业安排上、职业发展关键时间上等方面进行统一考虑，减少夫妻双方的冲突，使其使成为双事业型夫妇。双事业型夫妇有助于家庭稳定与情绪稳定，因为他们都有追求、事业，更能相互理解、相互体贴、相互支持；有助于共享私人资源，包括共享人际关系资源、智力资源。双职业生涯进行职业迁移时，要考虑双方的迁移收益和迁移成本，因而，企业聘用做双职业生涯设计的夫妻中任何一方后，其流动可能性较低，但若真正需要工作调动时，则要在新的工作地点为非企业员工的另一方提供一个同样具有吸引力的职位或给予较多帮助与补偿，成本较高。

三、职业规划与成功

(一) 成功的定义

在社会不断进步、科技飞速发展的 21 世纪，人们渴望成功。成功，已成为一个令人心动的话题。在许多关于成功的书籍中，人们对"成功"的定义进行了多方面的探讨。商务印书馆出版的《现代汉语词典》认为成功是"获得预期的结果"。中国经济出版社出版的《成功人生》认为："成功就是一种快乐，快乐来源于哪里呢？就来自于自己最感兴趣的事业。"而中国青年出版社出版的《青年女性成功训练教程》一书认为："成功＝物质外衣＋心灵满足。"如果人们把追求金钱等物质财富作为成功的全部目标，久而久之，势必失去健康和幸福的心灵。当然，如果完全地抛开成功的物质外衣而去追求心灵的满足，也会走入另一个极端。"没有物质作为基础的心灵满足，只能是无源之水，无本之木，只有物质外衣和心灵满足的契合，才能形成完整而平衡的成功。"

(二) 成功的要件

1. 成功源于科学的自我认识

由于个体的心理、文化、遗传、后天经历的不同，形成了不同的个人爱好，决定了每个人有不同的潜能特征。现实社会中之所以有的能成功，有的却难以成功，其原因之一就在于能否科学地认识自我。因此，渴望成功的个体必须实事求是地认识自我，包括自己的兴趣、特长、性格、学识、技能、智商、情商、思维方式等。认识自我的方法：一是进行自我分析。认清自己的长处和短处，扬长避短，在工作、学习、生活中发挥自己的优势，从而激励自己走向成功。二是正确地运用比较。有些人往往以自己的长处与他人的短处相比较，结果越比较越狂妄自大；有些则恰恰相反，往往以自己的短处和他人的长处相比，结果越比较越自卑。这两种情况都阻碍了个体的成功。正确的比较应该是双向的比较，既要与比自己优秀的人比，也要与比自己差或者相似的人比，不能以偏概全，而应进行全方位的比较。三是采取测试的方法。这是现在国内外比较流行的测试人才的方法。在美国，有 1/3 的小企业，2/3 的大公司采用人才测评方法，我国在 1985 年也开始进行人才测评，现已受到越来越多的用人单位的欢迎。当然，自我认识靠几套测试题是远远不够的，因为人是一个不断变化的个体，气质、性格、思考、方式、情绪等等都会随着时间、环境的变化而发生一定的改变。测试作为一种方法，只能提供参考。总之，只有科学地认识和评估自己才能扬长避短，才能做出正确的抉择，才能决定应该遵循的、能够获得成功的最佳行动路线。

2. 成功源于良好的心理素质

美国成功学专家拿破仑·希尔认为：“人与人之间其实只有很小的差异，但是这种差异却造成了巨大的差别！这种差异就是所具备的心态是积极的还是消极的，巨大的差别就是成功和失败。”积极的心态能使人看到希望，激发自身的潜能，有助于克服困难，保持进取的旺盛斗志。而消极的心态则使人沮丧、抱怨、失望，自我封闭，限制和扼杀自己的创造力。

（1）自信。成功学的主要创立者拿破仑·希尔说过：“有方向感的信心，可令我们每一个意念都充满力量。当你有强大的自信推动你成功车轮，你就可以平步青云，无止境地攀上成功之岭。”历史上凡有所成就者，除了拥有卓越的智慧外，还有一个共同的特征，即无论身处何种境遇，都对自己充满了信心。许多成功的案例也证明，自信与成功的概率往往成正比。自信心越强，越能够不畏失败，不怕挫折，不懈进取；自信心越强，越能够产生巨大的精神动力和进取激情。

（2）自制。自制是指一个人能够自觉、灵活地控制自己的情绪，约束自己的言行的品质。每个人都并非生活在真空里，在人的一生中难免会遇到困难与挫折，甚至不幸。例如，学业、事业上的挫折，人际关系的困扰，健康上的烦恼等，往往会引发焦虑情绪。我们说，正常的焦虑反应是必要的，它会推动人们的奋斗、竞争、拼搏。但是，如果不加控制、调节，任其发展，就会影响到心态，影响到工作和生活。渴望成功的人必须牢记，自制是一种美德，也是成功的重要因素。成功最大的敌人并不是缺乏机会，或是能力有限，而是缺乏对自己的情绪控制。如果连自己的情绪都不能控制，那么成功只能是空谈了。

（3）热忱。在日本曾流传着这样一个真实的故事：一位女孩到一家宾馆去找工作，没想到领导分配她去洗厕所。想到每天要面对污秽肮脏的马桶，她十分痛苦，犹豫着想放弃。这时，一位领导把她带到一个马桶面前做了示范，只见他认真仔细地把马桶洗了一遍又一遍，马桶变得十分光亮，最后他从马桶里舀了一杯水咕咚咕咚喝了下去，并说：“这就是光洁如新。”女孩看得目瞪口呆，她被领导的敬业精神感动了，决心干好这份工作。这个女孩就是野田圣子，后来成为日本的邮政大臣。多年后，野田圣子曾非常感慨地说：“能干好洗厕所这样的工作，一生中还有什么困难不能克服的呢？”野田圣子的事例说明：无论什么事情，只要能投入热忱，把蕴藏在体内的能量释放出来，就能实现预期的目标，就能获得成功，有时还会改变你的人生际遇。

（4）毅力。宋代大文学家苏轼说过：“古之立大事者，不唯有超世之才，亦有坚忍不拔之志。”居里夫人说过：“人要有毅力，否则将一事无成。”2005 年中央电视台春节联欢晚会上，中国残疾人艺术团表演的舞蹈《千手观音》以震撼人心的艺术魅力，一夜之间感动了全中国，在国内外赢得盛誉。那21位聋哑演员在四位手语老师的指挥下，以整齐划一的动作展示了一个个造型极其优美的姿态，且每一个动作都与音乐的节奏配合统一。也许，我们只看见那优美的身段、婀娜的体态以及少女们所表现出来的那种恬静、优美、自信，而难以相信她们是一群无法聆听音乐的聋哑人，更难以想象她们在满面笑容的背后所付出的艰辛。在平时的训练中，她们只能依靠手语老师的一双手来把握节奏。手语老师陈佳惠曾说："我们戏剧团的演员经常每天排练14个小时，在练功房里进行枯燥的练习，一般正常的演员都难以承受。"从她们身上，我们看到的是对生活的乐观，对艺术的追求，对理想的自信，这是一种不向命运屈服的精神，一种坚忍不拔的毅力。

3. 成功源于明确的人生目标

人生是需要规划的，成功的关键在于有明确的目标。耶鲁大学曾就目标对人生的影响进行了一项长达25年的跟踪研究。研究的对象在智力、学历等其他条件上都差不多，结果如表8-2所示：

8-2 关于目标对人生的影响测试

比例	25年前	25年后
27%	没有目标	生活在社会最底层，生活得很不如意
60%	目标模糊	生活在社会的中下层，并无突出的成就
10%	有清晰但较短期的目标	生活在社会的中上层，在各自所在的领域取得相当的成就
3%	有清晰且长期的目标	成为各领域的顶尖人士

上述统计数字表明，具有明确的人生目标对于一个人来说是多么的重要，有了远大的目标，行动才有正确的方向；而一个没有目标的人就像一艘没有舵的轮船，只能随波逐流，无法掌握自己的航向。

（三）职业生涯规划的原则与步骤

1. 职业生涯规划的八条原则

（1）利益整合原则。利益整合是指员工利益与组织利益的整合。这种整合不是牺牲员工的利益，而是处理好员工个人发展和组织发展的关系，寻找个人发展与组织发展的结合点。每个个体都是在一定的组织环境与社会环境中学习发展的，因此，个体必须认可组织的目的和价值观，并把他的价值观、知识和努力集中于组织的需要和机会上。

（2）公平和公开原则。在职业生涯规划方面，企业在提供有关职业发展的各种信息、教育培训机会、任职机会时，都应当公开其条件标准，保持高度的透明度。这是组织成员的人格受到尊重的体现，是维护管理人员整体积极性的保证。

（3）协作行进原则。协作行进原则，即职业生涯规划的各项活动，都要由组织与员工双方共同制定、共同实施、共同参与完成。职业生涯规划本是好事，应当有利于组织与员工双方。但如果缺乏沟通，就可能造成双方的不理解、不配合以致造成风险，因此必须在职业生涯开发管理战略开始前和进行中，建立相互信任的上下级关系。建立互信关系的最有效方法就是始终共同参与、共同制定、共同实施职业生涯规划。

（4）动态目标原则。一般来说，组织是变动的，组织的职位是动态的，因此组织对于员工的职业生涯规划也应当是动态的。在"未来职位"的供给方面，组织除了要用自身的良好成长加以保证外，还要注重员工在成长中所能开拓和创造的岗位。

（5）时间梯度原则。由于人生具有发展阶段和职业生涯周期发展的任务，职业生涯规划与管理的内容就必须分解为若干阶段，并划分到不同的时间段内完成。每一时间阶段又有"起点"和"终点"，即"开始执行"和"完成目标"两个时间坐标。如果没有明确的时间规定，会使职业生涯规划陷于空谈和失败。

（6）发展创新原则。发挥员工的"创造性"这一点，在确定职业生涯目标时就应得到体现。职业生涯规划和管理工作，并不是指制定一套规章程序，让员工循规蹈矩、按部就班地完成，而是要让员工发挥自己的能力和潜能，达到自我实现及创造组织效益的目的。还应当看到，一个人职业生涯的成功，不仅仅是职务上的提升，还包括工作内容的转换或增加、责任范围的扩大、创造性的增强等内在质量的变化。

（7）全程推动原则。在实施职业生涯规划的各个环节上，对员工进行全过程的观察、设计、实施和调整，以保证职业生涯规划与管理活动的持续性，使其效果得到保证。

（8）全面评价原则。为了对员工的职业生涯发展状况和组织的职业生涯规划与管理工作状况有正确的了解，要由组织、员工个人、上级管理者、家庭成员以及社会有关方面对职业生涯进行全面的评价。在评价中，要特别注意下级对上级的评价。

2. 职业生涯规划的八个基本步骤

（1）确定志向。志向是事业成功的基本前提，没有志向，事业的成功也就无从谈起。俗话说："志不立，天下无可成之事。"立志是人生的起跑点，反映着一个人的理想、胸怀、情趣和价值观，影响着一个人的奋斗目标及成就的大小。所以，在制定生涯规划时，首先要确立志向，这是制定职业生涯规划的关键，也是职业生涯中最重要的一点。

（2）自我评估。自我评估的目的，是认识自己、了解自己。因为只有认识了自己，才能对自己的职业做出正确的选择，才能选定适合自己发展的职业生涯路线，才能对自己的职业生涯目标做出最佳抉择。自我评估包括自己的兴趣、特长、性格、学识、技能、智商、情商、思维方式、思维方法、道德水准以及社会中的自我等等。

（3）职业生涯机会的评估。职业生涯机会的评估，主要是评估各种环境因素对自己职业生涯发展的影响。每一个人都处在一定的环境之中，离开了这个环境，便无法生存与成长。所以，在制定个人的职业生涯规划时，要分析环境条件的特点、环境的发展变化情况、自己与环境的关系、自己在这个环境中的地位、环境对自己提出的要求以及环境对自己有利的条件与不利的条件等等。只有对这些环境因素充分了解，才能做到在复杂的环境中趋利避害，使你的职业生涯规划具有实际意义。环境因素评估主要包括组织环境、政治环境、社会环境、经济环境。

（4）职业的选择。职业选择正确与否，直接关系到人生事业的成功与失败。据统计，在选错职业的人当中，有80％的人在事业上是失败者。由此可见，职业选择对人生事业发展是何等重要。

（5）职业生涯路线的选择。在职业确定后，向哪一路线发展便需要做出选择，即向行政管理路线发展，还是向专业技术路线发展，或是先走技术路线再转向行政管理路线……由于发展路线不同，对职业发展的要求也不相同。因此，在职业生涯规划中，须做出抉择，以便使自己的学习、工作以及各种行动措施沿着你的职业生涯路线或预定的方向前进。通常职业生涯路线的选择须考虑以下三个问题：我想往哪一路线发展？我能往哪一路线发展？我可以往哪一路线发展？对以上三个问题进行综合分析后，就能以此确定自己的最佳职业生涯路线。

（6）设定职业生涯目标。职业生涯目标的设定，是职业生涯规划的核心。一个人事业的成败，很大程度上取决于有无正确适当的目标。没有目标如同驶入大海的孤舟，四野茫茫，没有方向，不知道自己走向何方。只有树立了正确目标，才能明确奋斗方向，犹如海洋中的灯塔，引导你避开险礁暗石，走向成功。目标的设定，是在继职业选择、职业生涯路线选择后，对人生目标做出的抉择。其抉择是以自己的最佳才能、最优性格、最大兴趣、最有利的环境等信息为依据。

（7）制订行动计划与措施。在确定了职业生涯目标后，行动便成了关键的环节。没有达到目标的行动，谈不上成功。这里所指的行动，是指落实目标的具体措施，主要包括工作、训练、教育、轮岗等方面的措施。例如，为达到目标，在工作方面，你计划采取什么措施，提高你的工作效率？在业务素质方面，你计划学习哪些知识，掌握哪些技能以提高你的业务能力？在潜能开发方面，采取什么措施开发你的潜能？这些都要有具体的计划与明确的措施，并且应定时检查。

（8）评估与回馈。俗话说："计划赶不上变化。"是的，影响职业生涯规划的因素诸多。有的变化因素是可以预测的，而有的变化因素难以预测。在此状况下，要使职业生涯规划行之有效，就须不断地对职业生涯规划进行评估与修订。其修订的内容包括职业的重新选择，职业生涯路线的选择，人生目标的修正，实施措施与计划的变更等等。

（四）如何应对职业生涯中的五个坎

1. 第一坎——"青黄不接"阶段

工作1～3年是职业生涯最"青黄不接"的阶段：你既不像毕业生那么"单纯"，又不像有四五年资历的那样能"独当一面"，正处于"一瓶不满，半瓶晃荡"的状态。那么这时候你如果跳槽找工作，其难度可想而知。这个阶段的主要疑问是："我是谁？""我能做什么？"迷茫的主要原因是缺乏自信和社会经验。因此，这段时间最好不要轻易跳槽，相反，你应该而且能够积累到你一生中第一次"从学习迈向工作"时段内宝贵的工作技能和坦然的就业心态。许多人"爱跳槽"的毛病往往就是从这个阶段开始养成的。

2. 第二坎——"职业塑造"阶段

工作3～5年后，你就会逐渐步入"职业塑造"阶段，逐渐熟悉组织文化，了解组织内情，建立初步的人际关系网。经过一段时期后，你的"职业性格特点"就暴露出来了：哪些是你特长的地方？而哪些又是你不足的地方？于是你开始进入"职业塑造"阶段，对职业方向进行合理调整和矫正。不妨在你工作的相关领域先适当地改换一下工作方式，如在同一个公司内部的不同部门适当进行换岗，这样不仅能开阔视野，增添新鲜感，还能测试出你究竟最适合做什么工种。如果发现你的性格和特长与现有工作偏差太大，那么一定要当机立断马上改行，这时候千万不要贪恋现有工作的薪水有多高，环境有多好。

3. 第三坎——"职业锁定"阶段

工作5～10年，随着你对自身优劣势及性格特点的日渐清晰和不断的实践锻炼，你渐渐由"职业塑造阶段"走向了"职业锁定阶段"，开始认定你适合干哪一种职业了。在这个阶段，有的人积累了比较丰富的经验，承担起工作的责任，发挥并发展自己的能力，为提升或进入其他职业领域打下了良好的基础；有的人会产生新的疑问："为什么这么多年来我一事无成？""我是不是需要重新选择？"迷茫的主要原因和个人的发展目标与组织提供的机会和职业道路不一致。这时候又该怎么办呢？你如果依然愿意尝试这份工作，就应该首先端正态度，决不能整天愤世嫉俗、怨天尤人，而应该投入更多精力在工作中快速磨炼和积极探索，不断修正下一步的工作流程和发展方向。即便是已经暂时"锁定"了你的职业种类，也千万不要得过且过地混日子，相反还要更加勤奋地不断寻求自我突破，逼迫自己不断跨越新的高度。

4. 第四坎——"事业开拓"阶段

工作10～15年，你的"职业"将成为终身的"事业"，意味着你开始从前期"职业阶段"中的技能、经验及资金积累走向人生事业的开拓历程。可能你在这个阶段仍然保持着原来的"职业"状态，仍然是每天在为"老板的事业"而奔波，但年龄和阅历已经将你推向了事业发展的起跑线。并且你跑也得跑，不跑也得跑，你要为自己而跑，你的家庭、你的事业心和成就感都决定了你要更加努力了。这个阶段可能你会遇到的主要疑问是："接下去的岁月，应该做些什么？"人到中年，很多人在机会面前不敢贸然决定，而自己也开始重新衡量事业和家庭生活的价值。所以，在大约35岁到45岁之间，会发生职业生涯危机。

5. 第五坎——"事业平稳"阶段

工作15年以后，你已经步入"不惑之年"，前期"职业阶段"和"事业开拓阶段"已经为你留下了许多历练和积淀。在这个阶段，你所需要的是如何使你的事业能够在平稳的过程中持续上升。这期间你还要不断地去观察市场、了解市场，不能有丝毫的松懈。所以你可能会感觉很累、很辛苦，不过你见得多了，承受压力的能力也增大了很多，于是你也就能游刃有余了。你曾经的一切豪言壮语和海誓山盟在这个阶段变为现实，你被推上了事业的巅峰，不过这一切美妙结果的前提就是你先要在前面的几个阶段表现得很努力，也很用心，这就是"世间自有公道，付出定有回报"的道理。

（五）职业规划中成功跳槽的七大招式

1. 查其缘由

首先，绝对不要把目前工作上一时的不愉快作为转职的理由。其次，绝对不要拿"媳妇早晚熬成婆"的心态作为自己在目前工作上优柔寡断的借口。是选择努力克服现有环境的障碍成就自己的成功，还是选择果断地放下目前进退两难的困境开拓另外一片天空，这两者都需要经过谨慎的思考，不可贸然决定。去留的取舍，除了进行转职评估测试外，周遭亲友与师长的意见及相关书籍杂志的建议也都可以作为评估和了解自己的依据。当然，最终的结果还是必须由你决定。学习、了解、抉择、承受的过程，不正是你踏入社会所要学习的重要的第一课吗？

2. 眼观八方

在你决定转职之后必定会有所期待。不论是对新工作还是新环境，都会让你幻想着灿烂光明的美好前景。虽然如此，还是要善意提醒你现实是非常残酷的。据统计，目前国内平均的待业期和失业率屡创新高，你在递出辞呈之前应该好好地思考。告诉你这些问题，并不是要恐吓你只能乖乖地待在原工作岗位，而是要提醒你转职前的准备工作一定要做好。每次的转职都是人生重要的转折点，这个弯转得漂亮会让你下个人生阶段走得比别人顺遂如意。如何转个漂亮的职呢？首先，一定要看清楚社会的现状和目前工作的前景与公司未来的发展潜力。其次，就是要充分了解发展的方向。特别是想转换到不同领域、不同职务的人千万不能凭外在的表面印象就冲动地转行，应事先收集相关资料并向相关领域中的从业者咨询，了解这些工作的性质以及所需个人特质和专业技能等。这些都是不可或缺的准备功课。总之，转职最忌人云亦云、好高骛远，过分理想化的转职期望，带给你的不一定是美好的未来，也许反而更容易让你遭受更大的挫折和失落，所以仔细地眼观八方是你笑傲职场不可或缺的秘籍！

3. 投石问路

俗话说，投得好不如投得巧，但所谓"散弹打笨鸟"、"瞎猫投中死耗子"只能当作传说。既然是转职，那你一定觉得写写履历不过举手之劳，要是真这样想，你在辞职前可要先准备一大笔费用以便度过漫长的待业期。怎样写份漂亮的履历，相信你已经学到不少心得。可是，求职履历除了一般履历应该注意到的学习经历外，如何阐述你目前的工作和如何描述你对自己职涯规划所作的妥善的安排，可是会影响到转职过程和下个工作的待遇顺遂与否。如果能提出之前工作的优良业绩或是相关作品，在转职过程中，可能会带给你不少加分的效果！

4. 孤注一掷

这时候，最重要的就是递出辞呈的时机了。首先，要了解公司人事规章中关于离职的规定，包括时间、交接程序、离职手续。其次，要按照公司的规定办理离职。千万别想说怕麻烦，一领到年终奖金或是薪水就掉头走人，这样会让你遇到更多烦不胜烦的问题。如果你又想继续待在相关领域工作，这种不负责任的行为可能会变成你甩都甩不掉的污名。相反，如果原公司一时之间无法顺利找到接任人手，你又可以多给公司一点交接的时间，这样放点小人情不但可以顺利维持和旧工作场所的人际关系，相信对你将来的工作多少都会有一点助益的！

5. 安内攘外

相信所有离过职的人都有同感：递出辞呈到正式离开公司的这段时间最难挨。遇到某些同事或领导时会感到尴尬或难过，可是你如果想在这份工作上画下一个完美的句点，这段时间就是一个非常关键的时刻。首先，必须尽快安排好交接的事宜。除了按照规定办好离职手续外，顺利地交接过程不但可以避免公司产生困扰，还可以让你的离职不至于拖泥带水。其次，通知客户及其他合作伙伴，并带接任者——拜访。一方面感谢对方这些日子以来的照顾，一方面让接任者和客户熟悉，不会因为你的离职而造成困扰。这样不但可以使你放心地在新的工作岗位上大展手脚，还可以多少保持既有的人脉资源！

6. 手挥五弦

离别是痛苦的，解脱是快乐的。在这个离情依依的重要时刻，还有两件特别应该注意的事情：一是在离开公司前要将自己的办公区域整理好，将私人物品带走，将公司的资料文件整理归类，并和相关人士确认资料完整没有遗漏。另外，一些公司证件和职务章等物品也必须完成归还的手续。二是要和同事及领导一一话别并表达感谢之意。

7. 落地生根

看名称就知道此招式就是要你在新工作岗位上安分守纪，不要偷奸耍滑，不要一山望着那山高。

四、职业发展个案分析

（一）从李开复看人生规划

IT领域的人都知道，中国大学生的"思想教父"李开复先生在2005年7月正式从微软跳槽google，任职google全球副总裁兼中国区总裁，成为世界首富的敌人。直至2006年1月份，google与微软达成和解协议，李开复在google中国的工作才得以全面解禁。我并不想评论这起震惊全球的跳槽事件的对与错，只想通过李开复的求学和职业生涯来谈谈职业规划的几个关键要素。

1. 选对专业

在研究历史政治的父亲影响下，李开复在美国哥伦比亚大学一开始选择的是法律。从20世纪80年代的美国社会看，在名校毕业后当一名律师是收入多、地位高、前途好的理想职业。但是，到了大二，李开复发现自己并不喜欢这个专业，在接触计算机之后，疯狂地喜欢上了它。于是，他每天废寝忘食地编程，随后便放弃法律专业一年多的学分，转入了在当时看来"前途未卜"的计算机专业学习。实际上，这是李开复最重要的一个决定。因为选择了计算机专业，使其数学天赋得以淋漓尽致地发挥；因为选择了计算机专业，强烈的兴趣激发了极大的激情，为李开复带去了持久的动力，让他敢于大胆尝试，积极主动地争取成功的机会。结果，他在计算机领域取得了辉煌的成就：第一个开发出"非特定人连续语音识别"系统，开发出击败人类的国际象棋世界冠军——"奥赛罗"人机对弈系统，成为卡内基梅隆大学计算机系的助理教授；2000年又成为美国电气和电子工程师协会的院士。如果没有改学计算机专业，那么今天的李开复也许只是一个不快乐、不成功、不知名的小律师。

2. 做其所爱的职业

每个人在接受高等教育或走上工作岗位的时候，都会面临一个重要的选择，那就是专业。成功不一定是靠专业知识，但选择一个正确的、适合自己的专业，会让自己走对路、做对事。对于25岁之前的人来说，选择专业是跨出职业生涯道路的第一步，应当结合自己的兴趣、理想、价值观和天赋来考虑自己的发展定位。假设姚明没有选择打篮球，而是和普通家庭的孩子一样读完大学再出来找工作的话，恐怕是不可能有现在这样的影响力和成绩的。所以，选择先于努力，人生只有一回，强迫自己做不喜欢的事情，将会付出巨大的机会成本，平庸地度过一生。如果不想人生留下遗憾，就应该在全力以赴之前慎重选择。

3. 选对环境

应该说，李开复是幸运的，除了自身的天赋之外，他成功的另一个关键要素是良好的成长环境。美国的教育方式以赞扬和激励为主，鼓励学生锻炼推理能力和创新能力，所以，受过美国教育的学生通常具有触类旁通、举一反三的分析能力。在攻读博士的时候，李开复选择了开明的导师瑞迪，开始了语音识别系统的研究，当他提出了和导师大相径庭的解决方案时，导师并没有阻止他的尝试，而是保留不同意见地支持他做下去。结果李开复成功了，获得了商业周刊颁发的"1988 年最重要科技创新奖"。但这如果是在强调应试的教育环境中，创新的思维能力就很可能被扼杀在背诵和应付考试的过程中。

取得博士学位后，李开复在卡内基梅隆大学教了两年书，但他发现这并不是他的理想，所以他毫不犹豫地接受了当时如火如荼的苹果公司伸过来的橄榄枝。要知道，大学教授在美国是一个知识分子梦寐以求的职业，它有很高的社会地位和良好的待遇，就是在今天仍如此。名牌大学的一个"助理教授"职位，就有上千名博士提出申请。选择"下海"，是李开复人生的又一个飞跃。主动地选择自己所爱，使李开复一路升迁，从语音组经理到多媒体实验室主任，再到互动多媒体全球副总裁；再到后来为微软组建中国研究院，改变了微软在国人心中霸权的形象，为中国的大学生提供职业指导，成为他们的"精神教父"，一切似乎如鱼得水。但是，七年之后，李开复觉得在微软能学习到的东西不多了，接着作出了一个震惊世界的决定——跳槽 google，而且还公开是自己主动向 google "投怀送抱"的。他的解释是：I need to follow my heart. 一个拥有辉煌成就和高层身份的人，敢于主动去应聘更有激情、更具潜力的公司，这是怎样的一种气质?!环境造就人，环境也可以糟蹋人，李开复这一路的高歌猛进，真的仅仅是运气使然吗？

4. 自信积极的人生态度

李开复是一个普通的人，因为他曾经和我们大多数人一样：上台演讲会手脚发抖；怕得罪人而不敢行使管理权利；认为只要创新就一定有市场价值。李开复又是一个不平凡的人，因为他为了提高演讲能力，强迫自己每月做两次演讲；勇敢地开除绩效低下的师兄；悟出了一个道理——对人类有用的创新才是更重要的。

这一切源于李开复自信积极的人生态度，他清楚自己的能力，自信只要我想要的我就可以，定位清晰，发展方向坚定，持之以恒。拥有自信和积极心态的人，很容易在职场上游刃有余。如果在台上脸红的李开复因为被笑称为"开复剧场"，便放弃了演讲，那么他就不可能有这样的影响力——在全国高校每场几千人的巡回演讲，本来免费的门票在校园中被拍卖至 450 元，甚至还出现了假票。如果为了同情师兄，而容忍低绩效员工的存在，李开复不可能成为一个受员工爱戴的领袖。

李开复主动地找上 google 时说了一句话："我不会在 70 岁的时候因为看到 google 是世界最大的公司，而后悔没有在 43 岁的时候把写好的 Email 发出去。"事实上，李开复跳槽只有两个主要原因：一是 google 是个充满活力、激情、创新自由的类似研究院的公司；其二是 google 可以满足李开复回国工作的愿望，因为中国有他极其期望和牵挂的大学生。一个已经 44 岁且站在职业生涯巅峰的人尚且有这样的勇气和发展欲望，拒绝枯燥的工作，并且具有浓厚的民族情结和爱国精神，那作为在知识信息时代主持中国经济大局的年青一代来说，我们甘于平庸吗？

5. 情商重于智商

在我们寒窗苦读的十几年中，学习的科目不少，但从本质来看只有理科和文科两类。理科给了我们分析和推理能力，是智商的基本体现；而文科则教会我们表达自己的感情和思想，是情商的一种表现。在竞争激烈的商业世界中，高智商可以让你找到稳定的工作，而高情商会让你的职位不断升迁，影响圈和舒适圈不断扩大。

从卓越的科学家到卓越的经理人，证明李开复的智商和情商都非常高。想在大公司里生存，又要带领庞大的团队，员工关系是非常重要的。当 2000 年李开复被调回微软美国总部时，总部有 600 多名下属。为了了解员工的需求，以便有效开展部门工作，他每周与 10 位员工共进午餐，聆听员工的心声和建议。很快地，他了解了所有的下属，有效地分配了人力资源。李开复的例子表明，作为一个管理者，越是高层，越需要情商，而不仅仅需要智商。

（二）周晓光——从村姑到亿万富姐的华丽转身

周晓光，浙江新光控股集团董事长。新光集团下属的新光饰品有限公司是目前国内最大的流行饰品生产基地之一，产品远销欧美。她是 2004 年中国十大经济女性、全国人大代表。2003 年，她在电视上自费登广告征集提案，开通"周晓光热线"，在社会各界引起强烈反响。她还聘请了一些专家教授充当智囊，在 2004 年召开的全国人大会上，周晓光一人就领衔向大会提交了 13 项议案，经大会核准，采纳了其中 7 项。

周晓光在创业之初只是抱着一个让全家人过上好日子的朴素愿望，以几十元起步只身到海南。周晓光常说："做生意我不把自己当女人。"但她也承认，商海里，女性因其细心、敏感、亲和力及天生的服务意识，有时比男性更具有优势。在一个仍由男性主导的社会里，女性的成功者相对较少，但优秀者一旦浮出水面，往往会赢得别人更多的关注，得到更多的机会。从不足百元起家，到如今年资产一个亿；从当初挑着货担走南闯北的山村女孩，到如今走向国际市场，一跃成为中国饰品行业的"大姐大"——市场经济，潮起潮落，在周晓光身上演绎了一段精彩的创业故事，也折射出了一个企业家动人的成长历程。

1978 年，刚刚高中毕业的女青年周晓光凭着让家人过上温饱生活的想法，带着母亲的一句话："会做的不如会算的"，上东北等地卖绣花样去了。那年她 17 岁，家里有 5 个妹妹和一个弟弟。全家十口人，任凭母亲怎样算，在那个年代，也只能保证全家人不至于饿肚子。在浙江诸暨的一个小山村中长大的周晓光，高中毕业没能考上大学，家中条件又不允许她复习再考。凭借自己的勇气和自信，她从母亲那儿借了几十元当本钱，做起了"跑码头"生意。一个女孩子出门自然比男孩子困难得多，挤火车，赶汽车，为了不耽误时间，经常是白天摆地摊，晚上坐车赶路。就这样，夕发朝至，走南闯北，6 年之间，周晓光竟跑遍了大半个中国。周晓光回忆说，当时，她只拿着一本中国地图，沿着公路、铁路往前走，心里只有一个念头：为了能使家里人过上好生活。6 年闯荡的结果，周晓光赚了 2 万元。

1. 十年练摊，掘回第一桶金

1985 年，跑过三江六码头的周晓光嫁给了同样卖绣花样的东阳人虞云新。婚后，周晓光对丈夫说想安定下来了。于是，两人拿出了几年来所有的积蓄，在义乌第一代小商品市场里买下了一个摊位。在东北卖绣花样的时候，他们看到东北女子喜欢戴花花绿绿的头饰，周晓光凭着女人的敏感以及同样的爱美天性，就选定了经营饰品。于是，丈夫到广东进货，她在义乌练摊。那种生意人的潜质渐渐发挥了出来。几年下来，他们在义乌最好的住宅小区买下了新房，在市中心朝阳门买下了店铺。事实证明，周晓光的眼光很准，没过多久，朝阳门成为义乌市中心的商业黄金地段。出来闯世界时想要的几乎都实现了，孩子也出生了，似乎该满足该停下来歇歇了。但此时的周晓光好强的性格却丝毫没有改变。

1995 年 7 月，夫妻俩毅然拿出 700 万元投资办饰品厂，义乌大地上从此有了一个闻名全国的饰品生产基地。事后，周晓光说，两人当初来到义乌时，本就是一无所有，大不了再重新开始。在商界这么多年，周晓光说每次作出重大决策时，都得到了丈夫虞云新的支持。作为副董事长，虞云新一直隐身在妻子身后，不管企业发展到哪一阶段，在妻子这位"元帅"的统领下，他都把公司里外打理得井井有条。"我丈夫现在负责国内南方市场，他负责的那一块不论是信誉还是利润，都做得很好。"妻子这样夸奖。正是这种果断的选择，使周晓光的人生意义有了快速的提升：从一个个人致富的小商贩，开始成长为一个企业家。

2. 我乐意有竞争对手，这并不是件坏事

从 1995 年办厂开始到 1998 年，几年时间，新光饰品厂以连续翻番的速度发展，并在全国建立了自己的产品销售网络，一举成为国内饰品行业的龙头企业。面对一个商铺，周晓光自觉可以从容应付；面对一个迅速壮大的企业，周晓光自觉压力越来越大。就在这个时候，她果断做出决定——聘请来自台湾的职业经理人担任公司总经理。随着企业的发展壮大，新光饰品越来越引起同行的注目，到新光挖人的事时常发生，7 年间到同行业去发展的至少有千人，完全可以再建一个新光，因此有人戏称新光是所"黄埔军校"。对此，周晓光这样说："行业的竞争，免不了人才的争夺。但我，并不认为是件坏事。"目前义乌有 1800 家饰品生产企业，10 万人从事这个行业，一年 60 个亿的产值。促进当地经济的发展，仅靠一家企业做大是远远不够的，特别是饰品这一行业，只有产业集聚了，在世界的舞台上才能拥有立足之地，才能形成气候和氛围，带动整个产业的提升。义乌饰品业人士说，新光的"黄埔军校"成了产业的润滑剂。

由于是行业的"王中王"，新光每天要开发 100 余款新产品，跟随的企业也自然多了，但这并没有让周晓光感到压力。她认为，别人跟得快，我才会跑得更快。周晓光在业内的大度是出了名的：每次出国参展回来，周晓光都要把自己看到的、听到的甚至学到的毫无保留地告诉同行。独木难成林，周晓光这样说。

现在，最让周晓光着急的是："自己的知识水平要达到能够胜任世界级商人这个角色的要求，在企业内组成一个现代企业的管理团队，还要花很大的力气。"的确，这正是民营企业家在第三次创业中所遇到的普遍问题。有的人选择了出国深造，而周晓光自觉一时还放不下企业，她选择了不定时地外出听课，聘请各路专家做自己的顾问。有一次，她花了 17 万元请台湾专家为公司的骨干进行了有关团队精神的培训。

3. 不但要做中国第一，而且要做响世界品牌

饰品行业有一个明显的特点，周期短、更新换代快，没有强大的设计开发能力根本无法在市场立足。为了紧跟市场的趋势，新光花在培养人才方面的费用一年就达 150 多万；专门组织由几十名设计人员组成的开发部，还花巨资从国外引进最先进的饰品生产设备，建立了国内饰品行业唯一的电镀自动流水线。这使得新光在竞争中始终处于领先位置，一时间新光的合金、爪链等主导产品遍布了中国大小市场和饰品集散地。1995年 10 月，新光公司刚刚建成投产，周晓光就首先投资 40 万元，在广州饰品一条街开办了分公司。当时广州街上的女士都爱佩戴丝巾扣，分公司发现后立即将信息发回公司本部。仅 3 天时间，公司就组织设计人员开发出了几十款品种投放市场。结果，新光饰品在广州一炮打响，遍地开花。紧接着新光公司相继在义乌、沈阳开设销售窗口。公司利用饰品流行的地域差和时间差，用自南而北循序渐进的阶梯式产品销售法，迅速开拓并站稳了市场。从单纯的饰品销售企业到现代饰品的生产销售企业，"新光"这一裂变时间之短，动作之快，起点之高，让饰品行业为之一震。

周晓光经常参加世界各地饰品展销会，在第一时间内获取世界饰品流行款式和新材料、新技术、新工艺，然后经过消化，结合中国市场特点，开发出自己的产品。她经常带着设计人员到欧美、南非、中东和亚洲等地区考察，周晓光自己就到过十几个国家。从 2000 年起，新光连续三年参加了在香港举办的亚洲时尚饰品展，并曾在韩国举办的国际畅销产品博览会上被评为国际最高金奖。2000 年 5 月，对周晓光来说是一个转折期，这位普普通通的中国女性，在香港会展中心举行的国际珠宝饰品物展上着着实实"火"了一把。中央电视台及香港媒体的记者纷纷把焦点对准这位从国内饰品行业走向国际市场的女厂长，来自亚洲、美洲、欧洲 50 多个国家和地区的 70 多个客户被她所展出的产品所吸引，签下了一笔又一笔订单。周晓光的 4 个展位前挤满了客户，带去的 8 名翻译不够用，又临时从香港请了 4 名。一些客商在会场上轮不到订单，只好索要了有关资料后相继赶到义乌。也就是在这次展会上，周晓光打破了饰品市场由韩国和香港称霸的局面，在参展的 57 个国家和地区、226 家企业中崭露头角。

是什么原因，使这个在国内并不知名的企业在国际市场上却创下了辉煌？

"我是被逼出来的。"周晓光一言概括。据她介绍，在全国，饰品行业共有企业2000 余家，其中 1000 多家集中在义乌，产量约占全国的 70% 左右。作为义乌饰品行业的龙头企业，产品一面世，马上被人仿冒，而且价格比"新光"低许多。有时他们新产品仅生产一两批后即被迫停产。国内饰品行业的低价位、低品位、低质量的恶性竞争，使该行业过早地步入了萎缩状态。在这种情况下，周晓光开始把目光瞄准国际市场。为了解不同文化背景下人们对不同饰物的要求和理解，周晓光的足迹几乎遍及亚、欧、美洲。有一次，仅仅为了买下一张美国一家老牌企业的产品设计构思说明书，她毅然掏出了 2.4 万美元。经过两年时间的精心准备，周晓光觉得羽翼已丰满，该到国际市场去搏一搏了。于是，她集中全部精锐力量，关门生产了 6000 多个饰物的新产品，专程运抵

香港亮相，竟一炮打响，轰动了香港。

当回忆起香港之行时，周晓光仍思绪万千："我第一次带着自己的产品参加国际展览，获得了空前的成功，大大增加了自己的信心，我完全有能力将自己的产品打入国际市场，我不但要做中国的第一，而且要做响中国的品牌。"开了"洋荤"的周晓光并没有就此感到满足，目前她思索得更多的是企业在资本运作上该如何突破的问题。

第九讲

社会调查

　　社会调查是社会研究的一项非常实用的技巧和方法，可以指导我们如何去从事相关的社会科学研究，实施具体的课题项目。社会调查不仅在学术研究上应用广泛，在现实生活中的多个领域也已经被广泛地采纳和应用，如经济调查与预测。这足以说明社会调查具有相当大的重要性，也具有相当强的实用性。

　　那么，什么是社会调查？如何进行社会调查？在调查过程中需要怎么操作和实施呢？所以，本讲将主要介绍社会调查的含义、社会调查的类型及其特点、社会调查的程序、测量层次和问卷及其处理。

一、社会调查的概念

　　社会调查是社会研究的方法之一。社会研究，顾名思义，就是对社会的本质、规律进行研究。我们把社会研究理解为是一种以经验的方式，对社会世界上人们的行为、态度、关系，以及由此所形成的各种社会现象、社会产物所进行的科学的探究活动。社会研究方法也就是研究社会的方法，或进行有关社会方面研究的方法。社会研究方法，或者社会科学研究方法，不仅在社会学这门学科中所使用，同时还与政治学、犯罪学、人口学、教育学、心理学、管理学、传播学等社会科学中的广泛使用有关。在一定意义上，社会学研究方法是众多研究社会现象的社会科学都可以普遍采用的一般性方法。

　　社会学家通常把社会研究的具体方法划分为四种主要类型，即调查研究（社会调查）、实验研究、实地研究和文献研究。

　　社会研究方法的简介[①]见表 9 - 1。

---

　　① 　风笑天：《社会学研究方法》，中国人民大学出版社 2001 年版。

表 9-1　社会研究方法简介

研究方式	子类型	资料收集方式	资料分析方式	研究的性质
调查研究	普遍调查 抽样调查	统计报表 自填式问卷 结构式访问	统计分析	定量
实验研究	实地实验 实验室实验	自填式问卷 结构式访问 结构式观察 量表测量	统计分析	定量
实地研究	参与观察 个案研究	无结构观察 自由式访问	定性分析	定性
文献研究	统计资料分析 二次分析 内容分析 历史比较分析	官方统计资料 他人原始资料 文字声像资料 历史文献	统计分析 定性分析	定量/定性

那么什么是社会调查呢？国内外不同学者对其名称以及具体定义都不完全一样。

有的认为，所谓社会调查，就是人们有意识、有目的地通过对社会现象的考察、了解和分析，来认识社会生活的本质及其发展规律的实践活动和认识活动。简言之，社会调查指人们运用特定的方法和手段，从社会现实中收集有关社会事实的信息资料，并对其做出描述和解释的活动①。

风笑天认为，社会调查指的是一种采用自填式问卷或结构式访问的方法，系统地、直接地从一个取自总体的样本那里收集量化资料，并通过对这些资料的统计分折来认识社会现象及其规律的社会研究方式。他所讲的社会调查的主要特征包含下面五个方面：

第一，社会调查是一种系统的认识活动，它具有一定的结构和程序，而不是像日常生活中的观察那样，盲目地、零乱地、被动地去认识。社会调查活动从选择调查题目开始，直到最终以调查报告的形式得出调查结果为止，整个过程有着很强的系统性。这种系统性并非只是一种表面形式，而是调查活动所具有的某种内在规律的体现。

第二，社会调查主要采用自填式问卷与结构式访问两种方法收集资料。或者说，它主要依靠对被调查者进行特定方式的询问来收集资料。这是社会调查在所用工具或手段上区别于其他几种社会研究方式的一个重要特征，同时，这也是现代社会调查区别于传统社会调查的一个重要特征。

第三，社会调查指的是抽样调查，即从总体中的一个样本（总体中的一部分个体）那里收集资料，通过调查部分来了解总体。这使它与那种对总体中的每一个个体都进行调查的普遍调查，以及那种只对一个或少数几个个案进行调查的个案调查和典型调查区别开来。同样的，这也是现代社会调查区别于传统社会调查的又一个重要特征。

第四，社会调查要求直接从具体的调查对象那里获取信息，即直接从一个个被调查

① 李莉：《实用社会调查方法》，暨南大学出版社 2002 年版。

对象那里获得第一手资料。这种直接的特征又将它与某些间接的、利用第二手资料的社会研究方式区别开来。当然，需要特别指出的是，尽管一项社会调查的调查对象通常是一个个具体的个人，但是，它所要描述和解释的却是由一个个具体的个人所组成的群体、由众多个人的行为所构成的社会生活现象。

第五，社会调查在本质上是一种定量的研究方式。它通过特定的程序，采用专门的工具，收集量化的资料，并依据社会统计学的原理和方法，以及计算机的辅助，来完成对这种资料的处理和分析。因此，定量的资料与统计分析方法的运用也是构成社会调查的重要标志。

综上所述，社会调查是一种既包括资料的收集工作，又包括资料的分析工作的完整的社会研究方式。正是这种从资料收集到资料分析的全过程，使社会调查有别于其他研究方法，同时，这一特征也正是它作为一种独立的社会研究方式的基础。[1]

二、社会调查的作用

社会调查的作用主要有描述状况、解释原因和预测趋势。

（一）描述状况

了解和描述社会现象的状况，是人们深入认识这一现象的基础。比如说，我们通过进行一项社会调查，可以较为准确地描述出离婚现象在各个不同时期中的普遍程度，在城乡两种社区之间的差别，离婚者的年龄分布、文化程度分布、职业分布以及结婚时间长短的分布等基本情况。

（二）解释原因

解释社会现象发生的原因，可以回答社会现象"为什么是这样"或"为什么会如此"。这一功能比起单纯地描述状况就要更为深入。它使得社会调查能够被广泛地用来探讨不同社会现象之间的关系，探讨某一现象发生的原因。比如，关于离婚问题，我们可以通过社会调查来深入探讨夫妻双方的年龄差与离婚行为间的关系，探讨夫妻双方在收入上的差别、在文化程度方面的差异与离婚行为之间的关系等等，从而达到在更高层次上认识和理解离婚现象的目的。

（三）预测趋势

社会调查还可以对社会现象（或者说对社会现象的发展趋势）作一定的预测。当然这种预测必须以对这一现象的准确描述和正确解释为基础。关于离婚现象，如果调查表明，开放地区及经济发达地区离婚比例较高，脑力劳动型职业中离婚比例较高（这是描述作用的体现）；同时，如果调查还表明，导致人们离婚的主要原因是与经济发展和思想解放相伴随的观念更新，以及与受教育程度和职业类型密切相关的个人自主意识增强（这是解释作用的体现），那么，就可以预言：随着我国改革开放的进一步深入、城市化进程的进一步加快、社会心理环境的进一步宽松、人们文化程度的普遍提高，整个社会

---

① 风笑天：《现代社会调查方法（第二版）》，华中科技大学出版社 2001 年版。

中的离婚现象还将进一步上升（这是预测作用的体现）。

三、社会调查的类型

根据不同的标准，可以将社会调查划分为不同的类型。比如，根据调查对象的范围，可以分为普遍调查与抽样调查；根据收集资料的方法，可以分为问卷调查（自填问卷与邮寄问卷）和访问调查（当面访问与电话访问）；根据调查的目的或作用，可以分为描述性调查、解释性调查和预测性调查；根据社会调查的性质或应用领域，可以分为行政统计调查、生活状况调查、社会问题调查、市场调查、民意调查和研究性调查。在此主要介绍普遍调查和抽样调查。

（一）普遍调查

普遍调查通常简称为普查，指的是对构成总体的所有个体无一例外地逐个进行调查。一般来说，普遍调查的规模往往非常大，属于宏观的调查。例如，全国范围的普查、全省普查、全市普查、全县普查或某一行业、系统的普查等等。普遍调查最典型的例子是人口普查，如我国 1953 年、1964 年、1982 年、1990 年、2000 年进行的 5 次全国人口普查，就是对全国所有人口逐个进行调查。

普遍调查主要采取两种方式进行。一种称为统计报表，是由普查部门（通常是国家行政部门）制定普查表，由下级有关部门根据所掌握的资料进行填报。例如，国家统计局关于全国工农业总产值的数据，就是由涉及这一项目的每一个具体企业、乡村和单位根据统一的报表填报汇总得来的。另一种是建立专门的普查机构，组织专门的调查员，制定专门的调查表，对总体中的每一个成员进行直接的调查登记，如全国人口普查、全国残疾人普查等等。

（二）抽样调查

抽样调查就是从所研究的总体中，按照一定的方式选取一部分个体进行调查，并将在这部分个体中所得到的调查结果推广到总体中去。简言之，就是调查部分以反映整体，这就是抽样调查的基本原理。抽样调查是在 20 世纪初期，随着抽样理论、统计分析方法、问卷技术，以及计算机技术的发展、完善和普及而逐步发展起来的。它与问卷法、统计分析一起，成为现代社会调查方法的主要标志。由于抽样调查具有许多明显的优点，因而在现代社会调查研究中的应用越来越广泛。

一般来说，如果能对某个总体作全面的、普遍的调查，那么所得的结果应该说是最准确、最全面的。但是，在现实生活中，往往出于人力、财力、时间及其他客观条件的限制，不可能作全面调查，而只能作抽样调查。例如，要了解一批灯泡的寿命，就不可能对每只灯泡都进行试验，因为灯泡的寿命试验是将灯泡一直长期试点，直到灯丝烧断为止。所以，在这种情况下，只能通过科学地抽取少量样本进行试验，以达到了解全部产品质量的目的。

与普遍调查相比，抽样调查具有以下几个优点：

（1）抽样调查非常节省时间、人力和财力。这也是抽样调查最突出的优点。由于抽样调查所涉及的对象远远少于普遍调查，因此整个调查的工作量要比普遍调查少很多。工作量的减少同时意味着调查所需要投入的人力、财力的减少，还意味着完成整个调查所需时间的减少。比如，进行一次全国人口抽样调查可以只用几个月的时间，而进行一次全国人口普查所需要的时间，则可能长达五六年。

（2）抽样调查可以十分迅速地获得资料数据。由于工作量小，从调查的准备到调查的实施，从资料的输入到结果的分析，时间上都可以大大缩短。而在许多情况下，争取时间对于决策者来说往往十分重要。某些社会现象需要及时了解，许多社会信息需要随时掌握。如果进行普遍调查，等到结果出来时总体的情况可能已经发生了变化，即使可以按照调查的结果做出决策，可能也已经不适用了。

（3）抽样调查可以比较详细地收集信息，获得内容丰富的资料。在普遍调查中，由于调查所涉及的对象非常多，工作量非常大，因而对每一个调查对象来说，所提出的问题就不能多。这样，所获得的有关调查对象的信息就比较少，也比较粗略，不够深入。

（4）抽样调查的应用范围十分广泛。由于上述几个方面的特点，使得抽样调查可以广泛地应用于各个领域、各个部门和各种课题，如人口、经济、劳动、就业、教育、卫生、居民生活等，而不像普遍调查那样主要只用于行政统计调查，或只限于统计部门或政府部门进行。抽样调查的性质决定了它具有很大的方便性和灵活性。

（5）抽样调查的准确性高。调查结果的准确性，指的是它与现实之间差距的大小。从理论上说，普查由于调查了所有个体的情况，因而它对总体状况的反映应该是最准确的；抽样调查由于只调查了总体中的一部分个体，因而它对总体的反映在准确度上不及普遍调查。然而，在实际调查过程中，抽样调查所必然存在的抽样误差只是影响调查结果准确性的一个原因，在抽样调查和普遍调查中都会存在的非抽样误差却常常是更为主要的原因。抽样调查则可以使用少量素质较高的工作人员并对他们进行充分的训练，还可以在实地调查中给予更仔细的检查监督，调查资料的处理亦能较好地完成。而普查的实施则需要大批调查员，这些调查员有许多是缺乏经验和专业训练的，这往往会降低调查质量，导致普查产生出比抽样调查大得多的非抽样误差。

四、社会调查的程序

（一）选题阶段

选择一个合适的调查问题在初学者看来并不太难，但在实际上却不是一件简单的事情。选题的好坏直接关系到调查工作的成败，关系到调查成果的优劣。选题阶段的主要任务有两个：一是从现实社会中存在的大量的现象、问题和焦点中，恰当地选择出一个有价值的和可行的调查问题；二是将比较含糊、比较笼统、比较宽泛的调查问题操作化，明确调查问题的范围，理清调查工作的思路。

（二）准备阶段

准备阶段的全部工作就是为实现调查目的而进行路径选择和工具准备。所谓路径选择，是指为达到调查的目的而进行的调查设计工作，它包括从思路、策略到方式、方法和具体技术的各个方面。工具准备，主要指的是调查所依赖的测量工具或信息收集工具，一般是问卷的准备，当然，同时还包括抽样工作。

（三）调查阶段

调查阶段也称为调查方案的实施阶段或者资料收集阶段。这个阶段的主要任务，就是具体贯彻调查设计中所确定的思路和策略，按照调查设计中所确定的方式、方法和技术进行资料收集。

（四）分析阶段

分析阶段的主要任务是对实地调查所收集到的原始资料进行系统的归纳、整理、统计、分析。这里既有对原始资料的清理、转换和录入到计算机等工作，也有对资料进行各种分析的工作。

（五）总结阶段

总结阶段的任务主要是：撰写调查报告，评估调查质量，应用调查成果。调查报告是一种以文字和图表将整个调查工作所得到的结果系统地、集中地、规范地反映出来的形式，它是社会调查成果的集中体现。撰写调查报告也可以说是对整个社会调查工作进行全面的总结。

五、调查设计

调查研究者根据调查的目的进行调查设计，除了在思路上、策略上思考，还要设计具体的调查方案。这就是对整个调查工作的步骤、手段、工具、对象、经费、时间等进行规划、选择和安排，形成一份完整的、周密的、切实可行的实施方案。一项调查方案大体上要包括以下内容。

（一）说明调查课题的目的和意义

说明调查课题的目的和意义即说明为什么要进行这项调查研究，从事这项调查研究在理论上或在实践上有什么样的价值。当然，要说明这些的前提条件是，调查研究者必须首先对自己的调查课题有一个清楚明确的认识。

（二）说明调查的内容

调查内容是对调查目的的具体分解和细化。在调查设计中，详细说明调查的内容，是落实目标十分重要的一环。如前所述，调查课题的确定只是指出了我们所研究现象的大致范围或基本方向，至于在这个题目下究竟应该调查研究哪些具体现象，则是在调查设计中所要解决的问题、所应完成的工作任务。

（三）说明调查范围、地点、调查对象和分析单位

调查范围的界定，有助于明确调查结果所推论的总体；调查对象的确定，有助于选择合适的调查方法和测量工具；指明调查课题的分析单位，则可以帮助研究者有针对性地收集研究所需的资料，同时也可以使研究者避免犯层次谬误或简化论的错误。

（四）说明调查的理论假设

一般来说，只有解释性调查才需要进行理论假设。描述调查的主要目的是全面描述某种社会现象的状况和特点，为进一步分析和探讨不同现象之间的联系打下基础。在解释性调查中，对理论假设的陈述和说明是必不可少的。

（五）说明抽样方案

抽样涉及调查对象的选取问题。它是社会调查中一项十分重要的工作。从调查对象的总体中所抽出的那一小部分调查对象对总体是否具有代表性、有多大的代表性，都与我们的抽样方法、抽样过程紧密相关。在具体抽样方案的设计中，我们需要说明：（1）调查的总体是什么，即对调查对象所取自的总体进行界定。（2）采取什么样的抽样方法和程序。（3）样本规模及样本准确性程度的要求等。

（六）说明调查资料的收集方法与分析方法

社会调查中的资料收集方法有多种形式。每一种具体的资料收集方法都有其特定的优点和不足，它们分别适用于各种不同的条件和场合。研究者的任务，就是要根据自己所从事的调查课题的具体情况，从中进行选择，以达到最好的调查效果。资料收集方法的选择要依据多种因素综合考虑。比如，调查总体的性质、样本规模的大小、调查的目标和重点、调查课题完成的时间要求、调查者的人力和物力是否充足等等。

（七）说明调查人员的组成、组织结构及培训安排

对于一项较大规模的调查课题来说，往往需要很多研究者的共同努力才能完成，同时还会涉及挑选、培训调查员的问题。因此，在调查方案设计中，必须对调查课题的组成人员及其在调查中所承担的任务进行全盘考虑，明确分工，制定相应的组织管理办法。对调查员的挑选、培训工作也要事先进行规划，制定出切实可行的培训方案，以保证调查工作的顺利进行。

（八）确定调查的时间进度和预算

为了在规定的时间范围内保质保量地完成调查任务，顺利达到预定的调查目标，研究者应该在课题研究开始之前，对整个调查工作的时间分配和进度进行安排。每一阶段所分配的时间要合适，还要留有一点余地。特别要注意给调查研究的设计和准备阶段多安排一些时间，不要匆匆忙忙地开始收集资料的工作。此外，还要充分考虑预算问题。

六、抽样

（一）相关概念

1. 总体

总体通常与构成它的元素共同定义：总体是构成它的所有元素的集合，而元素则是构成总体的最基本单位。在社会调查中，最常见的总体是由社会中的某些个人组成的，这些个人便是构成总体的元素。比如，当我们做一项有关某省大学生择业倾向的社会调查时，该省的每一个在校大学生便是构成总体的元素，而该省所有在校大学生的集合就

是调查的总体。一个总体中所包含的元素数目常用大写字母 N 表示。

2. 样本

样本就是从总体中按一定方式抽取出的一部分元素的集合。比如，从某省总数为 13.5 万人的大学生总体中，按一定方式抽取出 1500 名大学生进行调查，那这 1500 名大学生就构成了该总体的一个样本。在社会调查中，资料的收集工作或者说调查的实施正是在样本中完成的。样本中的元素数目通常用小写字母 n 表示。

3. 抽样

所谓抽样，指的是从组成某个总体的所有元素的集合中，按一定的方式选择或抽取一部分元素（总体的一个子集）的过程；或者说，抽样是从总体中按一定方式选择或抽取样本的过程。

4. 抽样单位

抽样单位就是一次直接的抽样所使用的基本单位。抽样单位与构成总体的元素有时是相同的，有时又是不同的。比如，上面从 13.5 万名大学生中抽取 1500 名，单个的大学生既是构成某省 13.5 万名大学生这一总体的元素，又是我们从总体中一次直接抽取出 1500 名大学生的样本时所用的抽样单位。但是，当我们从这一总体中一次直接抽取出 40 个班级，而以这 40 个班级中的全部学生（假定正好 1500 名）作为我们的调查样本时，抽样单位（班级）与构成总体的元素（学生）就不是一样的了。

5. 抽样框

抽样框又称作抽样范围，指的是一次直接抽样时总体中所有抽样单位的名单。比如，从一所中学的全体学生中直接抽取 200 名学生作为调查的样本，那么，这所中学全体学生的名单就是这次抽样的抽样框。如果是从这所中学的所有班级中抽取部分班级的全体学生作为调查的样本，那么，此时的抽样框就不再是全校学生的名单，而是全校所有班级的名单了。因为，此时的抽样单位已不再是单个的学生，而是单个的班级了。

6. 参数值

参数值也称为总体值，它是关于总体中某一变量的综合描述，或者说是总体中所有元素的某种特征的综合数量表现。在统计中，最常见的参数值是总体某一变量的平均数，如某市待业青年的平均年龄、某厂工人的平均收入，等等。需要说明的是，参数值只有对总体中的每一个元素都进行调查或测量才能得到。

7. 统计值

统计值也称为样本值，它是关于样本中某一变量的综合描述，或者说是样本中所有元素的某种特征的综合数量表现。统计值是从样本中计算出来的，它是相应的参数值的估计量。比如，样本平均数是通过调查样本中的每一个元素后计算出来的，它是总体平均数的估计量，二者是一一对应的。参数值和统计值之间有一个重要的区别：参数值是确定不变的、唯一的，并且通常是未知的；而统计值则是变化的，即对于同一个总体来说，不同样本所得的统计值是有差别的，并且对于任一特定的样本来说，统计值是已知的，或者说是可以通过计算得到的。从样本的统计值来推论总体的参数值，正是社会调查的一项重要内容。

8. 置信度

置信度又称为置信水平，它指的是总体参数值落在样本统计值某一区间内的概率，或者说，是总体参数值落在样本统计值某一区间中的把握性程度。它反映的是抽样的可靠性程度。比如，置信度为95%，指的是总体参数值落在样本统计值某一区间的概率为95%；或者说，我们有95%的把握认为样本统计值将落在总体参数值周围的某一区间内。

9. 置信区间

上面介绍置信度时所说的"某一区间"，就是置信区间。它是指在一定的置信度下，样本统计值与总体参数值之间的误差范围。置信区间反映的是抽样的精确性程度。置信区间越大，即误差范围越大，抽样的精确性程度就越低；反之，置信区间越小，即误差范围越小，抽样的精确性程度就越高。

（二）抽样的类型

从大的方面，抽样可以分为概率抽样和非概率抽样。具体内容如表9－2所示：

表9－2　抽样的类型

抽样方法	概率抽样	简单随机抽样 系统抽样 分层抽样 整群抽样 多段抽样
	非概率抽样	偶遇抽样 判断抽样 定额抽样 雪球抽样

这里我们主要介绍简单随机抽样和系统抽样。

简单随机抽样又称纯随机抽样，是概率抽样的最基本形式。它是按等概率原则直接从含有 N 个元素的总体中抽取 n 个元素组成样本。其常用的办法是抽签，即把总体的每一个单位都编号，待这些号码写在一张张小纸条上，然后放入一容器中，搅拌均匀后，从中任意抽取，直到抽够预定的样本数目。

系统抽样又称等距抽样或机械抽样。它是把总体的单位进行编号排序后，再计算出某种间隔，然后按这一固定的间隔抽取个体的号码来组成样本的方法。它和简单抽样一样，需要有完整的抽样框，样本的抽取也是直接从总体中抽取个体，而无其他中间环节。

系统抽样的具体步骤是：

（1）给总体中的每一个个体按顺序编上号码，即制定出抽样框，这与简单随机抽样的做法一样。

（2）计算出抽样间距，方法是用总体的规模除以样本的规模。假设总体规模为 N，样本规模为 n，那么抽样间距 K 就等于 N 除以 n。

（3）在最前面的 K 个个体中，采用简单随机抽样的方法抽取一个个体，记下这个个体的编号（假设所抽取的这个个体的编号为A），它称作随机的起点。

（4）在抽样框中，自 A 开始，每隔 K 个个体抽取一个个体，即所抽取个体的编号分别为 A，$A+K$，$A+2K$，…，$A+(n-1)K$。

（5）将这 n 个个体合起来，就构成了该总体的一个样本。

七、测量

（一）测量的概念

美国学者史蒂文斯认为，测量就是依据某种法则给物体安排数字。我们进一步解释测量的含义：所谓测量，就是根据一定的法则，将某种物体或现象所具有的属性或特征用数字或符号表示出来的过程。

（二）测量层次

测量按层次分为四种，即定类测量、定序测量、定距测量、定比测量。

定类测量也称为类别测量或定名测量，它是测量层次中最低的一种。定类测量在本质上是一种分类体系，即将调查对象的不同属性或特征加以区分，标以不同的名称或符号，以确定其类别。在社会调查中，对诸如人们的性别、职业、婚姻状况、宗教信仰等特征的测量，都是常见的定类测量的例子。

定序测量也称为等级测量或顺序测量。定序测量的取值可以按照某种逻辑顺序将调查对象排列出高低或大小，确定其等级及次序。比如测量人们的文化程度，可以将它们分为文盲、半文盲、小学、初中、高中、大专、大学及以上等等，这是一种由低到高的等级排列。

定距测量也称为间距测量或区间测量。它不仅能够把社会现象或事物区分为不同的类别、不同的等级，而且可以确定它们相互之间的间隔距离和数量差别。比如，测量人的智商以及测量自然界中的温度就是定距测量的典型例子。

定比测量也称为等比测量或比例测量。定比测量除了具有上述三种层次测量的全部性质之外，还具有一个绝对的0点（有实际意义的0点）。所以，它测量所得到的数据既能进行加减运算，又能进行乘除运算。比如，对人们的收入、年龄以及某一地区的出生率、性别比等所进行的测量，都是定比层次的测量。应该注意，是否有一个具有实际意义的0点（绝对0点）存在，是定比测量与定距测量的唯一区别。

八、问卷

（一）问卷的概念和类型

问卷在形式上是一份精心设计的问题表格，而其用途则是用来测量人们的行为、态度和社会特征，它所收集的则是有关社会现象和人们社会行为的各种资料。

问卷可分为两种类型：一种称为自填式问卷，即由调查员发给（或邮寄给）被调查者，由被调查者自己填写的问卷；另一种称为访问式问卷，即由调查员按照问卷向被调查者提问，并根据被调查者的回答进行填写的问卷。

（二）问卷的基本结构

1．封面信

封面信的作用在于向被调查者介绍和说明调查的目的、调查单位或调查者的身份、调查的大概内容、调查对象的选取方法和对结果保密的措施等。

2．指导语

指导语即用来指导被调查者填答问卷的各种解释和说明。有些问卷的填答方法比较简单，指导语很少，常常只在封面信中用一两句话说明即可。比如，"请根据自己的实际情况在合适的答案号码上打圈或者在空白处直接填写"。

3．问题及答案

问题及答案是问卷的主体，也是问卷设计的主要内容。问卷中的问题从形式上看，可分为开放式与封闭式两大类。所谓开放式问题，就是那种只提出问题，但不为回答者提供具体答案，由回答者根据自己的情况自由填答的问题。简言之，就是只提问题不给答案。而封闭式问题则是在提出问题的同时，还给出若干答案，要求回答者根据实际情况进行选择。

4．编码及其他资料

所谓编码，就是赋予每一个问题及其答案一个数字作为它的代码。编码既可以在问卷设计的同时就设计好，也可以等调查完成后再进行。前者称为预编码，后者称为后编码。在实际调查中，研究者大多采用预编码。因此，预编码也就成了问卷中的一个部分。

除了编码以外，有些访问问卷还需要在封面印上访问员姓名、访问日期、审核员姓名、被调查者住址等有关资料。

九、资料处理

当问卷调查完毕之后，即问卷全部收回之后，需要对问卷进行处理。

（一）原始资料的审核

资料的审核是资料处理的第一步工作。它是指研究者对调查所收集回的原始资料（主要是问卷）进行初步的审查和核实，剔出乱填、空白和严重缺答的废卷。其目的是使原始资料具有较好的准确性、完整性和真实性，从而为后续资料整理录入与统计分析工作打下较好的基础。

（二）资料的复查

为了确保调查资料的真实性、准确性，除了要对原始资料进行上述审核工作外，通常还要进行复查的工作。所谓资料的复查，指的是研究者在调查资料收回后，又由其他人对所调查的样本中的一部分个案进行第二次调查，以检查和核实第一次调查的质量。

（三）资料的编码

举例说明问卷编码的具体过程和方法（见表9-3）。

表9-3　问卷编码

A1	您的性别：①男②女
A2	您的年龄_____周岁
A3	您的文化程度：①小学以下②初中③高中或中专④大专以上
A4	您的婚姻状况：①未婚②已婚③离婚④丧偶⑤其他

上面四个问题的"问题代码"为 A1、A2、A3、A4，每个问题的每个答案都以一个阿拉伯数字作为代号。这样就把文字的答案转化为数字了。

（四）数据的录入

经过编码处理，调查所收回的问卷中的一个个具体答案都已成功地、系统地转换成了由 0~9 这 10 个阿拉伯数字构成的数码，接下来的任务就是将这些数码输入计算机内，以便进行统计分析。

数据录入的方式主要有两种：一种是直接从问卷上将编好码的数据输入计算机；另一种是先将问卷上编好码的数据转录到专门的登录表上，然后再从登录表上将数据输入计算机。

（五）数据的清理

在调查资料从问卷上的回答转换为编码，以及录入到计算机中成为数据文件这一过程中，无论我们组织、安排得多么仔细，工作多么认真，还是难免会出现一些小的差错。为了在正式统计运算前再次降低数据中的差错率，提高数据的质量，我们还要进行数据清理工作。数据的清理工作，我们通常运用 SPSS 软件来完成。这样我们才能对这些数据进行分析，得出正确的结论。

第十讲

文秘基础

　　文秘，是以文字为主的案头工作的总称。秘书则是从事文秘工作的一种职业。秘书，是专业服务业的重要方面，秘书人才是现代服务业人才队伍中重要的组成部分。优秀的秘书人才以其卓越的处理文书与事务的知识和能力以及良好的管理能力，为党政机关、企事业单位、社会团体提供服务，在完成辅助领导工作、综合处理相关事务、提升管理效益等方面，具有不可替代的作用，在促进经济社会发展过程中，扮演着重要的角色。本讲仅从秘书职业概述、秘书素质、秘书工作内容、秘书伦理、秘书的人际关系几方面作一概述，旨在对文秘工作有一粗略的认识。

一、秘书职业概述

（一）秘书的定义

　　"秘书"一词最初并非指人，更非指一种职业。"秘书"作为一个单独的词组最早出现于汉代，"秘"即秘密、神秘之意，"书"即图书，因此，"秘书"一词最早是指具有秘密性质或神秘色彩的图书。东汉后期开始，将以掌典图书、著书立说为职责的官署和官职称之为"秘书寺"、"秘书省"和"秘书监"、"秘书丞"、"秘书令"。"秘书"开始指代人员，意为朝廷中掌管图书和机密文书的一类官职。"秘书"概念真正具有现代意义的含义，作为一种特定的职务，当以中华民国临时政府的建立为标志。20 世纪 80 年代，当代秘书学应运而生，但对秘书的定义却众说纷纭。时至今日，"秘书"一词尚未在学术界达成概念上的一致，难有一个全面而准确的界定。一般认为，秘书以其主要的服务对象和工作职责为区分标准，有广义和狭义之分。

　　秘书的广义定义：秘书是领导人的事务与信息助手，围绕领导工作，在领导身边，直接为领导服务的人员。

　　秘书的狭义定义：秘书是一种职务名称，已经成为一种社会职业，指处于领导近旁，直接为领导从事事务性、信息性、综合性的服务工作的助手。

（二）秘书的分类

随着秘书工作向职业化和专业化方向发展，秘书的分类也逐渐细化。

从服务对象和经济来源分，秘书可分为公务秘书和私人秘书两类。公务秘书为各级党政机关、军队、国有企事业单位、群众团体服务，由组织和人事部门选调，从国家或集体领取薪酬，纳入国家编制。私人秘书为私营企业、个人等服务，由其聘请并支付薪水。随着我国改革开放的不断深入，私人秘书也广泛存在于外资企业中，这种秘书也被称为"涉外秘书"。

从所属部门分，秘书可分为党务、行政、军事、司法、经济和文化秘书等，其中还可分为若干小类。例如，在经济部门可分为工业、农业、商业秘书等，在文化部门可分为教育、卫生、体育、宣传、文艺、科研秘书等。

从具体工作来划分，秘书可分为文字秘书、机要秘书、通讯秘书、信访秘书、事务秘书、外交秘书、生活秘书等。

从责任大小来划分，秘书可分为初级秘书、中级秘书和高级秘书。初级秘书通常指科员以下的秘书人员，从事一般的日常工作，如收发信件、盖章、换表、发布通知、接待客人等。中级秘书通常指科、处两级的秘书人员，他们一般分工明确，只干各自分内的事情，如起草文件、办理公文、调查研究、整理信息等。高级秘书通常指可以接受领导授权，协助领导直接处理事务的秘书，他们在参政议政上有一定的建议权。

（三）秘书的职业特点

秘书工作作为专门的职业，有其自身的职业特点，主要包括以下几方面。

1. 辅助性

辅助性是秘书工作最重要的特点。秘书活动的主要内容就是辅助领导完成工作。我们可将秘书工作与领导工作的关系比喻成月球和地球的关系，秘书工作是围绕着领导工作的。秘书所要做的就是为领导的工作、学习、生活提供便利，并根据领导的意图处理问题，不能擅做主张。秘书要及时、主动、周密地辅助领导工作，积极地充当领导的"手足"和"耳目"。江泽民同志于1990年在全国党委秘书长座谈会上把秘书形象地称为领导人的"左右手"。

2. 从属性

秘书机构不是自成一家、独立决策的部门，秘书班子都依附所在单位的领导班子，由此决定了秘书工作的从属性。秘书工作应该积极主动、富有创造性，但却不能摆脱秘书工作的依附地位而自行其是。这是因为，导致秘书工作行为发生的根本原因是领导的授意和领导工作的需要。

3. 服务性

秘书工作其实就是一项服务性的工作，不仅要为所在单位的领导服务，为所在单位的其他部门服务，也要为所在单位的下级和群众服务。

4. 全面性

领导工作的全面性决定了秘书工作的全面性。凡是领导从事的工作秘书都要了解，领导参加的活动秘书都可参加，凡外来人员都要首先与秘书机构取得联系。所以，为领导工作服务的秘书工作必然带有综合性和全面性的特点。

5. 灵活性

秘书工作是一项既要处理事务又要与人打交道的工作，所以秘书应具有灵活应变的能力。秘书工作经常会遇到突发情况，这就要求秘书能随机应变，正确而又妥善地待人接物，顺利完成任务。

（四）秘书资格与测评

2003年秘书职业全国统一鉴定试点启用新的国家职业标准，共分为四个等级，分别为国家职业资格五级（原初级）、四级（原中级）、三级（原高级）和二级。考核的内容包括职业道德、基础业务素质、案例分析、工作实务四个方面的基本内容。涉外秘书增加外语考核部分，秘书职业资格二级增加业绩评估部分。考核的方式包括书面应答、情景模拟、任务解决、综合测试、业绩评估。

二、秘书素质

古代君王视秘书为股肱之臣，当今领导人用秘书如左膀右臂。秘书是领导人的智囊和助手。他辅助领导人从事管理工作，负有参政设谋、协调综合、督促检查、拾遗补缺等重大责任。秘书素质的好坏直接关系到工作质量与效率的高低。因此，秘书人员必须具备较高的政治、思想、品德、智能、身心等方面的素质。一位合格的秘书应该是稳重踏实、灵活变通、善解人意的，应该具有深刻的思考能力、点面兼顾的计划能力、快速的分析能力和巧妙的应变能力，同时，又应该乐观谦和、积极向上，甘于默默无闻。这就要求从业秘书必须全方位地充实自己、提升自己。

（一）政治素养

秘书工作是一项政治性很强的工作，秘书人员必须要有良好的政治素养，必须具备较高的理论政策水平，具有较强的法制观念，具有高度的工作责任感，具有较高的遵守纪律的自觉性，还要有较强的保密观念。

（二）品德修养

由于秘书的工作特点，社会对秘书这一职业存在着一些误解。在一些人眼里，秘书就是领导的代言人、代笔人、挡驾人、身边人、佣人、情人等。这些误解一方面说明人们还不了解秘书职业，另一方面也说明社会上秘书虽多，但离真正的职业秘书还有些距离。要成为一个合格的秘书，自身的品德修养十分重要。正直、诚实、谨慎、谦逊、缜密、合群、宽厚、自信、有上进心等都是成为职业秘书必不可少的条件。

（三）知识准备

秘书工作综合性强，接触面广，这就要求秘书人员应尽可能具备较为广博的知识和合理的知识结构。不同单位的秘书因工作层次不同，秘书人员的知识结构要求也不尽相同。一般来说，秘书人员的知识结构分为基础知识、专业知识和其他相关知识三个层次。

1. 基础知识

基础知识包括：（1）人文社会科学知识，即文学、哲学、政治学、经济学、历史、逻辑、法学等学科知识。（2）自然科学知识，即数学、物理、化学、生物等学科知识。只有基础知识牢固，才有利于进一步地学习其他方面的知识，才能够更好地将知识融会贯通。

2. 专业知识

专业知识是秘书人员知识结构的核心，包括：（1）与秘书有直接关系的秘书学、文书学、档案管理学、应用写作学、信访学、会议组织学、领导学等学科知识。（2）秘书人员所在部门的行业专业知识。秘书人员只有在熟知某方面的专业知识后才能在某一行工作，并能较好地适应环境，以取得良好的工作成绩。

3. 其他相关知识

这部分知识是独立于专业知识之外，但又与秘书工作密切相关的知识。其主要包括管理心理学、领导心理学、秘书心理学、人际关系心理学等心理学知识，公共关系学、行为科学、社交礼仪等公共知识，以及其他相关知识。

秘书人员只有在掌握充实的知识的基础上，才能提高参与秘书工作的能力，更好地辅助领导做好工作，更好地待人接物，适应繁忙的日常工作。

（四）能力准备

秘书是一种特定的社会角色，全美秘书协会章程对秘书人员的要求是：要像心理学家一样洞察别人的心灵；要像文学家一样善于驾驭文字；要像外交家一样有潇洒的风度；要有灵活运用各种办公自动化机器的能力……

1. 精明的办事能力

秘书的基本职能就是办事，办事能力是秘书的重要能力。办事能力涉及完成任务的情况和临机处事的本领。要具有一定的办事能力，必须以知识面广、头脑清楚、思维敏捷、手脚勤快、经验丰富为基础。办事能力主要体现在：（1）理解和体会能力，就是要听得快，听得清，记得牢。为此要有集中的注意力，灵敏的反应力，深刻的理解力，牢固的记忆力，机智的组合力和精湛的品评力。（2）条理和驾驭能力，善于把繁杂的事务处理得井井有条。（3）口头表达能力，这是对秘书职业的特殊要求。会说话，是一门学问，而且是事关办事成败的基础。什么是会说话呢？起码要做到口齿清楚、达意准确、说话艺术。前两条是基本的，第三条是进一步的要求，它包括了感染力、说服力、风度、礼貌等。提高口头语言表达能力还不能忽略体态语。（4）应变能力。世上的事物总是瞬息万变、不断发展的，人们办事的计划和预案，常常会和现实不大相符，甚至大相径庭，有时会突然变化，把原来的计划和预案完全打乱。在这种情况下，秘书人员要胸有成竹，临事不乱，迅速做出抉择，一案不行，另换一案，原则不变，灵活处置。（5）交际能力。秘书的交际能力多半体现在工作的协调中，尤其要注意处理好与领导的关系，同时还要协助领导与各方面进行交流沟通。

2. 写作能力和信息收集能力

文字表达能力是秘书人员的基本功。秘书几乎整天与文字打交道。写作是个痛苦的过程，常给人"难产"的感觉。秘书人员文字表达能力的形成和提高，有赖于长期的、反复的、刻苦的写作实践。有句话：文章得失不由天，厚积善识多实践。公文写作应力求达到"信、达、雅"，准确、简明、流畅、有韵味。

秘书一个重要的任务就是为领导调查和收集有用而又全面的决策信息。因此，作为秘书必须具有广泛收集信息的能力。首先要知道领导正关注什么，再是利用多种渠道，如网络、报刊、电视等广泛收集信息，接下来还要对所收集的信息进行分析总结并写成专题报告。为了提高处理信息的效率，秘书必须熟练运用速记、快读、精读等方法。

3. 管理能力

秘书部门是辅助管理部门，秘书要辅助领导进行管理活动，有时还要根据领导的授权，独立地进行某项活动的组织管理。这就需要秘书具有良好的组织实施能力。

4. 操作能力

随着社会现代化程度的提高，秘书人员必须适应形势发展的要求，学会并熟练运用现代化办公手段。

（五）形象准备

形象是一个团体和组织的外在资产，是一个人的灵魂所在。因此，形象问题与我们每个人息息相关。莎士比亚有一句名言："如果我们沉默不语，我们的衣裳与体态也会泄露我们过去的经历。"形象是一种视觉和心灵的感受。在人际交往中，人们往往通过外在形象来判断一个人的年龄、身份、地位等，并相应地决定对待他的态度。现代意义的形象包括仪容（外貌）、仪表（服饰、职业气质）以及仪态（言谈举止）三方面，其中最为讲究的是形象与职业、地位的匹配。秘书应该从有形的专业形象和无形的专业形象两方面来完善自己。"有形"重点指服装、语言、态度、工作技能等，"无形"重点指个人魅力、学习能力、人生观、智慧、魄力等。秘书应该具有设计自我形象的能力。

三、秘书工作内容

秘书工作的内容丰富，既有大量政务性服务的内容，又有许多事务性服务的内容。在非公务秘书特别是私人秘书领域，其任务内容还常随着领导的需求而延伸扩展。以下择其主要，作一简略介绍。

（一）领导办公室管理

管理好领导的办公室，一方面是为了让领导舒适地工作，另一方面是为了给来访的客人留下美好的印象。领导进办公室后，在第一时间内应该让他看到简明扼要的上级的指示精神和各方面的信息资料以及下级反映的情况。

（二）接待工作

秘书时常需要代表领导接待客人，此时秘书就是单位的形象代言人。接待客人时，要掌握政策，把握原则，做好接待记录，在自己的权限范围内妥善处理一些事务。

（三）领导的日程安排

领导的工作千头万绪，为了抓住大事和重点，提高工作效率，作为领导的助手，秘书必须为领导管理好他珍贵的时间，为领导安排好工作日程，并保证科学合理。工作日程的安排通常是按时间段来划分的，如下周工作安排、本月工作安排、某季度工作安排等。在安排工作日程时，要考虑各项工作的轻重缓急以及各项工作之间的联系，特别是要考虑如何提高工作效率。

（四）信息工作

人类已进入到一个信息的时代，人们每天都生活在信息的海洋中，领导人的正确决策必须以准确、及时和充分的信息为依据。秘书的信息工作就是收集各种各样、形形色色的信息，并进行鉴别，去伪存真、整理归类，在领导需要的时候提供给领导。秘书在收集信息时必须遵守准确真实、实事求是、避免"信息污染"（指信息过多，掩盖了核心的东西）的原则。收集信息的范围主要包括与单位有关的信息、与领导业务有关的信息、与领导个人有关的信息、流传于员工中的信息、单位内部的信息、单位外部的资料。另外，秘书每天都要收到大量的信函、传真、电子邮件等，在负责处理时，就是对它们进行筛选并分类，确定哪些马上送交领导，哪些可以暂缓，哪些可以自己转给有关部门等。

（五）会务工作

开会是领导的一项非常重要的工作，他们有时也参加别人主持的会议，但更多的是由自己主持会议。会议能否收到预期的效果，很大程度取决于会前的筹备工作做得如何。秘书一旦接受筹备会议的任务，就要着手准备会议计划。这需要向领导确认领导是作为主持人还是作为成员参加会议、会议召开的时间和地点、参加会议的人数和预算、需要准备的物品和资料等内容。对于那些内容机密的会议，如果领导不交代，秘书就不要过问会议的内容、目的和开会方式等。确定参会人员之后，就要起草会议通知，在会议通知上，要注明开会的地点、时间和会议联系人的电话号码。对于那些特别重要的参会者，一定要用电话确认。如果有大会发言，一定要把发言稿打印好，事先分发给每个参会人员。准备会议资料时，一定要适当多打印一些。会议期间，秘书的主要工作是传接电话、做会议记录等。会议结束后，秘书要做好会议文件资料的收集、整理和归档工作，及时送交有关人员妥善保管。做会议记录的秘书，一般要负责写会议纪要。会议纪要一般要求简明扼要、观点鲜明、事实清楚。

（六）文书工作

文书是机关企事业单位在内部管理和对外交往过程中形成并使用的具有一定惯用格式的应用文体。文书工作是指机关法定公文（命令、议案等十三类）的写作、机关其他常用文体（计划、总结、调查报告等）的写作以及传真与电子邮件的书写等。机关公文的写作有以下特点：被动写作，遵命性强、对象明确，针对性强、集思广益，群体性强、决策之作，政策性强、急迫之作，时限性强、讲究格式，规范性强。这就要求公文写作人员应具有以下修养：政治素质好，有一定的政策理论水平，熟悉业务和机关工作情况，有较宽的知识面，有较好的文字功底。秘书在书写传真和电子邮件时也得注重规范性和礼节。传真首页的上方应注明发送者和接收者双方的单位名称和人员姓名、发送日期、联系电话、总页数等，以便接收者一目了然；写作正文时，称呼、问候语、致谢语、结尾的签名一定不能少。

（七）档案管理工作

档案管理工作是指单位将在各项工作中形成的具有保存价值的文件材料，包括文字、图像、声音及其他各种形式的原始记录，按照一定的规章制度，定期移交给档案室或负责管理档案的人员集中保存。收集资料是为了保存以备日后利用，所以，在存放资料时要分门别类地存放，以保证资料容易检索。常用的档案分类方法有以下三种：年度分类法、组织机构分类法、问题分类法。一般情况下，文件在形成的第二年上半年内就应向档案部门移交归档。人事文件一般应在办理完毕后的半个月之内向档案部门归档。随着信息化的日益深入，作为秘书人员，电子档案的管理也越来越重要了。

（八）随从工作

秘书人员随从领导外出活动，是秘书部门为领导服务工作的深化和发展，也是一项跟踪服务。秘书随从的活动大体包括：参加会议、检查工作、调查研究、考察访问、会谈签约等。秘书在随从过程中，应发挥联系作用、耳目作用、助手作用、参谋作用、公关作用。秘书随从领导的工作内容主要包括一般事务性的工作、文稿方面的工作（如写发言稿、讲话稿、开幕词、欢迎词、考察报告等），以及决策方面的工作（如准备有关资料，提供重要信息，初拟调查研究计划，出谋献策等）。在随从过程中，秘书得注意自己的身份，注意维护领导的权威，注意遵纪守法、清正廉洁。

（九）协调工作

协调工作主要是对各部门之间、工作之间和人与人之间的关系进行调整和改善，以消除矛盾，减少摩擦，提高效率。

（十）督查工作

督查工作即对决策实施、中心工作和领导交办事项进行的督促检查工作。

秘书工作的任务和内容千头万绪，十分繁多，但概括起来就是办事和参谋两大类。从根本上来说，全部的秘书工作亦归结为"参与政务"和"管理事务"两大部分。

四、秘书伦理

秘书人员作为党政机关、企事业单位领导的参谋助手，起着他人所不能替代的作用。也正是由于秘书在各级领导机构中处于纽带枢纽性的重要岗位上，其工作态度、道德品质与工作作风的好坏，直接关系到工作质量与效率的高低。秘书伦理是秘书在履行职业责任和职业义务过程中形成的自觉意识和行为准则。比如，当领导出现决策失误时，秘书的职业良心会转化为一种责任感，使秘书鼓起勇气向领导提出意见和建议，帮助领导改正错误，挽回损失。秘书除应遵守所有公民伦理标准外，还应具备秘书的职业伦理。

（一）秘书伦理要求

1. 个人价值：诚实和正义

这是秘书工作人员作为个体的价值理念基础。秘书所具有的正义感肯定可以带来非常强烈的社会责任心。秘书要以公正、合理的方式实现个人的权利，以诚实和正义来提升个人价值。

2. 职业价值：忠诚和敬业

在一个组织里，秘书忠诚就是忠诚于自己的事业，只有忠诚事业的人，才能产生孜孜以求的奋斗精神；只有忠诚组织和领导的秘书人员，才能在组织的发展中实现自我价值，成就自己的梦想。有忠诚就有敬业，忠诚在于内心，敬业在于工作上尽职尽责、善始善终、一丝不苟。忠诚敬业是一种自发的最基本的职业态度，是珍惜生命、珍视未来的表现，同时也是秘书工作的强大动力。

3. 组织价值：效率和规则

秘书伦理关于组织价值的理念，是要求把组织结构的效率放在首要地位。为了提高组织机构的工作效率，一是改革工作制度，建立明确的工作规则，简化办公程序，使秘书工作制度化、规范化、科学化；二是实现办公手段自动化；三是提高秘书人员的快速反应能力，培养雷厉风行的工作作风。

4. 合法价值：依法和守法

合法是重要的道德理念，遵守宪法和法规应作为秘书工作者的重要道德职责。秘书应遵守、支持、学习政府的宪法和法规，以明确所在组织从业人员的依法、守法的责任。

5. 公共利益价值：为公共利益服务

秘书工作致力于维护党政机关、企事业单位的利益，为公共利益服务。

（二）秘书的职业道德修养

相对于秘书伦理而言，职业道德则比较具体。秘书道德修养是由社会经济关系所决定，适应秘书工作需要而产生，由秘书人员的内心信念、传统习惯、社会舆论以及法律义务等要素维系的一种特殊的社会道德现象。国内外对秘书职业道德的要求有所不同。总体来说，做一个合格的秘书，必须做到：礼貌而不居高临下，诚实而不弄虚作假，参谋而不自以为是，谦虚而不傲上凌下，谨慎而不唯唯诺诺，公正而不见风使舵，原则而不论是道非，敬重而不阿谀奉承，本分而不炫耀示人。

1. 忠于职守，自觉履行各项职责

尽职尽责是秘书最基本的道德规范，忠诚是秘书的职业生命。如果秘书为钱，或者为了泄私愤，利用职务之便，出卖单位的机密或公司的无形资产，将给组织带来巨大损失。

2. 服从领导，正确贯彻意图

坚决服从领导，严格按照领导的意图办事，体现领导的指导思想，这是秘书人员基本的职业品德。秘书工作人员可以提建议，提想法，思想可以活跃一些，考虑问题可以开阔一些，但是不能干扰领导同志的工作，不能固执己见，不听指挥。

3. 实事求是，坚持实践第一的原则

工作中一切从实际出发，深入调查研究，光明磊落，敢说真话实话，反对弄虚作假、欺上瞒下，做一个诚实的秘书。

4. 廉洁奉公，不假借领导名义以权谋私

廉洁奉公是秘书的立身之本。秘书的特殊地位，使秘书可以轻而易举地假借领导人的名义而谋私利，这就要求秘书应严于律己，在任何情况下都不为金钱、物质和人情关系所引诱，不以损害国家、集体的利益做交易，不用领导人的名义谋取任何私利，坚持原则，秉公办事。

5．任劳任怨，甘当无名英雄

秘书为领导者服务，事务杂，头绪多，突击性强，经常无偿加班加点；秘书处在领导者与群众之间、领导者与职能部门之间、领导者与领导者之间，工作稍有不慎，就会两头受"气"，取得一些成绩，也常常记在领导者的"功劳簿"上。这就要求秘书应具有宽广的胸怀、豁达的气度，不计较个人得失。

6．谦虚谨慎，办事公道，热情服务

谦虚谨慎是秘书待人处事应有的风范。秘书不仅要在领导者面前谦虚谨慎，还要在同事和群众面前、在成绩和荣誉面前谦虚谨慎。

7．严守机密，培养遵纪守法的纪律修养

由于秘书人员的特殊工作环境，要求秘书工作人员必须比其他部门的一般工作人员有更强的组织纪律性；要严格按照自己的职权范围进行工作，处理问题，严防各种越权行为；要自觉维护领导之间的团结；要养成自觉保守秘密的习惯。

8．恪守信用，培养文雅的言谈举止

这就要求秘书应重诺、守时、举止文雅。一个讲文明、守信用的秘书不仅能给人良好印象，而且有助于树立良好的组织形象。

（三）秘书的工作作风修养

秘书的工作作风修养，是指秘书在工作中表现出来的一贯态度和行为。它是一种无形的力量，直接关系到秘书工作的效率。

1．积极主动的作风

工作中，秘书人员必须充分发挥主观能动性，主动当好领导的参谋。

2．雷厉风行的作风

雷厉风行的核心是一个"快"字。"快"是秘书部门工作性质的要求。秘书部门在组织中处于中心和枢纽地位，起着沟通信息、承上启下、协调内外的作用。秘书人员的工作作风是雷厉风行、办事迅速，还是推诿扯皮、办事拖拉，直接关系到整个组织工作效率的高低。要发扬雷厉风行的作风，首先要增强秘书人员的责任感，其次要树立高度的时间观念，再次要提高快速反应能力。领会领导意图要快，向领导反映重要问题要快，传达领导指示要快；特别是撰写文件、电报要快，练就"出手成章"的硬功夫，成为能应付任何紧急情况的"快手秘书"。

3．准确细致的作风

准确是保证工作质量的关键。秘书工作切忌粗枝大叶，马马虎虎。事无巨细，都要准确细致，妥善办好。要做到准确无误、确保工作质量必须注意以下几点：一是要坚持实事求是的原则，如拟写文稿时，引用的材料要真实可靠，不能道听途说，凭想当然的主观臆断推测，更不能弄虚作假；二是要有认真负责的态度；三是要耐心细致，一丝不苟。

4．勤奋刻苦的作风

秘书人员快、准、细、严的工作作风都必须建立在勤奋刻苦之上。一是勤问。二是勤记。秘书工作事务繁杂，要勤动笔，应建立要事卡片，还应完备各种记录，记好备忘录，尤其是注意摘记，整理要文、要事，积累资料。三是勤看。该看的文件材料都要看，上下左右各方面的新情况、新事情，可以看的都要看。四是勤想。秘书人员要脑勤，勤思考，勤探索，对问题要深入钻研以求得出深刻创新的见解。

5. 团结互助的作风

当遇到特别重要和紧急的任务，秘书部门就更需要集中人员、集中时间、团结协调，才能保证按时完成任务。遇到几个部门共同办的事，要诚挚合作，杜绝互相推诿的现象。

6. 有条不紊的工作作风

秘书工作具体而繁杂，这就要求秘书人员学会分辨轻重缓急，紧张而有序地工作，否则眉毛胡子一把抓，手忙脚乱，延误时间，影响领导工作的顺利进行。

五、秘书的人际关系

人际交往是指在社会活动中人与人之间传递信息、交流感情、沟通思想、建立人际关系的过程。秘书的人际交往是秘书职业的公共关系活动的体现，是一种秘书职业的应有职能。秘书不仅要处理好自己的人际关系，而且还要协助领导处理好他的人际关系，这是做好秘书工作的前提。

（一）处理人际关系的基本方法

1. 注意形象

领导对自己身边工作人员的要求一般比较严格，特别是在衣着打扮方面不允许他们随随便便。如果你经常给人留下"某某太随便了"的印象，作为秘书就很失职了。

2 注意礼貌

秘书每天接触到的人职位都比较高，这些人的年龄和地位决定了他们不喜欢身边的工作人员说话粗鲁、办事粗糙。这就要求秘书应注意礼貌，无论是说话还是办事都要体现出相当的教养。

3. 换位思考

作为秘书一定要养成换位思考的习惯。所谓换位思考，就是站在对方的立场上来考虑问题，了解对方的感受和要求。这样对方觉得自己受到了应有的尊重，就会通情达理，甚至主动为你考虑。所以，换位思考在建立和谐人际关系过程中有"不战而屈人之兵"的功效。

4. 宽以待人

与同事长期相处共事，总有说话不注意、做事不到位的时候，因此，与同事包括领导发生一些误会和矛盾是难免的。作为秘书一定要宽以待人，主动想办法化解矛盾，你的人际关系就不会那么紧张，工作也就会轻松得多。

5. 赞美同事

在工作中，如果有机会赞美同事，就不要吝惜自己的语言。赞美是维护良好人际关系的润滑剂，这次你赞美他，下次有机会他也会反过来赞美你。和谐氛围的形成，不仅让你工作愉快，而且效率也会大大提高。

6. 主动交往

一个优秀的秘书必须得有自己的人脉关系，要扩大自己的交友范围，积极参加一些社交活动，主动结交朋友，逐渐培养友谊。如果你总是独来独往，自视清高，那你就会受到同事的排挤，就无法做好本职工作。

7. 保持适当距离

作为秘书，虽要积极主动发展自己的人脉关系，但另一方面又应注意不要给人留下拉帮结伙的印象，注意保持适当的距离。在彼此以诚相待的基础上互相尊重，在和谐中保持各自的独立。

8. 说话留有余地

作为领导的代言人，秘书说话一定要谨慎，尽量留有余地，降低说错话的概率。

9. 既讲原则又讲交情

对于维持良好的人际关系，坚持原则和讲交情都很重要。对于原则性问题，一定要坚持，如果逢人开口笑，有求必应，领导和同事会因此看不起你；而对于那些非原则性的东西，可以"退一步海阔天空"。

（二）秘书与领导关系的多维性

秘书的基本存在条件和直接服务对象是领导，秘书的一切活动都以领导为轴心，都必须要通过与领导的接触和交往来完成。这就决定了秘书与领导的关系是秘书最基本的社会关系，也是秘书处理人际关系中最首要的方面。因此，正确理解与把握秘书与领导关系具有极其重要的意义。

1. 政治上的同志关系

在今天的社会主义中国，领导与秘书不再是主仆关系，而应当是政治上平等的同志关系。秘书必须勇于坚持政治原则，协助领导扮演好人民公仆的角色。

2. 人格上的平等关系

作为社会人，秘书与领导者在人格上应该是也必须是平等的。从这一角度来说，领导与秘书在工作中必须互相尊重，不仅仅是秘书必须尊敬领导，领导也应当平等对待秘书，且秘书本身也应当自尊自重。秘书应当保持人格的独立性，不能成为领导的附庸；应该认识到自己的地位、待遇是靠自己努力争取来的，而不是领导或其他人恩赐的。

3. 组织上的上下级关系

明确秘书与领导在组织上的上下级关系，是秘书正确把握自身角色定位，摆正与领导的关系，避免越权越位的必然要求。

4. 角色地位上的从属关系

无论在政治性组织中，还是在市场性组织、社会性组织中，领导总是处于主导和支配地位，而秘书总是处于从属和被支配地位，这是秘书与领导一切关系的基本点。秘书必须清楚认识这一点，才能主动控制好与领导交往的分寸，避免过分强调自己意志，避免在对外活动中喧宾夺主甚至越权，从而影响组织目标的实现。

5. 工作上的主辅关系

从工作职能上来看，领导作为组织的最高管理者，其根本职能是决策，并通过计划、指挥、组织、协调、控制等手段将决策付诸实施，从而推动组织的发展；而秘书的从属性角色地位则决定了其根本职能是辅助领导实施管理，辅助领导进行决策和协调。当前许多中、高级秘书都已具备一定的辅助决策能力，除了事务性、程序性的日常辅助性工作以外，秘书的辅助决策作用越来越受到重视。

（三）秘书与领导人的关系处理

秘书正确处理与领导的关系需要有一定的前提条件，简言之，秘书必须了解领导的决策和战略，并懂得政策。在此基础上，根据秘书工作的实践经验归结出以下四项原则。

1. 摆正位子，自觉服务

在工作过程中，秘书首先必须明确自己的身份地位，尊重并自觉服从于领导者，按领导意图办事，决不能够自作主张、自行其是、反辅为主；但从属性并不否定秘书的主动性，相反，秘书应当适时适度地发挥自己的主观能动性，主动配合领导做好各项工作。具体来讲，可以参考以下三方面的行为准则：

（1）自觉维护领导权威。在公开场合，秘书应当突出领导的位置。例如，让领导坐在中间或走在前面，自己则坐在左右侧或走在后面；在媒体面前，秘书应主动避让，不挡镜头、抢话题。秘书应当主动承担责任。接待来访时，秘书应当注意细节。当领导受到非正常的纠缠和干扰时，秘书应当挺身而出，为领导挡驾，巧妙地为领导解围。公开场合下秘书不应当发表与领导相左的意见，即使领导的言行确实有不妥当或错误之处，也应该另择时机、地点，善言劝谏。在与领导的日常交往中，秘书也要处处尊重领导，避免对领导直呼其名，而应该称其职务，即使双方关系融洽，也不宜公开称兄道弟、搂肩搭背，以免损害领导形象。工作取得成绩时，切勿在领导面前炫耀，切勿在背后贬低领导、抬高自己。

（2）主动适应领导习性。由于年龄、成长环境、家庭状况、文化教育程度、工作经历的差异，领导在工作方式、生活习惯、为人处世、兴趣爱好等方面也是各有千秋。有的领导办事风风火火，有的则是慢条斯理；有的喜欢事必躬亲，有的则擅长坐镇指挥；有些领导的决策已是面面俱到，秘书只需要按部就班地传达、执行，而有些领导则只给出基本方向和目标，具体如何操作就要秘书筹划。因此，秘书不单要清楚了解不同领导的不同禀性，更应主动适应领导的习惯。

（3）适当补充领导不足。现代秘书学越来越强调秘书对领导的补充作用，并把这一作用视为秘书的责任。只有善于给予领导者及时而又全面的补充，秘书才有可能同领导建立起相互信任、相互理解、相互补充的理想关系。具体表现在精力、知识、能力等方面的补充。

2. 正确领会，贯彻意图

领导的意图一般指领导个人、群体在指挥组织实现目标的过程中所提出工作意见的实质、核心、出发点和目的。概括说来，领导的意图有两类：其一是确定性意图，即指领导群体经研究已经决定并做出的明确指示。对此，秘书应当认真领会其实质，坚决贯彻执行。其二是意向性意图，即指领导正在思考、酝酿过程中而尚未成熟、完善，但却有一定倾向性的想法。这些想法往往具有研究性和可变性，因而又是秘书最难以把握的状况。要做到正确领会、贯彻领导意图，秘书在思考问题时应尽量与领导保持同一性、同向性、同步性；养成换位思考的习惯，运用领导的观点与思路，观察、分析和处理问题。

3. 加强与领导的思想沟通

要保持与领导思想的一致，加强沟通是必不可少的环节。沟通方式多种多样，但要起到正面效果就必须掌握沟通的一般性原则，主要有适时、适地、择事、善言、渐进等。必须注意的是，不存在普遍适用、一劳永逸的沟通方法，针对不同的领导，根据其不同性格，适宜的沟通方法也不尽相同。最有效的沟通技巧还需要秘书在实际工作中逐步摸索，日渐积累。

4. 自觉与领导联络个人感情

自觉与领导联络个人感情有利于淡化领导对秘书的权力影响力，拉近秘书与领导的距离，从而有利于双方逐渐建立诤友型关系，并在此基础上增强双方的尊重和信任，为工作创造和谐的情感环境。秘书自觉与领导进行个人感情联络，也应当谨慎把握以下几点：亲密有度，情感有节；不因私情干扰决策；不因友情损害领导权威。

（四）女秘书与男领导的关系

对于一位女秘书来说，在处理与男领导的关系时不仅要掌握秘书的一般性原则，而且更应注意细节，自尊自爱、张弛有度、把握分寸。

1. 充分发挥女性的优势

一个自信不足、缩手缩脚、不敢落落大方地与男领导相处的女秘书必然无法胜任辅佐领导的工作。因此，女秘书必须充分发挥职业中的特殊优势，用实际成绩证明女秘书不可或缺的作用。

（1）女秘书在知觉速度、心理敏感性、耐心等方面具有天生的优势。她们更适合于具体、繁琐、条理性强的秘书事务工作，这既有利于弥补男领导的不足，也可避免与男领导"暗中较劲"的状况，利于秘书活动和领导活动的正常开展。

（2）女秘书的机械记忆和形象记忆相对较强。秘书工作作为一项脑力型服务，常常需要记忆大量数据、材料。男领导一般既没有精力也不习惯于记住细枝末节，这就需要女秘书在某些情况下凭借记忆力为男领导提供所需信息。

（3）女秘书更具有语言优势。一般而论，女性往往声音甜美、口齿伶俐、反应敏捷、语言生动活泼、表达能力强，能够起到以柔克刚的作用，有利于接待等工作，有利于为领导、组织树立良好的形象。

（4）女秘书的社交能力更强大。实践证明，无论是组织内部的沟通，还是对外的交流活动，女秘书以其独有的亲和力、柔和且婉转的行为方式而表现得更加游刃有余。这有利于提高办事效率，增强组织内部和谐度，优化组织外部形象。

（5）女秘书更易于适应环境变化。无论是工作地点、职位层次的变动，还是服务对象的变动，女秘书往往能够主动调整自我状态，更快适应新环境。这种适应力与能力弹性正是秘书素质中不可多得的有利条件。

（6）女秘书的完美主义倾向，使其对工作常常力求做得尽善尽美。例如，会议记录、电话记录、来访记录以及文档整理等文书工作、对领导的日程安排和管理、会务安排、公务出差等等，女秘书均力求细致周到。这在无形中为领导活动提供了便利。

（7）女秘书与男领导的协作与互补。女性与男性天生具有差异性，如男性重物，女性重人；男性偏理性，女性偏感性；男性好竞争，女性好和谐；男性较果敢，女性较优柔；男性看结果，女性看过程，等等。这种两性差别可以在工作中实现互补，从而有利于减轻领导负担，增进组织团结，营造和谐气氛，在分工协作中推进组织目标的实现。

2. 保持自尊和稳重

要做到自尊和稳重，就要求女秘书时刻谨记秘书与领导在人格上的平等关系，保持独立人格，洁身自好，坚持人格神圣不可侵犯。因一直活跃在领导左右，直接接触权力中心，金钱、权力、名誉的诱惑是巨大的。社会上确也有不少负面现象，如在物质诱惑面前，一些女秘书不惜牺牲自己的尊严和名誉成为金钱和权力的奴隶；一些女秘书挂秘书之名，实则是男领导的"屋中娇"；还有个别女秘书陷入与男领导的感情纠葛，既伤害了自己又不被同情。女秘书应当将尊严、名誉视为最珍贵的东西，不论面对何种类型的男领导，始终要保持意志坚定、目标明确、人格高尚，只有这样才不至于在金钱、权力、感情的漩涡中迷失自己。如果确实因男领导的暧昧态度或无礼举动而备受干扰，应尽量避免在工作之外与领导的个人交流，及时表明立场，必要时应当机立断，用辞职来保护自己，或用法律武器维护自己的权益。

3. 注意保持适当的距离

女秘书避嫌的最佳手段就是与男领导之间保持适当的距离。女秘书和男领导之间不仅"上下有别"，还"男女有别"，所以女秘书更应当与男领导在时间、空间、心理上保持适当距离。女秘书应尽量避免在非工作时间、非工作地点与男领导单独接触，实在无法避免，也应当尽可能缩短单独逗留的时间和频率，以免落人话柄。香港某些企业在就业协议上明确规定，女秘书不随领导去外地出差，不陪领导跳舞、饮酒等，以避免引起双方家属的误会和周围人的非议。从心理补偿来说，女秘书更有能力安抚领导情绪，舒缓领导压力。但是，女秘书作为一个倾听者或交流对象，与男领导沟通思想、交流感情时应注意把握分寸，切勿卷入男领导的感情纠葛或家庭矛盾中，切勿窥视领导的个人隐私，切勿过分表露自己的私人问题，应保持适当的心理距离。这有利于规避领导与秘书双方的角色混乱，使双方都保持清醒头脑，防止非正当情感，避免绯闻、谣言；也有利于维护领导权威，保证秘书活动和领导活动的正常进行。

在现代职场的许多职位中，秘书的生存环境是比较艰难的。一方面，秘书处于一个单位的管理神经中枢，每天上传下达，要应对许多复杂的状况，使得他们必须灵活应变；另一方面，他们整天接触领导，不敢有稍微的松懈与马虎。但是，正是由于这样的环境，使得秘书提升其自身素质和能力的速度比一般职位要快得多，所以，做秘书是最有前途的职业之一。这也是许多秘书以"鲤鱼跳龙门"的方式跻身政坛和商界，成为我们这个时代精英的奥秘。

第十一讲

政治制度概论

2007 年 5 月 14 日，温家宝总理在同济大学百年校庆前夕来到校园。在他的即兴讲话中，有这么一段令人感动也让人深思的话："有一句哲言，一个民族有一些关注天空的人，他们才有希望；一个民族只是关心脚下的事情，那是没有未来的。我们的民族是大有希望的民族，希望同学们经常地仰望天空，学会做人，学会思考，学会知识和技能，做一个关心国家命运的人。"

温家宝总理引用的那句话是德国哲学家黑格尔说的。其历史背景是，古希腊哲学家泰勒斯有一晚望见满天星斗，预言明天要下雨，却不小心掉落脚下的坑里。有人救起他时，他告诉对方这个预言，却被当成笑话。哲学家也就成了"只关注天空，不理现实"的代名词。两千年后，黑格尔就这件事以那番"仰望天空"的话，为哲学家正名，他甚至说："只有那些永远躺在坑里、从不仰望高空的人，才不会掉进坑里。"

因为头上的星空与心中的道德定律，同样也曾唤起了德国哲学家康德的惊奇和敬畏。康德在《实践理性批判》一书中说："世界上有两件东西能够深深地震撼人们的心灵，一件是我们心中崇高的道德准则，另一件是我们头顶上灿烂的星空。""星空"这个词具有某种符号性质，它代表宇宙中那些令人敬畏的、超越俗世的、神秘而高贵的命题，远及生命与宇宙的神秘，近关人类的道德与社会的秩序。就是说，只有个人的灵魂生活趋于纯粹、真诚、深入，整个民族才有持续进步的可能，才可能有长远健康的前景——"一个民族有一些关注天空的人，他们才有希望"。

"望天"的对立面是"望脚"。"望脚"者，就是关心脚下诸如个人收入、家庭生活等切身事情。不可否认，现在的学生们的确要独立地面对很多压力。就业形势严峻，让很多学生整天愁眉不展。于是，他们把自己的业余时间用于考各种各样的专业证书，以提高自己的竞争力。"兴趣"这个词再次远离年轻的一代，"社会责任"仿佛也是奢侈品，被同学们束之高阁。

不久前，美国《时代》周刊做了一个专题描述当下中国年轻人的生活状态，并将他们称为"我一代"。在杂志封面上有这样一行字："忘记民主。中国二十多岁的人忙着享受生活，无暇顾及政治。"这个结论出自美国人的视角，中国人可能无法完全认同。比如说，许多中国的年轻人，实际上是在忙着经营自己的生活，还无法从容地享受生活。

但是另外一半结论，忘记民主以及无暇顾及政治，在中国却是存在着的，我们自己也深有同感。

仰望天空，我们可以看见什么？有美丽的云朵，多姿多彩地唤醒着我们的灵感；有闪烁的星斗，一眨一眨地激活着我们的思想。任凭脚下的路有杂草、荆棘，那份属于青年的勇气伴随我们一直向前。

"仰望天空"是一种境界，改革开放构建和谐社会建设美好家园需要这种境界。身为中华民族的一分子，他日中国栋梁的大学生们，有必要让自己成为一个经常仰望天空，思索社会问题和国家问题的人，做一个务实的真正的爱国主义者。这一讲我们就谈谈关于与国家问题紧密相连的政治制度。

一、对政治制度的概念分析

(一) 政治制度的形成和发展

很多人可能认为，政治制度只是某些先哲们头脑中的产物。这个观点的产生缘于对历史的不甚了解。

政治制度是人类政治文明长期发展的结果。在历史的长河中，人类社会经历了蒙昧时代、野蛮时代和文明时代三大发展阶段。政治制度是文明社会特有的产物，与国家密切相关。在漫长的原始社会，由于不存在阶级和国家，因而也不存在政治制度。虽然那时也有社会管理以及为人们普遍遵守的调整一定社会关系的规则或习惯，但很明显，它们不具有政治性质。当人类跨进有阶级、有国家、有政府、有法律的奴隶社会后，政治制度就随之产生。著名人类学家摩尔根指出："政治社会的建立则是文明伊始以后才有的事情。"

政治制度属于上层建筑。任何政治制度都建立在一定经济基础之上，同时它又反作用于经济基础。随着社会经济基础发生变化，政治制度也必然随之发生变化。在人类历史上先后出现过奴隶制政治制度、封建制政治制度、资本主义制政治制度和社会主义制政治制度。

(二) 政治制度的含义和内容

所谓制度，是指社会生活的一种行为规范、一种行为规则。从制度的基本结构看，可以分为经济制度、政治制度和思想文化制度。对于什么是政治制度，古今中外学者有各种界说，至今还没有公认的、统一的提法。

关于"政治制度"的界说，最早可追溯到 2300 多年前的希腊思想家亚里士多德。他在《政治学》中写道："一个政治制度原来是全城邦居民由以分配政治权利的体系。"古往今来，众多的中外学者、思想家从不同视角对政治制度进行解释，智者见智，仁者见仁。综合各家所言，政治制度是个广义的范畴，它不仅包括国体、政体、国家结构制度，而且还包括一系列具体的政治制度和基层民主政治制度。我们可以把它定义为：政治制度是指政治实体在政治活动中必须遵循的各类规则或行为准则。这里讲的政治实体包括国家、政党、政治社团、群众自治组织、公民等。

　　具体来说，政治制度的内容主要包括以下五个方面：

　　第一，关于国家本质的规定。这是从国体的角度来解读政治制度，而所谓国体，就是社会各阶级在国家中的地位和相互关系。

　　第二，关于国家政权组织形式的规定。这是从政体的角度来解读政治制度，而所谓政体，是指一个国家的阶级采取什么形式组织自己的政权机关。没有按一定形式组织起来的政权机关，就不可能进行有效的统治和管理。

　　第三，关于国家结构形式的规定。所谓国家结构形式，是指国家的中央权力机关与地方权力的不同构成方式，国家结构形式主要可以分为单一制国家和复合制国家。科学、合理地构建中央政权与地方政权、整体与部分的关系，有利于民族问题的解决，有利于国家政权的巩固，有利于社会的稳定与发展。这一点，可以对比我国历史上秦朝的中央集权制与西周的分封制而得出结论。

　　第四，关于各类具体政治制度的规定。这里所讲的"各类具体政治制度"，是指为保证国家机器正常运转和社会政治生活有序进行而规定的一些具体运行规则。例如，政党制度、行政制度、公务员制度、立法制度、司法制度、选举制度、监督制度、军事制度等，这些具体政治制度不包括在国体、政体、国家结构形式的范围之内，但它们都是政治制度的组成部分，是统治阶级管理国家和社会政治事务的重要方法和政治资源。

　　第五，关于基层民主政治制度的规定。例如，我国的企事业单位的职工代表大会制度、农村村民和城市居民自治制度等，这些基层民主政治制度是一种非国家政治制度。

　　综合分析，我们可以将它们分为根本政治制度、政治体制、政治运行机制三个方面，以此来获得对广义政治制度的全面认识。

　　1. 根本政治制度

　　在政治制度中，最为根本的制度体系包括一个国家的国家性质，政权组织形式即政体，国家结构形式即国家权力的纵向配置，最后一个方面，在现代社会中就是有关公民权利和义务的各种规定。这些根本的政治制度，往往由一国的法律尤其是宪法（包括成文宪法和不成文宪法即宪法惯例）来反映和确认，它受到法律强制力的保护。这些根本制度从总体上确定了一国政治生活的面貌和特征，从根本上决定了一国政治生活的内部结构和运行机制，同时从根本上确定了各种政治角色（从政治家到普通公民）的活动范围和活动方式，当然也决定了一国政治生活的性质。因而在一国的政治生活中，根本政治制度的地位是最为重要最为根本的。进一步分析，可以发现，根本政治制度从宪法上确定并以强制性国家机器为威慑和后盾来保障各阶层、各阶级在国家政权中的地位；它从总的原则上划定了国家机关，主要是立法机关、司法机关、行政机关和军事机关之间的权力和活动范围及它们之间的相互关系；它确定了一国的区域划分和各级政府的权力，也就是行政区划；它从宪法和其他基本法律（如民法、刑法及与之相配套的诉讼法等）上保障公民权利的实现和不受非法侵犯——包括公共权力的侵犯（这方面有行政诉讼法、国家赔偿法等）。

　　2. 政治体制

　　什么是政治体制？它与政治制度是什么关系？国内外学者对此的认识很不一致。近些年来，英文和俄文都把"政治体制"作为独立的科学术语，从"政治制度"这个大范畴中剥离出来。

目前多数观点认为，政治体制是指具体的政治制度。政治制度包括根本的政治制度和具体的政治制度两个部分。它包括机构和人事设置、决策程序和机制、各个权力机构之间的职权划分和相互关系，以及权力运行的形式和机制等，它是根本上的政治制度的外在表现和日常实施，具有形态的多样性和多变性。这里的具体政治制度不仅指具体政治体制，而且还包括政治运行机制。具体政治体制是根本政治制度在各个领域的具体体现，或根本政治制度的实现形式；政治运行机制是根本政治制度和各类政治体制的具体运作形式。

3. 政治运行机制

前已述及政治制度体系包括根本政治制度和具体政治制度，而具体政治制度又可分解为政治体制和政治运行机制。政治运行机制是政治制度、政治体制的运行形式。

"政治运行机制"是比较新的概念，主要是指导政治主体的权力配置及其运行机制。这里讲的政治主体是指政治权力由谁行使、属于谁。大体来说分为两类：第一类是政治设置（政治组织），如政党、国家、社团组织、带有政治色彩的或具有政治性质的经济文化组织；第二类是政治个人，它包括政治家、国家公务员、普通公民。这里讲的权力配置是指政治权力在政治主体中如何分配。大体说来权力配置可分为三类：一是集权型，二是分权型，三是适当集权分权型。

二、中国党政制度

我国是工人阶级领导的、以工农联盟为基础的人民民主专政的社会主义国家。我国的党政制度主要包括以下几方面。

（一）中国共产党领导的多党合作的政党制度

作为我国的一项基本政治制度，其内容包括：（1）中国共产党是中国社会主义的领导核心，是执政党；（2）各民主党派是各自所联系的社会主义劳动者和爱国者的政治联盟，是接受中国共产党领导的，同中国共产党通力合作，共同致力于社会主义事业的亲密友党，是参政党；（3）坚持四项基本原则是中国共产党同各民主党派合作的政治基础；（4）"长期共存、互相监督、肝胆相照、荣辱与共"是中国共产党与各民主党派合作的基本方针；（5）以参政议政和互相监督作为多党合作的主要内容；（6）以坚持社会主义初级阶段的基本路线，把我国建设成为富强、民主、文明的社会主义现代化国家和统一祖国、振兴中华为中国共产党和各民主党派的共同目标；（7）以宪法为多党合作的根本活动准则。

（二）人民代表大会制度

人民代表大会制度是中国人民当家做主的根本政治制度。人民通过全国人民代表大会和地方各级人民代表大会，行使国家权力。

中国宪法规定：中华人民共和国全国人民代表大会（以下简称全国人大）是最高国家权力机关。在中国，国家行政机关、审判机关、检察机关都由人民代表大会产生，对它负责，受它监督。国家的重大事项由人民代表大会决定。行政机关负责执行人民代表大会通过的法律、决议、决定。法院、检察院依照法律规定分别独立行使审判权、检察权，不受行政机关、社会团体和个人的干涉。

全国人民代表大会和地方各级人民代表大会都由民主选举产生，对人民负责，受人民监督。中国宪法规定，年满 18 周岁的公民，不分民族、种族、性别、职业、家庭出身、宗教信仰、教育程度、财产状况、居住期限，除依法被剥夺政治权利的人外，都有选举权和被选举权。中国的县、乡两级人民代表大会代表都由选民直接选举产生，多年来享有选举权和被选举权的人数占 18 周岁以上公民人数的 99% 以上，参选率在 90% 左右。根据中国的实际情况，目前县以上的各级人民代表大会代表通过间接选举产生，即由下一级人民代表大会选举产生上一级人民代表大会代表。无论直接选举，还是间接选举，都依法实行差额选举。

人民代表大会的职权主要有四项：立法、监督、人事任免、重大事项决定。这也是中国人民通过人民代表大会制度行使当家做主权利的主要体现。

（1）立法权。立法权将在后面详细解说。

（2）监督权。监督宪法和法律的实施，是全国人民代表大会及其常务委员会（以下简称全国人大及其常委会）行使监督权的主要内容。这种监督的基本形式是执法检查、法规备案审查。

（3）人事任免权。全国人民代表大会及其常务委员会有权选举、决定、任免、撤换、罢免有关国家机构组成人员。

（4）重大事项决定权。全国人民代表大会依据宪法有权批准省、自治区、直辖市的建置，决定特别行政区的设立及其制度，决定战争和和平的问题，以及其他重大事项。

（三）国家主席制度

中华人民共和国主席是中国国家元首。有选举权和被选举权的年满 45 周岁的中华人民共和国公民，可以被全国人民代表大会选为国家主席、副主席。

国家主席、副主席每届任期与全国人民代表大会相同，行使职权到新的一届全国人民代表大会选出的主席、副主席就职为止，连续任职不得超过两届（10 年）。

根据现行宪法的规定，国家主席的职权主要有如下几个方面：

（1）公布法律权。根据全国人民代表大会或者全国人民代表大会常务委员会（以下简称全国人大常委会）的决定，公布法律。公布法律是立法程序的最后一个环节，法律只有经过国家主席签署命令和公布之后，才能生效。

（2）发布命令权。根据全国人民代表大会或者全国人民代表大会常务委员会的决定，发布特赦令、动员令，宣布进入紧急状态。

（3）任免权。向全国人民代表大会提名国务院总理的人选，根据全国人民代表大会或者全国人民代表大会常务委员会的决定，任免国务院总理、副总理、国务委员、各部部长、各委员会主任、审计长、秘书长。

（4）荣典权。根据全国人民代表大会常务委员会的决定，授予国家的勋章和荣誉称号。

（5）外交权。代表中华人民共和国，进行国事活动，接见外国使节。根据全国人民代表大会常务委员会的决定，派遣和召回驻外全权代表，批准和废除同外国缔结的条约和重要协定。

（6）宣战权。根据全国人民代表大会或者全国人民代表大会常务委员会的决定，国家主席宣布国家与某一国家或者某一国家集团进入战争状态。

（四）中央军事委员会制度

中华人民共和国的军事制度是指国家武装力量统帅权、指挥权的归属，国家武装力量结构，以及兵役制度。

1. 武装力量统率权、指挥权的归属

中国共产党坚持对人民解放军和其他人民武装力量的领导，未经中共中央、中共中央军委的授权，任何组织或个人不得插手、过问或处理军队问题，更不允许擅自调动和指挥军队。

中央军事委员会领导全国武装力量；中央军事委员会是全国武装力量的最高军事统率机构。国家军事委员会是并列于国务院、最高人民法院、最高人民检察院的最高国家机构之一。中央军事委员会实行主席负责制。

2. 武装力量的构成

中华人民共和国的武装力量，由中国人民解放军、中国人民武装警察部队和民兵组成。

3. 军事领导指挥体制

在中央军事委员会领导下，人民解放军设有总部、军种、兵种、军区等领导机关；人民武装警察部队设有总队机关。

4. 兵役制度

兵役制度，是国家关于公民参加武装组织或在武装组织之外承担军事任务、接受军事训练的制度。中国实行义务兵与志愿兵相结合、民兵与预备役相结合的兵役制度。

5. 国防部

国防部是国务院的军事工作部门。它的基本职能是：统一管理全国武装力量的建设工作，如人民武装力量的征集、编制、装备、训练、军事科研以及军人衔级、薪给等。国防部的工作由解放军总部机关分别办理。

（五）民族区域自治地方自治制度

民族区域自治制度，是指在国家统一领导下，各少数民族聚居的地方实行区域自治，设立自治机关，行使自治权的制度。民族自治地方的自治机关是自治区、自治州、自治县的人民代表大会、人民政府、人民法院和人民检察院。

民族自治地方的行政地位，原则上是依据各自治地方的地域大小和人口多少决定的。自治区与省同级，自治州与地级市同级，自治县与县同级。

民族自治地方的自治机关实行人民代表大会制。

民族自治地方的人民政府对本级人民代表大会和上一级国家行政机关负责并报告工作，在本级人民代表大会闭会期间，对本级人民代表大会常务委员会负责并报告工作。各民族自治地方的人民政府都是国务院统一领导下的国家行政机关，都服从国务院。民族自治地方自治机关实行自治区主席、自治州州长、自治县县长负责制，分别主持本级人民政府的工作。

民族自治地方自治机关的自治权包括如下几个方面：

（1）民族立法权：民族自治地方的人民代表大会有权依照当地的政治、经济和文化的特点，制定自治条例和单行条例。

（2）变通执行权：上级国家机关的决议、决定、命令和指标，如果不适合民族自治地方实际情况，自治机关可以报经上级国家机关批准，变通执行或者停止执行。

（3）财政经济自主权：民族自治地方的自治机关具有较大程度的财政经济自主权，并可以享受国家的照顾和优待。

（4）文化、语言文字自主权：民族自治地方的自治机关享有一定程度的文化自主权。

（5）组织公安部队权：民族自治地方的自治机关依照国家的军事制度和当地的实际需要，经国务院批准，可以组织本地方维护社会治安的公安部队。

（6）少数民族干部具有任用优先权。

（六）人民法院制度

人民法院是国家的审判机关。中华人民共和国设立最高人民法院、地方各级人民法院和军事法院等专门人民法院。各省、自治区、直辖市设有高级人民法院，以下为中级人民法院和基层人民法院。人民法院审理案件，除法律规定的特别情况外，一律公开进行。被告人有权获得辩护。人民法院依照法律规定独立行使审判权，不受行政机关、社会团体和个人的干涉。最高人民法院是最高审判机关。最高人民法院监督地方各级人民法院和专门人民法院的审判工作，上级人民法院监督下级人民法院的审判工作。最高人民法院对全国人民代表大会及其常务委员会负责。地方各级人民法院对产生它的国家权力机关负责。

（七）人民检察院制度

检察院制度是指国家检察机关的性质、任务、组织体系、组织和活动原则以及工作制度的总称。根据宪法和人民检察院组织法规定，人民检察院是国家的法律监督机关，行使国家的检察权。人民检察院由同级人民代表大会产生，向人民代表大会负责并报告工作。

1．人民检察院的组织特点

《人民检察院组织法》第2条规定，中华人民共和国设立最高人民检察院、地方各级人民检察院和军事检察院等专门人民检察院。这种自上而下的排列反映了检察机关上下级是领导和被领导的关系及其集中统一的特点，这与人民法院上下级之间监督与被监督的关系有显著不同。为了维护国家法制的统一，检察机关必须一体化，必须具有很强的集中统一性。

最高人民检察院是国家最高检察机关，领导地方各级人民检察院和专门检察院的工作。地方各级人民检察院包括省、自治区、直辖市人民检察院；省、自治区、直辖市人民检察院分院，自治州和省辖市人民检察院；县、市、自治县和市辖区人民检察院；专门人民检察院主要包括军事检察院、铁路运输检察院。各级人民检察院都是与各级人民法院相对应而设置的，以便依照刑事诉讼法规定的程序办案。

2. 人民检察院的职权

根据人民检察院组织法和有关法律规定，人民检察院行使下列职权：

（1）对叛国案、分裂国家案以及严重破坏国家的政策、法律、法令、政令统一实施的重大犯罪案件，行使检察权。

（2）对于直接受理的刑事案件，进行侦查。

（3）对于公安机关、国家安全机关侦查的案件，进行审查，决定是否逮捕、起诉；对侦查活动是否合法实行监督。

（4）对于刑事案件提起公诉、支持公诉，对人民法院的审判活动是否合法实行监督。

（5）对于刑事案件的判决、裁定的执行以及监狱、看守所和劳动教养机关的活动是否合法实行监督。

（6）对于人民法院的民事、行政审判活动实行监督。

3. 人民检察院的组织机构

人民检察院的内部组织机构主要包括检察委员会及其他具体工作机构。人民检察院的检察长统一领导检察院的工作。人民检察院的内部工作机构是根据法律监督的内容所形成的业务分工机构，包括刑事检察、经济检察、法纪检察、监所检察、民事检察和行政检察等业务机构，还特别设立了反贪局、建立举报中心，直接依靠群众同贪污、贿赂、渎职、侵权等犯罪行为作斗争，实行专门工作与群众路线相结合的有效形式。

4. 检察官制度

检察官制度是指国家制定专门的法律对在检察机关中行使国家检察权的检察官依法进行科学管理的制度。它包括检察官职责、权利义务、资格条件、任免、考核、培训、奖惩、工资福利、辞职、退休等一系列规定。1995 年 2 月 28 日第八届全国人民代表大会常务委员会第十二次会议通过了《检察官法》，1995 年 7 月 1 日起该法正式实施。

（八）香港特别行政区政治制度

香港特别行政区是中华人民共和国的一级地方政权，直辖于中央人民政府。根据《中华人民共和国香港特别行政区基本法》的规定，除外交和国防事务属中央人民政府管理外，香港特别行政区享有高度的自治权，即享有行政管理权、立法权、独立的司法权和终审权。

1. 行政长官

香港特别行政区长官，代表香港特别行政区，领导香港特别行政区政府，向中央人民政府和香港特别行政区负责。行政长官在香港通过选举或协商产生，由中央人民政府任命，任期 5 年，可连任 1 次。行政长官的人选必须是年满 40 周岁，在香港通常连续居住满 20 年并在外国无居留权的香港特别行政区永久性居民中的中国公民。行政长官兼任行政机关的首脑，有权决定政府政策，发布命令，签署并公布法律；负责执行基本法、法律和中央人民政府就有关事务发出的指令；提名并报请中央人民政府任命主要官员；依照法定程序任免公职人员和各级法院法官；处理请愿、申诉、赦免或减轻刑事罪犯的刑罚；代表香港特别行政区政府处理中央授权的对外事务以及其他事务。在必要的情况下，行政长官可以根据法律的规定解散立法机关。香港特别行政区行政会议是协助行政长官决策的机构，由行政长官主持。行政长官的重要决策和对其他重大问题的处理，均须征询行政会议的意见。

2. 特别行政区政府

特别行政区政府是香港特别行政区的行政机关，首长是行政长官。主要官员必须由在香港连续居住满15年并在外国无居留权的香港特别行政区永久性居民中的中国公民担任，经行政长官提名，报请中央人民政府任命。特别行政区政府行使的职权主要有：制定并执行政策；管理特别行政区的各项行政事务以及中央授权的对外事务；编制并提出财政预算、决算；拟定并提出法案、议案、附属法规；委派官员列席立法会并代表特别行政区政府发言。政府应向立法会负责，遵守、执行立法会通过的法律，定期向立法会作施政报告，答复立法会成员提出的质询。特别行政区政府征税和公共开支须经立法会批准。

3. 立法会

香港特别行政区立法会是香港特别行政区的立法机关，由选举产生，由在外国无居留权的永久性居民中的中国公民组成，但非中国籍的永久性居民和在外国有居留权的永久性居民也可当选为立法会议员，其所占比例不得超过全体议员的20％。除第一届任期2年外，以后每届任期4年。立法会依照基本法的规定，有权制定、废除、修改法律；根据特别行政区政府的提案，审核并通过财政预算；批准税收和公共开支；听取行政长官的施政报告并进行辩论；对特别行政区政府的工作提出质询；就任何有关公共利益问题进行辩论；同意终审法院首席法官的任免；接受香港居民的申诉并作出处理；组织调查委员会，对行政长官的违法、渎职行为进行调查并提出弹劾案。

4. 司法机关

香港特别行政区设终审法院、高级法院（包括上诉法庭和原诉法庭）、区域法院、裁判署法庭，以及死因裁判法庭、儿童法庭等专门法庭；此外，还设有土地审裁处、劳资审裁处、小额钱债审裁处。终审法院行使终审权。法官须经独立委员会推荐，由行政长官任命。终审法院和高等法院的首席法官应由在外国无居留权的香港特别行政区永久性居民中的中国公民担任，其任免还须征得立法机关同意并报全国人民代表大会常务委员会备案。法官和其他司法人员的选用不限于当地人，在必要时也可以从其他普通法适用地区聘用。法院独立审判，不受其他国家机关的干涉。原实行的陪审制度的原则以及刑事诉讼和民事诉讼的原则和当事人享有的权利予以保留。

香港特别行政区的行政机关、立法机关和司法机关，除使用中文外，还可以使用英文。

二、立法制度和立法体制

（一）立法制度与立法制度含义

立法制度是立法活动、立法过程所须遵循的各种实体性准则的总称，是国家法制的重要组成部分。

立法制度是国家法制整体中前提性、基础性的组成部分。没有好的立法制度，便难有好的法律、法规、规章和其他规范性文件，因而再好的执法、司法制度也不能发挥应有的作用，实现法治或建设现代法治国家便没有起码的条件。

立法制度有成文和不成文两种形式。成文立法制度是以法的形式确定的立法活动、立法过程所须遵循的各种准则。不成文立法制度是立法活动、立法过程实际上所须遵循但并没有以法的形式确定的各种准则。现时中国立法制度处于走向完善的发展过程中，宪法对立法制度的有关方面作出了原则规定，2000 年 3 月 15 日通过实施的《立法法》对中国现行立法制度的有关方面作出了较为具体的规定。

现代立法制度主要由下列制度所构成：（1）关于立法体制的制度；（2）关于立法主体的制度；（3）关于立法权的制度；（4）关于立法运作的制度；（5）关于立法监督的制度；（6）立法与有关方面关系的制度。

在这些立法制度中，立法体制，尤其是立法权限划分体制，是更具大局性的制度。

立法体制是关于立法权、立法权运行和立法权载体诸方面的体系和制度所构成的有机整体。其核心是有关立法权限的体系和制度。立法体制是静态和动态的统一，立法权限的划分，是立法体制中的静态内容；立法权的行使是立法体制中的动态内容；作为立法权载体的立法主体的建置和活动，则是立法体制中兼有静态和动态两种状态的内容。

（二）中国的立法制度和立法体制

中国现行立法体制是中央统一领导和一定程度分权的，多级并存、多类结合的立法权限划分体制。

中国立法包括全国人大及其常委会立法、国务院及其部门立法、一般地方立法、民族自治地方立法、经济特区和特别行政区立法。

1. 全国人大及其常委会立法

（1）全国人民代表大会立法。全国人民代表大会立法（以下简和全国人大立法）是中国最高国家权力机关，依法制定和变动效力可以及于中国全部主权范围的规范性法律文件活动的总称。

全国人大立法是中国的国家立法，是中国的中央立法的首要组成部分。它在中国立法体制中，以具有最高性、根本性、完整性和独立性为其显著特征。

根据宪法和立法法的规定，现期全国人大的立法权主要由以下四方面构成：①立宪权。完整的立宪，内容一般包括制定宪法、修改宪法、解释宪法、废止宪法。②立法律权。制定和变动基本法律的权力。③立法监督权。它有权改变或撤销全国人大常委会不适当的决定，这是宪法所规定的全国人大的主要立法监督权；监督宪法的实施。④其他立法权。首先及主要的，是授权有关主体立法的权力，同时全国人大可以授权国务院和经济特区所在地的省、市的人大及其常委会制定有关法规。其中，授权国务院制定有关行政法规的权力，全国人大及其常委会都可以行使，而授权经济特区所在地的省、市制定有关法规的权力只有全国人大可以行使。

全国人大实现以上四大权力必须要依据一定的程序。①法律案提案：全国人大主席团，全国人大常委会、国务院、中央军事委员会、最高人民法院、最高人民检察院、全国人大各专门委员会，1个代表团或 30 名以上的代表联名，可以向全国人大提出法律案。提案的方式有两种，一是在全国人大会议期间直接向大会提出，这是极少数情况；二是在全国人大闭会期间向常委会提出，经由常委会审议后，再由常委会向全国人大会议提出，这是绝大多数情况。②法律案审议：提请全国人大审议法律案，以是否列入会议议程为界，有两种情形的区分。一是对列入会议议程之前的法律案的审议，审议的目的主要是决定法律案是否列入会议议程，同时对拟决定列入会议议程的法律案也作一定的完善性工作；另一种是对列入会议议程的法律案的审议，审议的目的主要是决定法律案是否可以表决通过成为法律。后一种审议，可以称其为正式审议。通常人们谈论全国人大法律案的审议，往往要么不明了事实上至少存在这两种审议，要么以为只有后一种审议，这些都是不正确的。③法律案表决程序和法律公布程序：法律草案修改稿经各代表团审议，由法律委员会根据各代表团的审议意见进行修改，提出法律草案表决稿，由主席团提请大会全体会议表决，由全体代表的过半数通过。全国人大通过的法律由国家主席签署主席令予以公布。

全国人大决定成立的特定的法律起草委员会拟订并提出的法律案的审议程序和表决办法，另行规定。以这些要素和内容为基础而具体展开的立法运作制度，就是全国人大立法运作制度的全貌。

（2）全国人大常委会立法。全国人大常委会立法，是中国最高国家权力机关的常设机关，依法制定和变动效力可以及于全国的规范性法律文件活动的总称。

全国人大常委会立法与全国人大立法共同构成中国国家立法的整体，是中国中央立法的非常重要的方面。它在中国立法体制中，以地位高、范围广、任务重、经常化和具有相当完整性、独立性为其主要特征。

根据宪法和立法法的规定，全国人大常委会法定立法权主要包括：①制定和变动法律权。其一，制定和修改除应当由全国人大制定的法律以外的其他法律。其二，对全国人大制定的法律进行补充和修改。②解释宪法和法律权。法律解释权属于全国人大常委会。法律有以下情况之一的，由全国人大常委会解释：法律的规定需要进一步明确具体含义的；法律制定后出现新的情况，需要明确适用法律依据的。③立法监督权。其一，与监督宪法实施相连的立法监督权。其二，撤销同宪法、法律相抵触的行政法规、决定和命令，撤销同宪法、法律和行政法规相抵触的地方性法规和决议，撤销省级人大常委会批准的违背宪法和立法法的自治条例和单行条例。其三，裁决法律之间的冲突。其四，接受有关立法主体的立法备案权和批准有关规范性法文件权。④其他立法权。全国人大常委会还可以行使全国人大授予的立法权。全国人大常委会还有权决定同外国缔结的条约和重要协定的批准和废除。

全国人大常委会有一定的立法范围。《宪法》第 67 条规定全国人大常委会行使 21 项职权。行使这些职权如需借助法律的作用，全国人大常委会便可以在这些职权范围内制定法律、实行立法调整。这些职权涉及的事项包括：①制定和变动法律，解释宪法和法律，监督宪法实施和立法上的撤销、批准、备案等方面的事项；②拟订国民经济和社会发展计划、国家预算方面的事项；③监督国务院、中央军委、最高司法机关方面的事项；④国务院、最高司法机关和其他有关司法机关有关人事决定或任免事项，驻外全权代表任免事项；⑤决定同外国缔结的条约和重要协定的批准和废除方面的事项；⑥军人和外交人员的衔级制度方面的事项；⑦授予国家的勋章和荣誉称号方面的事项；⑧特赦方面的事项；⑨全国人大闭会期间的决定战争状态事项和全国总动员或局部动员事项；⑩全国或个别省、自治区、直辖市的戒严方面的事项；⑪全国人大授予的其他职权方面的事项。

同全国人大立法一样，全国人大常委会也有一套现行的比较完整的立法程序制度。①法律案提案程序：全国人大常委会委员长会议、国务院、中央军事委员会、最高人民法院、最高人民检察院、全国人大各专门委员会，常委会组成人员10人以上联名，可以向全国人大常委会提出法律案。②法律案审议程序：列入常委会会议议程的法律案，一般应当经三次常委会会议审议后再交付表决。常委会会议第一次审议法律案，在全体会议上听取提案人的说明，由常委会分组会议进行初步审议。常委会会议第二次审议法律案，在全体会议上听取法律委员会关于法律草案修改情况和主要问题的汇报，由常委会分组会议进一步审议。常委会会议第三次审议法律案，在全体会议上听取法律委员会关于法律草案审议结果的报告，由常委会分组会议对法律草案修改稿进行审议。常委会审议法律案时，根据需要，可以召开联组会议或全体会议，对法律草案中的主要问题进行讨论。③法律案表决程序和法律公布程序：提交全国人大常委会审议的法律案，其法律草案修改稿经常委会会议审议，由法律委员会根据常委会组成人员的审议意见进行修改，提出法律草案表决稿，由委员长会议提请常委会全体会议表决，由常委会全体组成人员的过半数赞成后通过。④常委会通过的法律由国家主席签署主席令予以公布。

2. 国务院及其部门立法

（1）国务院立法。国务院立法是中国最高国家行政机关即中央人民政府，依法制定和变动行政法规并参与国家立法活动以及从事其他立法活动的总称。国务院立法主要有以下特征：国务院立法兼具从属性和主导性；国务院立法范围尤广、任务尤重；国务院立法具有多样性、先行性和受制性。

中国国务院立法权应当有多大，需要进一步研究。目前国务院主要行使以下几方面立法权：

①制定和变动行政法规。这是国务院主要的、经常行使的立法权，是国务院根据宪法和立法法的直接规定就有关行政事项制定或变动法规的权力。现行《宪法》第89条所规定的国务院行使的18项职权中，第一项职权便是根据宪法和法律，制定行政法规。

②向全国人大及其常委会提出法律案。国务院有权向全国人大及其常委会提出法律案。法律提案权是整个立法权力体系不可或缺的组成部分，也是国务院立法权的重要组成部分。

③根据授权立法。国务院可以行使全国人大及其常委会授予其行使的立法权。除刑事法律制度、公民基本政治权利和人身自由权利、司法制度等方面的事项外，全国人大及其常委会根据实际需要，可以做出决定将应当由法律规定的事项授权国务院制定行政法规。

④一定范围的立法监督。国务院也有一定范围的立法监督权。国务院有权改变或撤销其所属各部门发布的不适当的命令和指示；有权改变或撤销地方各级国家行政机关的

不适当的决定和命令；有权改变或撤销不适当的部门规章和地方政府规章；制定地方性法规要以不同宪法、法律、行政法规相抵触为前提；部门规章规定的事项应当属于执行法律或国务院的行政法规、决定、命令的事项；地方政府规章规定的主要事项之一应当属于为执行法律、行政法规、地方性法规的事项；部门规章之间、部门规章与地方政府规章之间对同一事项的规定不一致时，由国务院裁决；地方性法规、自治条例和单行条例、部门规章和地方政府规章，均应当报国务院备案。这里的"改变"、"撤销"、"执行"、"裁决"、"备案"，都是国务院有权对有关立法活动实施监督的表现。

（2）国务院部门立法。国务院部门立法，是中国最高国家行政机关所属部门，依法制定和变动行政规章以及从事其他立法性活动的总称。这是深具中国特色的一种立法现象，它的从属性和受制性尤为突出，调整范围也非常广泛、具体。

国务院部门的立法权主要表现在国务院所属部门有权制定行政规章方面。国务院部门规章与地方性法规之间对同一事项的规定不一致，不能确定如何适用时，由国务院提出意见，国务院认为应当适用地方性法规的，应当决定在该地方适用地方性法规的规定；认为应当适用部门规章的，应当提请全国人大常委会裁决；各部门规章之间、各部门规章与地方政府规章之间具有同等效力，它们对同一事项的规定不一致时，由国务院裁决。

2001年11月16日国务院公布了《规章制定程序条例》，这个条例于2002年1月1日起施行。条例就国务院部门规章和地方政府规章的制定程序作出了集中系统的规定，其宗旨在于规范规章制定程序，保证规章质量。其根据是立法法的有关规定。在今日中国，规章的立项、起草、审查、决定、公布、解释，都适用这个条例，违反这个条例的规定而制定的规章均无效。

3．地方立法

地方立法，指特定的地方国家权力机关，依法制定和变动效力不超出本行政区域范围的规范性法律文件活动的总称。这里所说的特定的地方国家政权机关，在中国现阶段，指宪法和立法法确定的可以制定规范性法律文件的地方国家机关，以及根据授权可以立法的地方国家机关。

地方立法是相对于中央立法而言的立法，是构成国家整个立法的一个重要方面。它具有地方性和复杂性，同时还具有从属性与自主性。目前，城市立法在地方立法中逐渐占据重要位置。

地方立法无疑有自己的个性，它在坚持国家整个立法的基本原则的同时，也有自己的基本原则需要坚持。在坚持自己特有的基本原则方面，地方立法尤需注意两个问题。一是正确认识和理解"体现地方特色"的原则。地方立法坚持"体现地方特色"的原则，需要注意：第一，防止地方保护主义或本位主义的毛病作祟。第二，消除不必要的照抄、重复法律、行政法规和照抄、转抄外地规范性法律文件的弊病。第三，地方立法的各种形式都有体现特色的问题，虽然自主性地方立法的地方特色应当更浓些，但不能仅注意自主性立法的地方特色。执行性、补充性和其他形式的地方立法也要坚持体现地方特色的原则。第四，既不要抵触，又不要越权。二是正确认识和理解"不相抵触"的原则。地方立法同其他立法一样，必须坚持法制统一原则。坚持这一原则就是要做到在不同宪法、法律、行政法规相抵触的前提下制定地方性法规。地方立法不得与宪法、法律、行政法规的具体条文的内容相冲突、相违背（即直接抵触）；也不得与宪法、法律、行政法规的精神实质、基本原则相冲突、相违背（即间接抵触）。

地方立法包括一般地方立法、民族自治地方立法、经济特区立法和特别行政区立法。

（1）一般地方立法。一般地方立法是相对于特殊地方立法而言的地方立法。它是一般地方的有关国家政权机关，依法制定和变动效力可以及于本地范围的规范性法律文件活动的总称。它主要是从立法的特点和性质而不完全是从地理区域上对地方立法加以区分的一种概念。它不同于特殊地方立法的特色在于：更具普通性、任务更繁重、从属性和自主性更鲜明。

一般地方的立法权主要包括：制定和变动地方性法规，制定和变动地方政府规章，根据授权立法，一定的立法监督权。

（2）民族自治区立法。民族自治地方立法，指民族自治地方的自治机关，依法制定和变动效力可以及于本民族自治地方的自治条例和单行条例的活动的总称。这是中国地方立法的一种特殊形式。

民族自治地方立法的主要特征在于：①民族自治地方立法有特定的区域，它存在于民族自治地方。②民族自治地方立法有特定的立法主体，它是由民族自治地方的人大所进行的立法，而不是由人大、人大常委会、政府都能进行的立法。③民族自治地方立法有特定的表现形式，它限于制定和变动自治条例和单行条例。④民族自治地方立法权是特定的立法权，它属于民族自治地方的自治权范畴，同时它又是其他自治权得以有效行使的非常重要的权力。⑤民族自治地方立法在立法依据、立法程序以及与中央立法的关系方面，也呈现出不同于一般地方立法的显著特色。

如果从地理区域的角度来看，在民族自治地方存在着这几种立法权：①制定和变动地方性法规的权力，它由自治区、自治区政府所在地的市的人大及其常委会行使；②制定和变动地方政府规章的权力，它由自治区、自治区政府所在地的市的政府行使；③制定和变动自治条例和单行条例的权力，它由自治区、自治州、自治县的人大行使；④一定程度的立法监督权；⑤一定程度的授权立法权。

但从民族自治的角度和与一般地方相区别的角度来看，民族自治地方的立法权，主要是制定和变动自治条例和单行条例的权力。

（3）经济特区立法。经济特区立法指经济特区的有关国家机关，基于全国人大或其常委会的专门授权而形成的，制定效力不超出经济特区范围的规范性法律文件的一种地方立法。

经济特区立法与一般地方、民族自治地方以及其他地方立法相区别的主要特征在于：①立法权的来源不同。经济特区的立法权来源于最高国家权力机关或其常设机关的授权规定。一般地方和民族自治地方的立法权来源于宪法、地方组织法、立法法和民族区域自治法的规定。②立法的效力等级和调整范围不同。由于经济特区立法权与一般地方立法权和民族自治地方立法权的来源不同，经济特区立法的效力等级和调整范围，也不同于一般地方立法和民族自治地方立法。一般来说，经济特区地方立法的效力等级和调整范围，在总体上不像一般地方立法和民族自治地方立法那样具有确定性。经济特区立法所产生的规范性法律文件，按其性质来说，其效力等级一般低于授权主体本身制定的规范性法律文件，又应当高于一般地方与授权主体相同级别的国家机关所制定的普通规范性法律文件。经济特区立法的范围，以不超出授权主体的授权范围为限，但可以或应当超出授权机关的职权范围；而一般地方立法和民族自治地方立法所调整的范围，是以宪法、宪法性法律特别是立法法所规定的事项范围或这些地方的立法主体的职权范围为限。③同一般地方立法相比，经济特区地方立法带有明显的破格性、先行性，有时还带有一定程度的试行性。④在立法程序和任务方面，经济特区立法带有经常的特殊性、不确定性，经济特区立法在时间和空间（事项）等方面受到种种明确的限制；而一般地方立法的任务和程序是普通的、常规的、确定的，其自主性也大些，如地方性法规不须报全国人大常委会批准，一般地方立法主体可以在自己权限范围内自主地解决所要解决的问题。

经济特区立法权和立法范围，主要表现在经济特区的人大、人大常委会和政府，根据国家立法机关的有关授权规定，结合经济特区的实际情况，完成国家立法机关的授权规定所确定的立法任务。

（4）特别行政区立法。这里阐述的行政特区立法，仅指香港特别行政区立法。香港特别行政区立法与中国其他地方立法相比，有很大的不同，主要体现在实行高度自治上。这种特征在下述香港特别行政区立法制度中得以充分体现。

香港特别行政区的立法机关是香港特别行政区立法会。立法会由选举产生。立法会除第一届任期为2年外，每届任期4年。立法会如经行政长官依《香港特别行政区基本法》规定解散，须于3个月内依基本法重新选举产生。立法会主席由立法会议员互选产生。主席由年满40周岁、在香港通常连续居住满20年并在外国无居留权的香港特别行政区永久性居民中的中国公民担任。

香港特别行政区立法权来源于全国人民代表大会以特别行政区基本法形式所作的专门授权。《香港特别行政区基本法》明确规定香港特别行政区享有立法权，而中国其他地方立法权无一是通过这种方式获得的。

香港特别行政区立法权由立法会行使。根据《香港特别行政区基本法》第73条的规定，立法会的职权包括：①依法制定、修改和废除法律；②根据政府的提案，审核、通过财政预算；③批准税收和公共开支；④听取行政长官的施政报告并进行辩论；⑤对政府的工作提出质询；⑥就任何有关公共利益问题进行辩论；⑦同意终审法院法官和高等法院首席法官的任免；⑧接受香港居民申诉并作出处理；⑨如行政长官有严重违法或渎职行为而不辞职，可以提出弹劾案报请中央政府决定；⑩在行使上述各项职权时，如有需要，可以传召有关人士出席作证和提供证据。

香港特别行政区立法程序包括：①提案。提案权由香港特别行政区政府和立法会议员行使。②审议。法案由立法会审议。立法会主席主持立法会会议，决定审议议程，决定开会时间，在休会期间可以召开紧急会议。立法会举行会议的法定人数为不少于全体议员的二分之一。立法会议员在立法会的会议上发言不受法律追究，在出席会议时和赴会途中不受逮捕。③表决。政府提出的法案，如获得出席会议的全体议员的过半数票，即为通过。

香港特别行政区立法会通过的法案，须经行政长官签署、公布，方能生效。

香港特别行政区立法监督制度由两类制度构成：一是接受中央立法监督的制度。香港特别行政区立法虽然是具有高度自治权的一种地方立法，但它仍然是中国立法体制整体的重要组成部分，它与中央立法有着紧密的联系，接受中央立法的监督。二是香港特别行政区内部的立法监督制度。

三、中央与地方关系

中华人民共和国是一个统一的多民族国家，国家结构采取单一制形式，即由若干行政区域构成单一主权国家，同时实行民族区域自治制度和特别行政区制度。《中华人民共和国宪法》和《民族区域自治法》、《香港特别行政区基本法》、《澳门特别行政区基本法》等法律，对当代中国的国家结构形式进行了规定，这些都涉及中央与地方的关系。

中央与地方的政治关系是由中央主导。中央政府对地方有较强的行政控制能力。我国宪法强调，全国人民代表大会是国家最高权力机关，国务院即中国人民政府是最高行政机关，对国家重大事项拥有决策权和执行权。全国人民代表大会的职权不仅包括制定和修改宪法和法律，选举国家主席及最高行政机关、司法机关、检察机关的领导人，以及审查和批准国民经济和社会发展计划和计划执行情况的报告等，还包括批准省、自治区和直辖市的建置，以及决定特别行政区的设立及其制度。全国人大常务委员会作为全国人大闭会期间的最高权力机关，也负责解释宪法和法律，监督宪法的实施以及撤销省、自治区、直辖市国家权力机关制定的同宪法、法律和行政法规相抵触的地方性法规和决议；决定全国或者个别省、自治区、直辖市的戒严等。国务院作为国家最高行政机关，统一领导全国地方各级国家行政机关的工作，其中包括规定中央和省、自治区、直辖市的国家行政机关的职权的具体划分；改变或者撤销地方各级国家行政机关的不适当的决定和命令；批准省、自治区、直辖市的区域划分，批准自治州、县、自治县、市的建置和区域划分；决定省、自治区、直辖市的范围内部分地区的戒严等。显然，中央政权直接决定着地方各级政权的设置、权限及组织和运转方式。在中央与地方的权力分配及相互关系的处理上，中央一直居于主导地位。

中央和地方的关系是多方面的，包括政治的、行政的、经济的和法律的等等。目前，中央和地方关系仍存在着一些亟待解决的问题，如中央与地方的立法权问题、中央与地方财政关系问题、中央与地方行政制度问题等。

1979 年以来中央与地方关系的改革，其主题就是将下放中央权力作为调整中央与地方关系的基本内容。归纳起来，包括：下放中央政府的部分财权，扩大地方政府的财政管理和支配权限；下放中央政府的部分事权，在扩大地方利益的同时，加重其管理地方事务的职责；对某些地区切块下放中央经济特许权力；下放政府某些人事管理权；下放一大批大中型国有企业。

中央与地方关系的调整，尤其是改革开放后中央与地方关系的改革，其影响是巨大的。这影响包括积极的正面效应和消极的负面问题。中央与地方关系调整的效应就其积极意义方面来说，主要有以下四个方面：

（1）中央政府从过去日常具体而繁琐的对地方计划、管理和干预的事务中解脱出来，从而使更好地规划国家和社会的发展、更好地科学决策成为可能。

（2）初步形成了地方利益驱动机制，充分调动地方政府发展经济、文化和当地社会事务的积极性，加重了地方的政治责任感和经济压力。

（3）由于形成了多层次的不同范围的决策群体，并把这种决策与地方经济利益结合起来，就使这些决策更加慎重、更加有效率、更加符合当时当地的实际，从而在客观上减轻了对中央的压力，也减少了决策过分集中统一的风险。

（4）国家和社会在地方的各项事业得到迅速发展，特别是在经济发展方面更为明显。

中央与地方关系的以权力下放为基本内容的调整取得了非常显著的效果，但也导致了一些负面问题。这主要表现在：就中央政府方面而言，最主要的问题是中央政府宏观调控能力的减弱；就地方政府方面而言，最主要的问题是在中央向地方政府放权过程中，由于中央政府未能适时建立起宏观调控体系和实施有效的监督，未能有效地规范地方政府行为，由于地方利益乃至小集团利益驱动的误导，而引致了某些地方政府的变异行为。例如，从狭隘的本地利益出发对中央政府讨价还价；上有政策下有对策，对中央政策符合本地利益的就执行，不符合的就不执行；分割市场，搞区域或地域经济割据等。

在中央权力下放和权力上收的过程中，一直缺乏对中央和地方都具有约束力且稳定有效的法律制度。因此，目前就中央与地方关系的进一步调整应有更明确的制度化取向。应该建立中央与地方的合理分权体制，在完善中央对地方的立法监控、行政监控、财政监控、人事监控和司法监控的同时，建立地方利益表达机制。用法律保障中央与地方的关系尤其重要，可以考虑在宪法中明确规定中央与地方关系的原则、中央政府的职权范围、地方自治权限范围等内容，还要改革法院管辖制度，建立中央与地方具有合理关系的司法审查制度等。

第十二讲

行政能力测试知识

一、能力和行政职业能力

公务员录用考试采取笔试和面试的方式，测试应考者的公共基础知识、专业知识水平，以及其他适应职位要求的一般素质与能力。1988 年以来，由人事部组织的国家行政机关补充工作人员的录用考试中，对"适应职位要求的一般素质与能力"的考察，体现为在笔试阶段进行行政职业能力考试，即行政职业能力测试（Administrative Aptitude Test，简称 AAT）。

能力是指人们成功地完成某种活动所必需的个性特征。它有两种内涵：其一指已表现出来的实际能力和已达到的某种熟练程度，可用成就测验来测量；其二指潜在能力，即未表现出来的心理能量。实际能力和心理潜能是不可分割的统一体。心理潜能是一个抽象的概念，它是各种能力展现的可能性，只有在遗传和成熟的基础上，通过学习才可能变成实际能力。心理潜能是实际能力形成的基础和条件，而实际操作能力是心理潜能的展现，二者不可分割。

能力具有以下特点：（1）相对广泛性。智力的高低几乎影响人的一切活动的效率，但这是一种间接的影响；能力影响到一个人在某一职业领域中多种活动的效率，而专业知识技能则仅仅影响某一有限或具体的活动。例如，人的手指灵巧性这一能力，指一种能快速而正确地活动手指、用手指操作细小东西的能力。它有利于从事手指活动的一系列职业活动，如计算机录入、打字、制版、插图，甚至舞蹈。（2）相对稳定性。能力是相对稳定的，它不像人的智力水平一样几乎难以改变，又不同于具体的专业知识技能那样容易通过强化训练而在短期内提高或由于遗忘而丧失。比如，人的手指灵巧与否，不是通过练习就可以很快提高的，但纺织女工接线头的技能却可以很快掌握。（3）相互影响性。一个人能力强，则成功的可能性就大。例如，一个人的空间想象力强，我们可以预见他在与空间关系密切的活动领域中有取得成功的可能，但这仅是可能性而已。

职业能力是人们从事某种职业活动必须具备的，并影响职业活动效率的个性心理特征。人的职业能力是多种能力叠加而成的。它是人们从事某种职业必须具备的多种能力的综合，是择业的基本参照和就业的基本条件，是胜任职业岗位工作的基本要求，也是个人立足于社会、获取生活来源、取得社会认可、谋求自我发展之本。

行政职业能力则是指从事公务员工作所应具备的与拟任职位相关的知识、技能与能力。知识是指对事实、理论、系统、规则、惯例和其他一些与工作有关的知晓和理解。公务员工作有其特殊性质，作为国家机关的工作人员，对一定的行政理论、办公规则、工作惯例、时事都应透彻了解。技能是指个体运用既有的知识经验，通过练习而形成的智力动作方式和肢体动作方式的复杂系统。行政职业中所指的技能主要是智力动作方式。它主要表现为将知识经验转化为工作能力的程度和运用知识经验的熟练程度及准确程度。能力分为一般能力和特殊能力，而行政能力是一种特殊能力。由于行政职业多种多样，其所要求具备的能力也不尽相同。行政职业能力测验所要考查的是从事行政职业应具备的一般能力，如数量关系、判断推理、常识判断、言语理解和表达、资料分析等，都是从事行政职业即公务员所必须具备的一般能力。因为无论从事公务员工作中的哪一种，以上所提及的几种能力，在公务员日常工作中，如公文写作、资料阅读、数据资料分析等都是必需的。

二、行政职业能力测验

能力测验是指测量个人能力差异的一种工具。如果将能力分为实际能力与潜在能力，那么实际能力测验一般是测验个人具有的知识、经验与技能水平；而能力倾向测验则是测量个人潜在的能力，但两者并无严格的界限。能力测验可分为普通能力测验与特殊能力测验，前者通常指智力测验，后者则指用于对个人某些特殊能力的测验。行政职业能力测验要评测应试者与拟任职位相关的知识、技能与能力。行政职业能力测验正是要考查各种公务员工作所必须具备的一般潜能。行政职业能力测验是专门用于测查行政职业上与成功有关的一系列心理潜能的一种标准化考试。

能力测验是由人事部组织有关专家编制的，主要用于国家行政机关招考非行政领导职务工作人员的一种考试；它既不同于一般的智力测验，也不同于行政职业通过基础知识或具体专业知识技能的测验，其功能主要是通过测量一系列心理潜能，进而预测考生在行政职业领域取得成功的可能性。

三、行政职业能力测验的特点

第一，题目数量多。一般来说，行政职业能力测验包含130～140道试题。

第二，测验时间紧。行政职业能力测验要求在120分钟内，答完130～140道试题，因此，没有时间答完全部试题是十分正常的。由于行政职业能力测验涉及内容比较简单，如果在时间充裕的情况下，一般考生都会取得高分；但在时间紧、题量大的条件下，这种测验可以有效反映出考生反应的快慢，区分出考生运用自己的知识积累和理解能力快速解决问题的水平差异。

行政职业能力测验的这种特点要求考生必须了解这一测验的性质和方式，熟知各种题型和答题方法，以避免因不了解这一考试形式而影响成绩。

四、行政职业能力测验的作用

第一，行政职业能力测验规定了应考人员进入国家机关工作的必要条件，但并非充分条件。行政职业能力测验只是在一定程度上体现了对公务员的最低限度要求，所以，行政职业能力测验通常配合其他考试和测评手段一起使用，相互补充。对行政职业能力测验的得分一般规定一个最低限度，高于此限度的，可将得分与其他方面的评价结果综合考虑；低于此限度的则不能被录用。也就是说，行政职业能力测验具有否决权。

第二，行政职业能力考试有利于用人部门的早期筛选。行政职业能力测验全部采用客观化试题，可使用机器阅卷。经行政职业能力测验初选以后，不具备基本能力素质的人就不可以进入后面更复杂的评价程序，从而大大节省人力、物力、财力。

第三，行政职业能力测验有利于帮助人事部门了解考生从事行政工作的潜能与差异，避免选人过程中可能出现的"高分低能"现象，提高选人、用人的准确率，从而达到"人适其职，职得其人"的目的。

第四，行政职业能力测验，它有利于打破选人用人中的人情阻力，抵制不正之风。

第五，行政职业能力测验有利于提高录用考试的科学性、严肃性和权威性。行政职业能力测验是由人事部组织有关专家精心研制的，其原理科学、材料精致、施测严密、结果客观，因而有利于提高录用考试的科学性、严肃性和权威性。

第六，将来在某些特殊情况下，可以通过测量学和统计学方法建立一定的行政职业能力测验成绩和一定学历水平之间的对应关系，将行政职业能力测验成绩作为同等学历的认定标准来使用。

第七，行政职业能力测验不需要考生作专门的复习与准备，给考生带来极大的方便。

五、《行政职业能力测验》项目结构

行政职业能力测验的项目有言语理解与表达、数量关系、判断推理、常识判断、资料分析等基础层次的能力素质。

（一）言语理解与表达

言语理解与表达测验是测查应试者对言语的理解与运用能力的一种测试形式。语言是人们进行传递信息和交流的必要工具，是每一个社会成员必须具备的最基本的能力。作为国家公务人员，工作中接触的语言材料和资料不计其数，要更好地理解别人传达的信息和更好地表达自己的信息，做到信息的顺畅流通，就必须有很强的言语理解与表达能力。

（二）数量关系

数量关系是主要测查应试者对数量关系的理解与计算能力的一种测验。对数量关系的理解和进行基本的运算能力，是人类智力的重要组成部分之一。在科学技术高速发展的现代信息社会中，国家公务员进行的是一种高效、科学、规范的信息化管理，因而要求管理者能够对大量的信息进行快速、准确的接受与处理，而这些信息中有很大一部分是用数字来表达或与数字相关的。所以作为国家公务员，必须具备迅速、准确地理解和发现数量之间的关系，并能进行快速数学运算的能力。

（三）判断推理

判断推理是测查应试者逻辑判断推理能力的一种测验形式。判断推理是人类智力的核心成分，是人类区别于其他动物的根本标志。国家机关的信息及之间的关系错综复杂，很多事务间的关系和本质隐而不露。作为国家公务人员，要处理这些矛盾和关系，就必须具备一定的判断推理能力。

（四）常识判断

常识判断部分涵盖政治、经济、法律、管理、人文、科技等方面的知识，考查应考者的基础知识以及运用基础知识分析判断的基本能力。

（五）资料分析

资料分析测验主要测查应试者对各种资料（主要是统计资料，包括图表和文字资料）进行准确理解、转换与综合分析的能力。在现代信息社会中，各种信息、资料不仅来得快，而且数量庞大。特别是处于社会中枢位置的国家行政管理机关，是信息收集、加工、处理、传递的基地。它所接收的信息和资料无论从数量上，还是从复杂程度上，或是从广泛性上都是一般单位和部门所无法比拟的。因此作为国家公务员，必须具备能够对各种资料进行准确理解和快速分析综合的能力。

表 12-1　2004 年中央、国家机关公务员录用考试《行政职业能力测验》内容结构（A、B类）

部分	内容		题量	时限（分钟）	测试目标
一	听力理解		20	10	中文词句含义的理解能力，文章段落的准确理解、掌握、运用程度
二	言语理解与表达	阅读理解	15	25	
三	数量关系	数学运算	15	20	基本数量关系的快速理解和计算能力
四	判断推理	图形推理	10	35	图形推理、演绎推理、定义判断等基本能力
		定义推理	10		
		演绎推理	15		
五	常识判断		20	10	涵盖政治、经济、法律、公共管理、人文、科技等方面，考查应试者在这些方面以及运用基本知识分析判断的基本能力
六	资料分析		20	20	较简单的图、表、文字资料的阅读理解与分析能力
合计	（六部分）		125	120	

表12-2　2005年中央、国家机关公务员录用考试《行政职业能力测验》内容结构（一、二类）

部分	内容		题量	时限 (分钟)	测试目标
一	言语理解与表达		25	25	中文词句含义的理解能力，文章段落的准确理解、掌握、运用程度
二	数量关系	数字推理	10	25	基本数量关系的快速理解和计算能力
		数学运算	15		
三	判断推理	图形推理	10	40	图形推理、演绎推理、定义判断、事件排序等基本能力
		定义判断	10		
		事件排序	10		
		演绎推理	15		
四	常识判断		20	10	涵盖法律、政治、经济、管理、人文、科技等方面，主要侧重法律知识运用
五	资料分析		20	20	较简单的图、表、文字资料的阅读理解和分析能力
合计	（五部分）		135	120	

　　表12-1、12-2中概括了2004年和2005年中央、国家机关公务员录用考试《行政职业能力测验》的试卷构成、各部分分配的题量与时间，以及各部分测试的目标，供读者参考。

六、行政职业能力测验的施测程序

　　行政职业能力测验是一种标准化考试，具有试题客观化、施测标准化、评分现代化和分数解释科学化等特点。其题目全部为选择题，测验材料分为两部分：试题本和答题卡。考生阅读试题本上的试题，然后用2B铅笔将答题卡上相应题号下所给答案的标号涂黑，不得在试题本上做任何记号。测验完毕后，答题卡通过光电阅读机和计算机统一阅卷计分。因此，参加考试时，考生务必准备好2B铅笔和橡皮。下面简单介绍一下施测步骤。

　　测验开始后，按照以下步骤进行：

　　第一，监考人员宣布考场要求。

　　第二，监考人员发给考生答题卡，给考生两分钟时间按要求在答题卡上填涂自己的姓名、考号及其他规定的填写内容。

　　第三，监考人员发试题本，首先给考生两分钟时间阅读试题本上有关"考试注意事项"。读完这些内容后考生应等候监考人员的指示，不要擅自向后翻页，否则会影响考生的成绩。如果在整个考试过程中两次擅自翻页，监考人员有权取消考生的考试资格。

　　第四，监考人员宣布翻页作答试题，并开始计时，时限为120分钟。但每一部分都分别标出了参考时限，以帮助考生分配好答题时间。在试题中可能有一些是很容易的，但任何人都很难答对所有的题目。因此考生不要在一道题上思考太久，遇到不会的题目，可以跳过去先做其他容易的。所有的试题答错不倒扣分，因此考生可以根据猜测来回答那些没有把握的问题。

第五，监考人员宣布考试结束，考生应立即放下铅笔，将试题本、答题卡和草稿纸都留在桌上，然后离开考场。若发现考生带走了试题本或有抄录试题的现象，将取消其考试资格。

七、行政职业能力测验与职业适宜性

（一）职业能力分类

从职业心理测定的角度上看，国际上一般把职业能力划分为 11 个方面，在此我们沿袭了其有关定义和描述，具体内容和方法如下所示。

1. 智力

智力即一般的学习能力。它是指人对客观事物的认识，对各种原理的理解、推理、判断及对新环境迅速适应的能力。智力一般包括观察能力、注意能力、记忆能力、想象能力、思维能力。它是人们在学习、工作、日常生活中必须具备，广泛使用的能力。职业或专业的要求水平越高，对人的这种能力的要求就越高。审视自己这方面的能力，可以从以下几个方面考虑：你上学时的学习成绩，你对学过的英语单词、历史事件、地貌概况等一些材料的记忆效率，解决数学、物理习题时的灵活与准确程度，对新学内容的理解与掌握的速度及深刻性，等等。

2. 语言能力

语言能力指对词语及其含义的理解和有效使用的能力，对词、句子、段落、文章的理解能力，对别人所表达思想的理解力，以及关于善于清楚而准确地表达自己的思想观念和向别人清楚解释事物、介绍情况的能力。简单地说，也就是人对文字和言语的理解与表达能力。审视自己这方面的能力，可以从以下几个方面考虑：你上学时是否擅长作文，你的语言词汇是否丰富，当你阅读一篇文章时是否能很快抓住其中心并分析出层次，你是否能很清楚地给别人讲一些别人不懂的难题，你能否绘声绘色地给别人讲述你曾经遇到过的某些事情，等等。

3. 运算能力

运算能力指迅速而准确地进行算术运算的能力。审视自己这方面的能力，可以从以下一些方面考虑：上学时的数学成绩如何，你平时若同时买几样东西能否很快地算出该付的钱数，你对一些长度、面积、体积单位的换算能力如何（如：15.6 米是多少厘米等）。注意，考核这方面能力常常更强调速度。

4. 空间判断能力

空间判断能力指想象物体在二维、三维空间中的几何图形或形状的能力。例如，在一个平面上表现出立体图形、对立体图形的各个组合面的理解，识别由物体空间运动所造成的各种边、角、面之间的关系等等都要依靠这种能力。一般来说，若平面几何、立体几何学习得比较好，可反映出这方面的能力比较强。更具体地讲，如果你能很快地解答立体几何题，能较容易地画出一般物体的立体草图，或者面对一幅立体图，你能清晰地在头脑中想象出实际物体的形状，那么可表明，你的空间判断力还是不错的。

5. 形体知觉能力

形体知觉能力指对物体、图像细微观察和对差异的反应能力。例如，对于图形的形状、明暗度，对线条的长度进行区别和比较以及识别其细微差别的能力。检验自己这方面的能力并不难，平时对物体微观局部的观察力如何，对两幅相识的图形或两个物体能否很快地发现它们之间的差异，是否能经常注意到别人容易忽视的物体的细节部分，以及能否很快比较出两片树叶的差异等等都说明了你这方面的能力。

6. 办公文书事务的能力

办公文书事务的能力指觉察词语或表格材料中有关细节的能力。观察文稿间的差别，发现错字、漏字及正确校对词句和数字的能力，进行基本计算及避免运算中显而易见的错误都反映了这方面的能力状况。

7. 眼—手协调能力

眼—手协调能力指眼、手迅速准确和协调地做出精确的动作和动作反应的能力。上计算机课时，你是否很快学会上机操作，你的打字水平等等都可以作为你自测这方面能力的依据。

8. 手指灵活能力

手指灵活能力指迅速、准确、协调地运用手指操作小物体的能力。可以参考下面一些活动，如你平时是否能灵活运用一些小工具（如小剪子、小镊子、螺丝刀等），做针线活时你的手是否显得很笨拙，你是否轻易学会弹电子琴、钢琴，等等。

9. 手工灵巧能力

手工灵巧能力指熟练自如地运用手的能力，即用手灵巧而迅速地活动，用手做出放置和翻转等动作的能力。审核这方面的能力，不妨回忆一下，你削水果、切菜的水平如何，组装自行车零件速度如何，焊接无线电零件灵巧性如何，以及使用榔头、锤子等一些手工工具的状况，等等。

10. 眼—手—足协调能力

眼—手—足协调能力指根据视觉刺激，从而使手和足彼此协调的能力。平时这方面的能力主要表现为体育课的成绩如何，某些体育运动项目（诸如打排球、篮球、乒乓球、网球）的水平如何，踏缝纫机的水平如何，等等。

11. 颜色辨别能力

颜色辨别能力指观察和辨别相异或相似色彩的能力，即辨别同种颜色的明暗、浓淡程度的差异的能力，鉴别特定颜色、识别色调或对比色的能力，以及正确配色的能力。一般来说，生活中你对颜色的搭配技巧如何，穿衣时是否注意颜色搭配的合理性，上学时的绘画成绩，以及你对颜色的反应敏感程度等等，可以反映出这方面的能力水平。

了解了各种能力的内涵，就可以对照自己进行自我评定了。具体的方法是，针对自己在每一种能力方面的表现状况，在表 12-3 给出的五个等级，即强、较强、一般、较弱、弱上分别打"√"。这就是说，如果你认为自己在智力"一"上属于强，那么就请在横栏"一"和纵栏"强"的交叉空格内划"√"，若你认为自己在言语能力"二"上属于一般，那么就请在横栏"二"和纵栏"一般"的交叉空格内划"√"，其余能力的评定，均以此类推。

表 12 - 3　十一种职业能力的自我评定

能力 等级	一	二	三	四	五	六	七	八	九	十	十一
强											
较强											
一般											
较弱											
弱											

八、《行政职业能力测验》命题趋势

根据多年来对国家公务员《行政职业能力测验》录用考试的分析和研究，该科目的考试和命题呈现出以下几个明显的特点和发展趋势。

（一）根据职位不同设置考试题目

我国公务员招考已经实行了十多年，主管部门积累了丰富的经验，招考逐步走向科学化、规范化，实行了分类指导的原则，根据职位和工作内容的不同来设置不同的招考方式和测试题目。从 2002 年起，中央、国家机关公务员录用考试的《行政职业能力测验》分为 A、B 两类，使用不同的试卷，增强招录工作的针对性。A、B 这两种不同的《行政职业能力测验》试卷是针对不同的行政职位来设计的，因此在题型和难度上有所区别，针对性比较强。2005 年中央、国家机关公务员的录用则取消了 A、B 分类，改为一类和二类，一类考《行政职业能力测验一》和《申论》，二类只考《行政职业能力测验二》，但一、二两类的《行政职业能力测验》试卷在题量、题目具体内容和难度上有所区别。2006 年中央、国家机关公务员录用考试的职位分为两类：综合管理类，考试科目为《行政职业能力测验一》和《申论》；行政执法类，考试科目为《行政职业能力测验二》和《申论》。《行政职业能力测验一》和《行政职业能力测验二》在题型、题量和难度等方面有所不同。根据我国公务员招录的大趋势和近几年公务员招录的具体情况来看，今后国家公务员的招录可能会继续走分类招考的路子。

（二）考题涉及的知识面广泛

由于公务员考试本身并不是单纯的知识性测试考试，再加上参加考试的应试者人数较多，其专业也是多种多样的，因此要想测试考生的数量关系、言语表达、判断推理、资料分析等基本能力，必须确保一定的难度系数，以便于人才的甄别和筛选。鉴于此，考生应该在备考中注意到这方面的命题动向，尽量在日常生活中或者专业学习之余多注意了解方方面面的知识，扩大自己的知识面，培养多方面的兴趣，这才是提高成绩的根本所在。

（三）考试命题的规范化和模式化

国家公务员招考逐渐走向制度化，主管部门制定了详尽的程序来保证公务员招录考试的顺利进行，从报名到最后分数公布，考生的合法权益都能得到保障和实现。而且，命题本身也已经模式化，基本的题型具备前后的连续性，考生可以随时了解考试的基本情况和基本对策。这就大大方便了考生，使得他们能够更为主动、合理地安排自己的时间。

（四）关注时政热点

公务员的工作性质和工作内容决定了公务员必须对国家的基本政策、经济活动和科技发展以及外交活动等方面有较多的了解，甚至需要达到十分熟悉的程度。因此，在公务员考试中肯定会出现很多与社会时事热点问题有关的测试题目，如我国政治经济体制改革、"三农"问题、高新技术发展、世界局势的发展等，考查考生对社会的关注、认知程度。应试者应该更多地关注社会，能够对一些社会问题形成自己的观点和看法，并能提出一些具有建设性的对策，这是一个公务员必须具备的基本素质。

九、考试大纲分析

国家人事部在总结近年来中央、国家机关考试录用工作的基础上，提出了从 2002 年起国家公务员录用考试所遵循的原则，即"分类考试、突出能力、方便考生、定时定期"。综合《2006 年中央、国家机关公务员录用考试公共科目考试大纲》和 2005 年公务员考试《行政职业能力测验》题型，分析出 2006 年《行政职业能力测验》考试有以下几个特点。

（一）考试科目

综合管理类[①]招考职位的公共科目为《行政职业能力测验一》、《申论》两科。行政执法类招考职位为《行政职业能力测验二》、《申论》两科。

（二）考试时间

行政职业能力测验考试时间为 120 分钟，申论考试时间为 150 分钟。各部分不分别计时，但都给出了参考时限，这是命题者经过测算的，供考生参考，以便合理分配考试时间。

两类试卷表明的参考时限相同，一般是：（1）言语理解与表达（25 分钟）；（2）数量关系（25 分钟）；（3）判断推理（40 分钟）；（4）常识判断（10 分钟）；（5）资料分析（20 分钟）。

---

① 行政执法类职位：指行政机关中直接履行监管、处罚、稽查等现场执法职责的职位。行政执法类职位主要集中在公安、海关、税务、工商、质检、药监、环保等政府部门，且只存在于这些政府部门中的基层单位。综合管理类职位：指机关中除行政执法类职位、专业技术类职位以外的履行综合管理以及机关内部管理等职责的职位。这类职位数量最大，是公务员职位的主体。人事部的《招考职位表中》会详细列明。

（三）分值分配

考试总分为 100 分。

（四）基本题型

基本题型共分为五部分：（1）言语理解与表达（25 题），包括阅读理解（25 题）一种。（2）数量关系（25 题），包括数字推理（10 题）、数学运算（15 题）。（3）推理判断（45 题），包括图形推理（10 题）、演绎推理（15 题）、定义判断（10 题）、类比推理（10 题）、演绎推理（15 题）、类比推理（10 题）。（4）常识判断（20 题），涵盖政治、经济、法律、公共管理、人文、科技等方面，主要侧重法律知识运用。（5）资料分析（20 题），根据图表、文字资料提供的信息进行分析、比较、计算、处理。

（五）与 2005 年不同之处

2006 年试卷题型与 2005 年相比主要变化是：判断推理部分新增"类比推理"题型。

《行政职业能力测验》考试在不断完善过程之中，国家人事部对公务员录用考试的改革也将继续进行下去，只是幅度大小的问题。而且，《行政职业能力测验》考试也会不断变化，但万变不离其宗，变化的只是形式，不变的是本质。

第十三讲

申论考试知识

申论考试，是模拟公务员日常工作性质的能力测试。作为公务员，对社会生活的方方面面都应当有所认识和有所思考，并且具备较高的思想水平和较强的分析问题、解决问题的能力。因此，申论考试所提供的一般都是社会性较强的背景材料，让考生去进行分析和论述，从而测查考生处理公务员日常事务的潜能。

申论考试，要求考生具有比较丰富的常识，但不会对某种专业知识特别倾斜。由于考生来自各个方面，所学专业很不相同，所以申论考试中让考生处理加工的材料大都具有普遍性、非专业性。比如 2000 年考题，粗看所给材料，可能以为学法律专业的考生更容易回答，其实红星新村居民状告印刷总公司的事并不是仅从法律角度就能解决的问题。再比如 2001 年考题，看似医药卫生问题，其实问题的解答与医药卫生专业知识水平高低并无太大关系。申论考试的试题，对学哪个专业的考生都是公平的。下面我们具体讲解一些有关申论考试的基本内容。

一、申论概述

（一）申论的含义和特点

"申论"一词，出自孔子所说的"申而论之"。从字面来理解，"申"为引申、申述，"论"为议论、论证，"申论"则指针对特定话题提出自己的观点，并展开论述。它是为完善国家公务员录用考试而新设的一种笔试科目。2000 年，国家人事部开始在中央、国家行政机关面向社会公开考试录用国家公务员笔试时首次尝试。申论既区别于古代科举考试中要求就给定的题目论证某项政策或对策，其撰写论文的策论形式也有别于以往公务员录用考试中的命题作文形式。申论考试的内容、方法及其要达到的测评功能，实际涵盖了策论和作文这两种考试形式的基本方面，把阅读理解和写作有机地结合起来，形式新颖、灵活，能够更好地测评考生的综合素质，有效地防止"高分低能"现象的产生。

（二）申论考试的性质

申论考试所给的材料，可能涉及面很广，但试题具有较强的针对性、合理性，也就是说，问题的解决方案一般应具有可行性。比如 2000 年试卷的问题，可以通过城市建设合理规划获得根本性解决，当然必要的补偿也应有所考虑。又如 2001 年试卷的 PPA 问题，是当时社会热点之一，但完全可以通过舆论的正确引导来化解百姓的不安心理。申论考试不会引导考生漫无边际地遐想，不管问题多么复杂、涉及面多广，人们的见解多么莫衷一是，都是能够解决的。这样的命题思路，是由公务员录用考试性质决定的。

（三）申论考试的具体内容

申论考试的结构比较规范，清晰明确。首先是给定一篇（或一组）1500 字或者更多的资料，要求应试者在认真阅读给定资料的基础上，自命一个题目，紧扣给定资料反映的主要问题，申述、阐明、论证对问题的基本看法和解决问题的方法（一般要求在 1200 字左右）。

（四）申论考试的特点

1. 测试形式灵活多样

申论测试除了所给出的材料部分外，其答卷一般由三部分组成，一是概括部分，二是方案部分，三是议论部分。就文体而言，概括部分可能是记叙文、说明文、议论文、应用文中的某一种形式，也可能综合了多种文体形式；方案部分则是应用文写作；第三部分自然是议论文写作了。从这个意义上来说，申论测试既考查了普通文体的写作能力，也考查了公文写作能力，测试形式非常灵活、实用。

2. 测试背景资料涉及面广

申论测试的目的是为了选拔国家公务员，因此十分注重对考生的分析、判断、解决问题的能力等综合素质的测试。为选拔符合这一要求的人才，申论所给定背景资料涵盖了政治、经济、法律、教育等诸多方面的内容，涉及范围极其广泛，且表述比较准确，一般不会出现偏差。

申论的背景资料所反映的问题大部分已有定论，也有一些问题尚无定论或存在争议，需要考生自己去理解、分析和判断，并得出结论。至于一些难以定论的问题，特别是一些争议激烈的前沿问题，一般不会成为背景材料。

3. 测试目的针对性强

申论测试考查的目的明确，针对性很强，即主要考查考生阅读、分析、概括、解决问题的能力。这些能力主要通过对背景材料的分析、概括、论述体现出来，从所提出的方案对策是否具有针对性和可行性体现出来。从这一角度看，考查的目的与测试的命题是密切相关的有机整体，总之目的具有针对性，试题也具有针对性；试题是为测试的目的服务，目的则是试题设计的指导思想。

4. 测试标准具有先进性和国际性

选拔公务员的申论测试，一开始就借鉴了一些发达国家的先进经验，不仅注重对应试人员能力和素质的考查，而且也注重对应试人员将要从事行政机关工作和岗位职责所需要的能力素质的考查。在科目设置、考试形式上都是按国际标准设计的，在内容上则体现了中国具体实际。

西方一些实行公务员制度时间比较长的国家的公务员考试，是分类分等、定时定期进行的，人员的选拔录用与职位紧密结合，采用不同的试卷，以满足不同岗位、不同职位对人员的不同需求。我国也将逐步在公共科目试卷中，体现中央国家机关和垂直管理系统在用人上的不同要求，逐步做到分类、分等、定期考试。

5. 没有确定的标准答案

申论测试没有也不可能有一个确切、固定、唯一的标准答案。从资料背景来看，都是有关当前政治、经济、法律、教育等社会问题，有的已定论，有的尚未定论，完全要考生自己来解决。从这个角度来看，无论是提出对策或是对对策进行论证，都不会有一个固定、唯一的标准答案。

以对策部分为例，这部分是要提出解决问题的办法，这个办法要具有针对性和可行性。但是针对性和可行性是相对的，在不同地区以及发展中的不同阶段，解决问题的办法就不可能一样，更何况有的目前还没有一个确切的合理的方案。因此，哪一种更为合理、针对性与可行性更强，要对若干方案比较论证后方能确定。又比如论证部分，抓住什么问题、从什么角度论证、采取什么方法与结构，要适合自己的特长，因而也决不会有一个具体唯一的标准。所以，对论证（作文）部分的评定，也只能是综合的、全面的、等级式的，不可能有确切的唯一的标准。

正因为申论测试没有确定的答案，这便给了考生可以发挥的空间，不同的考生完全可以较充分地展示各自不同的能力和水平；同时，也有利于用人部门挑选到满意的人才。

6. 测试具有前瞻性

申论测试注重考查考生综合运用所掌握的知识解决实际问题的能力。整个社会在不断地发展变化，公务员考试命题不仅会与这种发展趋势相适应，而且还会体现出一定的前瞻性。

（五）申论考试的测评要素

从申论考试的内容和特点可以看出，申论考试主要侧重考查应试者对给定资料的阅读理解能力、综合分析归纳能力、提出和解决问题的能力以及文字表达能力，这是与行政机关的工作性质及对合格公务员的能力素质的要求相统一的。首先，公务员应有全局观念和综合能力，具有全方位、多角度的思维方式，善于把多种事物、多种因素联系起来综合分析，具有较强的分析归纳能力。其次，公务员应能够认识和掌握客观规律，要有深邃的洞察力。在通过对大量的资料进行科学分析的基础上，能透过纷繁的外在现象看到问题的本质，善于从微小的征兆中发现大的问题，能及时做出正确的判断和选择，能提出很好地解决问题的方案和具体措施。再次，申论考试能测查考生掌握信息的多与少，快与慢，对与错。最后，申论考试形式既严格又灵活，能有效地考察考生的文字表达能力，要求考生摈弃套话、闲话，分析、论证和解决问题透彻、全面、清晰。

二、申论的应试技巧

（一）仔细阅读"注意事项"与"申论要求"部分的内容

在拿到试卷后，考生首先要做的是快速地阅读一下"注意事项"部分的指导性建议，以便按其要求依次作答，千万不要图省事。否则，等到把题都答完了，才发现试卷中的要求与自己平时练习的要求有所不同，就前功尽弃了。

另外，考生在下笔作答前，还应仔细阅读"申论要求"部分的内容，对其中每一个提法都必须认真审视，决不可马虎。例如，中央国家机关公务员录用考试 2000 年和 2001 年申论试卷中的第 1 题，同是要求准确把握给定资料，但两者的具体要求有所不同，前者要求"概述主要内容"，即要求把给定资料所反映的情况梳理清楚，予以概述；后者要求"概括主要问题"，即要求抓住给定资料反映了什么主要问题。若在审题时不注意这些作答要求上的细微区别，就会把原本并不难的题目答得颠三倒四，离题万里。

（二）深入细致地阅读给定材料

审读材料是申论应试的基础环节。只有认真仔细地阅读材料，才能切实把握材料反映的问题并提出切中题意的对策或方案。因此，考生不能在审读材料环节上吝惜时间，认为在审读材料环节花较多时间是浪费的想法是不对的，每个考生都必须用充足的时间去审读材料。一般来说，考试时间为 150 分钟的话，考生用于审读材料的时间应不少于40 分钟，即考试总时间的 1/3 左右。当然，给定材料字数越多，篇幅越长，内容越复杂，理解难度越大，考生也就要相应地在审读材料环节花费越多的时间。"磨刀不误砍柴工"，明白这个道理后，考生就应舍得花时间去阅读材料，为快速、准确地答题打下良好的基础。在以往的考试中，许多考生只是草草地阅读一遍材料，便仓促下笔作答，其结果是无法抓住材料反映的主要问题，从而使提出的对策失去了针对性，自然无法取得理想的成绩，所以我们应尽量避免这一点。

（三）注意试题中设定的"虚拟身份"问题

申论考试着重考核的是发现问题和解决问题的能力。针对同一件事，不同的人由于不同的身份，处在不同的工作岗位，观察事物的角度会有所不同，其提出问题的侧重点及解决方案也会有很大的区别。为此，申论试题大多为考生设定了一定的虚拟身份，考生在作答时对此务必要特别留意，一旦忽略了，就会所答非所问。

另外，如果申论试题对考生的角色没有作出具体限定，考生在选择自身的定位时要注意扬长避短。例如，中央国家机关公务员录用考试 2001 年申论试卷中问题二要求考生作为"某职能部门的工作人员"提出"处理意见"，与给定阅读材料有关的"职能部门"有许多，如卫生管理部门、药政管理部门和工商管理部门等。在这些众多的部门中，你究竟应该选择哪一个？当然是选自己比较熟悉或比较了解的一个部门。

（四）紧扣给定资料，用语朴实简明

申论写作完全是以实用为目的，文章的表达方式应以说明、陈述、议论等为主，以充分表达自己概括、分析的能力和提出问题、解决问题的能力，文风力求质朴。抒情、描写的表达方式在申论写作中应少用或不用，不能脱离"材料"和题目要求将论证性的议论文写成抒情、散文或者记叙文。申论写作的语言朴实简明，遣词造句应当准确、简明、规范，戒除一切套话、空话。文章应当条理清晰，理据相谐，时间、地点、人物、范围、性质、程度等数据项目必须表达明确，范围应限定；用语肯定，避免歧义，剔除一切冗余信息；使用的词语符合身份，语出有据，做到庄重得体；语句、段落和篇章结构都要体现合理的逻辑关系。

（四）注意字数的限定

字数规定其实是对考生归纳概括能力和文字表述能力的要求。一般情况下，申论题目要求中规定：概括问题不超过 150 字；解决方案不超过 350 字；论证分析 1200 字左右。前两部分字数以不少于规定字数的 10％为宜。字数再减少则不容易讲清问题。议论部分的字数应在规定字数的上下 10％之间。字数少于 10％要扣分，超过 10％则增加了写作量，必然占用有限的时间肯定会影响写作的质量。

（五）卷面书写工整，无错别字

这两种情况在阅卷中都是要酌情扣分的。书写质量直接影响到考生思想意图的表达，即使在答卷中有精练的概括、中肯的对策、精彩的论述，潦草的字迹也无法让人了解文中的内容，让阅卷人进行艰苦的"考订"工作，会造成阅卷人视觉和心理上的疲劳，从而产生"质量较差"的先入为主的印象。而错别字更容易使考生思想表达变异，甚至与原意相反。因此，字迹工整、规范用字是申论写作的一个重要条件。

三、审读材料

（一）审读材料的要求与基本原则

审读材料，是指对给定材料进行阅读分析，以把握给定材料内容的整个过程。审读材料是申论应试的基础性环节，是概括要点、提出对策和进行论证等环节的前提。只有读通且弄懂全部材料，考生才能把握给定材料所反映的问题，并区分所反映的多个问题的主次关系，以便准确概括出主要问题。

1. 答题要求

审读材料的基本要求是全面理解和掌握材料的内容，把众多事实材料分门别类，总结归纳出其中的内在联系，将具体问题上升为反映普遍现象的观点，并联系给定材料以外的其他事物进行思考与分析。

2. 基本原则

审读材料应该遵循以下原则：

（1）整体性原则。仔细阅读给定材料，整体把握给定材料，找出给定材料的隐含信息，扣住给定材料的中心来拟题。

（2）多角度原则。运用"发散性思维"，分析给定材料，列出 2～5 个观点，然后找出一个对自己写作有利的角度去写。这个角度必须是扣紧给定材料的。多角度的原则还可理解为一种"实效性原则"，就是说，只要紧扣给定材料，写哪个角度对你有利，能使你发挥得更好，你就写哪个角度。

（3）筛选性原则。给定材料中很可能包含着许多迷惑信息、多余信息。如果不从总体去概括材料的"寓意"，而只是抓住"只字片语"，常常容易陷入误区，就会跑题。

（二）应试技巧

1. 充分利用时间审读材料

审读材料，最好在试卷给定的参考时限内完成，不要轻率缩短，当然也不要任意延长。很多考生在考试的时候不注意利用好阅读时间，匆匆看过一遍就急于概括、提出方案，这往往会给答题造成一定的负面影响，一定要避免这种情况。

2. 从总体上把握材料内容

考生在阅读材料时至少要先弄清楚给定材料是关于哪方面的问题，也就是说要弄清：（1）材料的性质是什么；（2）材料的主要倾向是什么；（3）材料的主要内容是什么。这样才能对材料从总体上把握，分析问题出在哪里，问题的关键是什么。

3. 通读、细读与精读相结合

阅读材料不应图快，否则只会囫囵吞枣，对资料一知半解。建议考生阅读时分三步走：

第一步，先通读，找出哪些是重点段落，哪些是次重点段落，哪些是枝节，哪些是鱼目混珠的段落；

第二步，细读，即细读重点段落与次重点段落，可以在旁边简单记下段落大意，标出重点段落中的关键词句；

第三步，精读，即精读自己圈定的重点段落、关键词句，从这些重点段落、关键词句中分析、归纳出主题。

4. 要透过现象抓住本质

阅读就是要透过现象看本质，而不是简单地就事论事。例如，2000 年中央、国家机关公务员考试，申论所给定的材料所反映的实质问题是发展与环境保护之间的矛盾，倘若在阅读材料时只看到居民与印刷公司之间的民事纠纷，就无法深入地分析问题了。

5. 要敏于感触

在阅读时会出现许多亮点，会产生一些感触，这种突然闪出在脑海里的想法，就是我们常说的灵感。在阅读给定材料时，一定要善于捕捉灵感，以便对整个材料有很好的把握，深化对材料的理解。

（三）实例分析

阅读材料：

（1）20 世纪 80 年代末，一批诺贝尔奖金获得者去巴黎开会，会后的宣言里说："人类要在 21 世纪生存下去，就必须到 2500 年前的中国的孔子那里去寻找机会。"

（2）全国政协委员、原外交部副部长宫达非认为：当前的社会公德水平日趋下降，渎职失责，弄虚作假，损人利己，几乎到处可见。长期以来，我们忽视了伦理道德教育，儒家思想是祖国传统文化遗产的主流，儒家十分重视人的自我修养，过去我们只承认阶级的伦理道德，不正视、不承认一般的伦理道德，片面认为中国传统文化都属于封建性质。

（3）江泽民同志曾指出，新加坡编写儒家伦理教科书，在中学设置儒家伦理课，这种做法很好，值得我们借鉴。

（4）邓小平同志 1992 年初视察深圳时说："新加坡的社会秩序算是好的，他们管得严，我们应该借鉴他们的经验。"

分析：

对任何事物的认识都应该一分为二，世界上没有绝对坏的东西，也没有绝对好的东西，否则便违背了辩证唯物主义的认识论。以孔孟为代表的儒家思想在中国历史上影响较为深远，儒家学说又是祖国传统文化的主流，它的深远影响、积极意义和现实价值不容低估。如果把以儒家学说为主流的中华民族传统文化视为糟粕，予以排斥和摒弃，这就等于把婴儿同污水一起倒掉，污水倒掉不足为惜，可我们不能把婴儿——儒家经典中的精华也一起倒出去，因为这是中华民族宝贵的精神财富。对古代的、外国的文化不能搞"一刀切"，全盘吸收要不得，如果一律排斥也不行，须知，新世界的文化大厦是在旧世界文化的废墟上建造起来的。要坚持"古为今用"、"洋为中用"的原则，排斥与摒弃腐朽消极的东西，学习与吸取科学的、积极的东西。

四、概括要点

（一）概括要点的要求与基本原则

概括要点是一个承上启下的重要环节。一方面它是阅读材料环节的小结；另一方面，这个环节完成得好不好，又会直接影响提出的对策是否具有针对性。

所谓概括要点，是指根据申论要求，对给定材料的主题、内容、观点及反映的主要问题进行总结归纳的过程。概括要点的目的，在于准确地把握住给定材料，以便进一步着手解决问题。

1. 答题要求

概括材料不仅要力求全面、准确，而且还要力求深刻、到位。所谓深刻、到位，就是说在对给定材料的主要内容或主要问题进行概括时，必须要达到一定的高度，避免就事论事，缺乏应有的深度。

2. 基本原则

概括材料必须根据试题的具体要求进行。偏离了考试的主旨，就会直接影响考试成绩。如果考试把试卷要求的"概括……主要问题"误认为是概述主要事实，对"主要问题"是什么却无所涉及，那么其成绩便可想而知了，反之亦然。

（二）应试技巧

1. 找准角度

申论考试要求考生解决的问题大多属于行政公务方面的问题，属于政府部门的一般性工作居多。考生偏离了这一基本出发点去概括材料，往往会不得要领。考生在考试时只能扮演题目中给定的角色，没有选择的余地。只有按照考试要求所给定的身份和角度，才能准确地概括材料。这是找准角度的最基本的含义。同时，找准角度还有另一方面的含义，即考生在概括材料时必须找到一个最适合自己的叙述角度去组织和加工材料，如采用顺叙还是倒叙，是否需要插叙和补叙，这些都是考生下笔概括材料之前必须了然于胸的。

2. 突出主旨

概括材料时中心思想要抓准，重点要突出，概括题目不同的要求，突出不同的重点。按照申论考试的基本类型，这些不同的要求大致包括：

(1) 概括材料所反映的主要问题，要抓"准"。

(2) 概括材料所反映的主要内容，要抓"全"。

(3) 概括材料所反映的精神实质，要抓"实质"。

(4) 概括材料所反映的主要经验，要抓"主要"。

3. 思路清晰，逻辑严密

思路清晰是指概括材料必须抓住、抓准一条贯穿全篇的主线，让人一目了然。这条线就是文章的总纲。所谓纲举目张，就是考生要构思好一段概括材料，必须学会如何运用线索来选择、组织和加工材料，以便更好地表达中心思想。逻辑严密，是指文章结构要严谨，行文要丝丝入扣，引人入胜。

4. 要言不烦

要言不烦是指概括材料要言简意赅、剪裁适当。申论考试中要求概括出来的东西一般都限定在150字或200字以内。字数有限又必须独立成文，结构要完整，前后要连贯，不能把材料概括变成没有特点的文章提纲，给人以干瘪、呆板之感。这就要求考生必须惜墨如金，哪些材料该取，哪些材料该舍，哪些地方要详，哪些地方要略，都必须仔细斟酌。

(三) 实例分析

阅读材料：

(1) 文艺复兴时期意大利诗人但丁说："道德常常能填补智慧的缺陷，而智慧却永远填补不了道德的缺陷。"

(2) 我在大学二年级读书时，一个周末的下午，有一堂选修辅导课，教师是从另一所大学请来的。周末下午学生活动多，都没心思上课，我去教室换鞋，准备参加足球赛。这位老师以为我来上课，便一字一句地说："一个人，我这课也要上，不能辜负你。"此时，我只好坐下来听课，整个教室只我一个学生；他板书一丝不苟，讲课声音沉着而洪亮。下课了，他拍拍身上的粉笔灰，向我点点头，夹起教案走了。

(3) 一位年轻的女护士，第一次给一位赫赫有名的外科专家当助手，复杂艰难的手术从清晨直到黄昏，眼看患者的伤口即将缝合，女护士突然严肃地盯着外科专家，说："大夫，我们用的12块纱布，你只取出11块。""我已经全取出来了。"专家断言道，"手术已经一整天，立即开始缝合伤口。""不，不行！"女护士高声抗议，"我记得清清楚楚，手术中我们用了12块纱布。"外科专家不理睬她，命令道："听我的，准备缝合！"女护士毫不示弱，她几乎是大声叫起来："你是医生，你不能这样做！"直到这时，外科专家冷漠的脸上才浮起一丝欣慰的笑容。他举起左手心里握着的第12块纱布，向所有的人宣布："她是我合格的助手！"

分析：

材料1是一句名人的话，材料2讲的是大学里的一堂课，材料3讲的是一次手术。

三者之间一定有必然的联系和共同点，那是什么呢？经过仔细分析，我们知道，用一个关键词就可以把三个材料联系起来，这就是"良心"。试想，那位大学老师上的只是平常的一节课，但这是一堂足以体现他人格的一课，是真诚地对待工作、对待学生、对待人生的一课。不论遇到什么困难和挫折，我们都不应该辜负别人的信任和尊重，都不能用搪塞敷衍的态度对待同志、对待工作。良好的品格是人性的最高表现，好的品格不仅是社会的良心，而且是国家的原动力，是一种民族精神与意识的集中体现。一个人，正直的品格不需要多少特殊的举动，品格如水，流淌在他日常的行为中。人世间除了权力、金钱、声望、暴力等之外，还有一个给人成功、百灵百验的秘诀，有了它，一个人的潜能可以成倍地施展出来，这不是别的，是创造奇迹的品格——正直。正直的品德乃无价之宝，智慧只能证明你的才华，只有正直才能体现你的德行。有恶德败行的人即便有经天纬地之才，谁会欣赏和重用他呢？而高风亮节、冰清玉洁的人，人们都愿与他共事，没有正直的品格和老实的作风，无论做什么都难以有所成就，即或靠侥幸，可能头角崭露，也不过是昙花一现，稍纵即逝。

五、提出对策

（一）提出对策的要求与基本原则

提出对策是申论的关键环节，重点考察考生思维的开阔程度、创新意识、应变能力和解决问题的能力。它给考生提供了充分发挥的自由空间，考生可根据各自的知识阅历，对同一问题各抒己见，见仁见智。

1. 答题要求

（1）明确给定的角色。申论写作与一般作文的一个重要区别就是命题者预先都给了考生一个确定的公务员角色。这就要求考生在根据主要问题提出对策方案时，首先必须明确自己的这个虚拟身份，即自己处在一个什么样的职位上提出方案。

（2）明确方案的针对性，也就是要针对问题提出方案，要求考生所提对策方案必须具有很强的针对性。这种针对性包括两个方面的含义：

其一，是指对策方案应该与所给定材料的倾向性相吻合。申论给定的材料都反映了某种社会问题，并设定了解决问题的倾向。考生所提供的对策方案必须结合给定材料涉及的范围和条件，与这种倾向性相一致。

其二，是指对策方案要紧紧围绕前面概括材料所提出的主要问题，切中要害。提出对策方案的前提，是阅读分析材料之后概括出来的要点。如果说概括材料是提出问题的话，那么，提出方案实际上就是要解决前面所提出的问题。提出的对策方案是直接针对前面概括材料时提出的问题的。所以，一般来说，前面概括了几个方面或层次的问题，这一部分就应当体现几个方面或层次的对策和方案。当遇到给定材料反映的问题比较复杂时，首先要根据题目给定的角色进行认真筛选，抓住核心问题，切忌平均使用力量，甚至本末倒置。解决好这一点，有赖于阅读材料与概括材料所显示出的"功力"。考生的综合分析能力强，抽象概括能力强，概括材料时能够做到全面、准确、深刻、到位，在提出的对策方案时也往往能够抓住关键；反之，所提出对策方案往往不得要领。

（3）明确方案的可操作性。一般而言，具有可操作性的对策方案包括：

其一，对策方案要明确执行主体，即制定出来的方案由谁去执行。也就是说，"问题"要有明确的"归口"，对策方案要有直接解决问题的政府部门或职能机构去处理与落实。

其二，对策方案要明确执行步骤，即制定出来的对策方案应怎样执行。也就是说，对策方案不能只是大的原因，让人感到无所适从，而是要有解决这些问题的具体步骤、办法，要能够付诸实施。

其三，对策方案要明确执行的时效，即制定出来的对策方案何时实施。也就是说，对策方案要认真考试其时效性，它不是遥遥无期的"空头支票"，而是解决当前问题的切实可行的办法。

其四，对策方案要明确执行的条件，即制定出来的对策方案在什么条件下实施。也就是说，对策方案的提出必须充分考虑到解决问题所需要的主客观条件。如果提出的对策方案在现实中不具备实施的主客观条件，也只是能一纸空文。

2. 基本原则

考生在构想对策方案，要通盘考虑，尽力克服与之相悖的因素，使方案合理、具体，便于落实，切忌脱离实际，提出一些很难付诸实践的对策，力避大而空、难以操作的空话、套话。

（二）应试技巧

在申论考试中，考生在完成提出方案这一步骤时，以下几点是需要特别予以注意的。

1. 忌身份失当

考生在应试中必须看清题目对自己虚拟身份的要求，一定要首先把个人定位搞清楚：是以普通公务员的身份提出建议，还是要求以领导、决策者的身份发号施令；是提出解决问题的方案，提出处理材料所反映的改善意见，还是提出克服弊端的对策建议。不同的身份，所提对策方案的角度是有明显区别的。一旦考生对自己的角色定位失当，其他一切都将无从谈起。当考生明确身份之后，考生将思考问题的角度甚至包括语言都要与自己的虚拟角色相吻合。

2. 忌空话、套话、外行话

行政管理的根本是要解决问题，考生在申论考试中所提方案必须立足于解决实际问题。对于政府部门而言，它所关注的不是"应该"做什么，而是现在能做什么。考生在提出的对策方案中对存在的问题大声疾呼、慷慨激昂，或者严厉谴责都是没有用的，对策方案必须是有建设性和切实可行的措施。

3. 忌主次不分

考生制定解决问题的对策方案时，一定要牢牢抓住前面分析概括出来的主题或主要问题，摒弃枝节，把握主干，分清主次，突出重点，切忌眉毛胡子一把抓。如果考生感到头绪纷乱，无从下手，一定要认真反复分析材料，回过头来仔细看一下自己对材料的概括，分解出其中的层次，抓住给定材料的核心思想和主要问题。只有这样，才能有的放矢地提出有效的解决方案。

（三）实例分析

阅读材料：

2000 年上半年，中国民航全行业在去年实现赢利的基础上，扣除油价上涨因素，按可比口径计算，比去年同期减亏增利 115 亿元。下半年，中国民航将组建 3 大航空集团公司，建立现代企业制度，实现政企分开；备受非议的"禁折令"也终于松动，将允许航空公司依据市场变化灵活定价，逐步建立宏观调控下灵活的价格机制。这些举措表明，中国民航正在进入结构升级、适应市场的关键时期，改革进入最艰难的攻坚阶段。民航整体实现脱困，曙光初现，但要越过重重困难。

改革开放以来，中国民航一直保持较快的增长速度。乘坐飞机的人次从新中国成立初的 1 万人次增长到近 6000 万人次，航线从 2 条发展到 1122 条，飞机从 12 架发展到 500 多架。在高速发展的同时，民航也在各个方面积存了矛盾和困难：我国有 34 家航空公司，小而多，形不成规模效益；航空公司还不是真正的市场主体，自我约束能力较差，进行低水平的分散竞争；销售代理市场不尽规范，民航销售代理人在短短几年内发展到 5000 余家；航空运输营销管理水平不够高，计算机订座系统、离港系统、收益管理系统等还很不完备。可以说，中国民航之所以能痛下决心，加大改革力度，实乃严峻的形势所迫。

首先，中国航空运输经过十几年的高速发展后，近几年进入了低谷，经济效益不尽如人意。今年上半年，虽然中国民航运输量创近 3 年高水平，增幅达一成五，减亏11.5 亿元，但由于航油价格上涨等原因，全行业仍亏损 5.6 亿元人民币。

其次，压力来自铁路的竞争。近几年，火车采取提速、车上售票、夕发朝至、开行公交化列车等措施，加上地面所花时间少，正点率高，安全系数大，民航的优势被抵消不少。昔日"皇帝女儿不愁嫁"的日子已经过去，买方市场的形成，使航空公司感到市场的无情和竞争的巨大压力。

再次，外国航空企业虎视眈眈。中国加入 WTO 后，外国航空企业将更多地抢占中国航空市场的份额。中国的航空企业面临更加残酷的竞争。

分析：

对于提高民航效益，专家开出不少"药方"，主要有：建立适合市场经济的价格管理体制；控制运力投放，调整航线航班；实行科学规范的收益管理；以用户满意为中心积极开拓市场；提高航空运输服务质量。扩大航空公司规模，改变散、乱、小的现象也是"药方"之一。但此间，学者担忧"病急乱投医，导致药方变味"。

著名经济学家胡鞍钢指出，关键不在于组建几个集团，而在于集团的组建是市场行为还是行政行为，其基础是优势企业兼并劣势企业，还是简单的大吞小。民航总局表示，以中国国际航空公司、中国东方航空公司、中国南方航空公司为基础组建三大航空运输集团公司，组建原则是"企业自愿，政府引导，发挥集团优势"，政府决不"拉郎配"。各地方航空公司可在自愿基础上积极参与三大集团重组。组建后的集团公司每家资产总规模在 500 亿元左右。

六、进行论证

（一）进行论证的要求与基本原则

进行论证是申论应试的最后一个环节，测试应试者分析问题、解决问题的能力和语言表达能力。

1. 答题要求

进行论证是一个人的知识基础、能力水准、思维品质、文字表达的全面展示。它要求考生充分利用给定资料，找出主要问题，全面阐明、论证自己的见解。

申论考试大都是自拟题目，但要解决的主要问题却是由给定材料限定的。在拟定题目论证问题时必须充分利用给定的材料，紧紧抓住主题或主要问题，突出主旨进行论证，而不可以天马行空，任意挥洒。

2. 基本原则

在论证角度选择上要尽量取得小，从小处着眼，这样有利于在有限的时间和有限的篇幅内，在所选的这一"点"上作比较深入的开掘，在解决问题的对策和处理意见方面可以谈得比较具体一点。如果面面俱到，涉及面大而广，无法使论深入，就难免空泛，不易于操作。此外，在选择立意成文的角度时还应注意两点：一是要新颖，不落俗套；二是要贴近现实生活，能为社会所关注，为广大读者所喜闻乐见。

当论述问题的基本主旨确定之后，接下来就是精心安排论文的结构了。由于文章的内容不同，作者的角度各异，文章的结构形式也必然是多姿多彩的。不过，结构严谨、逻辑清晰，是论文的最基本要求。作为一种论文文体，申论考试中对问题的论述的部分也必须遵循这一原则。

（二）应试技巧

1. 紧扣主题确定论述问题的中心思想

考生在确定论题时必须明确：

（1）自己是以某一职位的国家公务人员的身份在论证问题。

（2）自己所要论证的主题是材料中已经给定的。

（3）给定材料在锁定论证主题时已经限定了考生的基本态度和主导倾向。

（4）材料中给定的主题已经体现在自己对材料的概括之中。

（5）国家公务员论述问题的目的在于解决问题，而不是一般的"不平而鸣"，空发议论。

2. 立意独到

所谓立意独到，就是要善于围绕主要问题，选择新的角度去立论，使评论仁者见仁、智者见智，并且常写常新。考生在论述问题时，角度一定要新颖、独特，比较而言，这样更容易增强文章的吸引力、感染力和说服力。

3. 确定一个醒目的标题

标题是一篇文章的旗帜。一个醒目的标题，往往能够给人一种先声夺人的气势，一下子吸引住读者的目光，抓住读者的心，引起读者进一步阅读和评论的兴趣。一个好的论文题目必须旗帜鲜明，必须准确精当、生动贴切、内容丰富，并能具体地表明作者论述主要问题的基本立场。

考生在确定文章标题时必须注意：

(1) 文章标题必须与文章内容相契合，不能让人看后不知所云，甚至发生歧义。

(2) 文章标题应当简明、精练、生动、贴切，不仅读来起铿锵有力、朗朗上口，而且又言简意赅地点出作者的鲜明态度和文章所要论述的基本内容。

(3) 文章的标题不能干瘪无物，应当体现丰富的意蕴和哲理，但同时又不能流于大而无当、空泛乏味。

4. 结构合理，逻辑严密

在谋篇布局的时候，首先要确定中心思想与材料之间、整体与部分之间、部分与部分之间的内在逻辑联系，精心安排好各部分、各要素在整个结构中的位置。例如，为了论证中心论点，在文章写作时总是会在中心论点下面再确定若干分论点，中心论点与各分论点之间的关系就是一种"纲"与"目"的关系。再如，在整篇文章中，存在着部分与整体的关系，有的部分是提出问题，有的部分则是分析问题，有的部分是解决问题，各自所起的作用是不同的；在部分与部分的关系上，有的属于并列关系，有的属于递进关系，有的属于因果关系，有的属于转折关系，它们相互之间的逻辑联系也是不同的。谋篇布局，就是要根据文章各部分的地位和作用，合理地确定它们在整体结构中的位置，把材料组织得严密周详，无懈可击。

5. 层次分明，条理清楚

一篇好的文章，层次要明确，条理要清楚，让人一目了然。首先，层次之间要有一定的顺序，哪个部分在前，哪个部分在后，要有主有次，有条不紊，否则就会显得颠三倒四、逻辑混乱。其次，层次之间存在着某种内在的连贯性，或承接，或转折，或并列，或因果，都必须根据所欲表现主题的需要加以酌定。层次的确定，段落的划分，上下的衔接，首尾的照应，也都要安排得恰当、得体、自然、和谐，使通篇论述顺理成章、浑然一体。最后，层次与层次之间界线要清楚，意思要分明，不可彼此重复或相互矛盾。层次之间一旦夹缠不清，就会出现逻辑混乱，论述问题的思路就会显得阻滞。

(三) 实例分析

阅读材料：

据报载，1999 年某大学对全校学生进行了一次语文水平达标测试。在这次稍稍高于中学语文水平的测试中，达到及格线最多的是本科生，也仅有 60%；最少的是博士生，才有 30%。一位比较优秀的本科生留校做助教，为一位研究生导师整理书稿。书稿送到出版社没几天就被退了回来，原因很简单，出版社的编辑只粗粗浏览了一遍，就发现了 200 多个错别字。针对上述材料，写一篇不少于 700 字的议论文，题目自拟。

分析：

这是一个易于引人思考的论题。有的考生从语言文字是一个民族文化重要组成部分谈起，立论为提高全民族的文化素质，显然立论面过宽，论述易流于空泛。也有的考生没有认真阅读材料，劈头就说"堂堂的中华民族，一个拥有 13 亿人口的大国，居然只有屈指可数的少得可怜的那么一点人汉语水平过关"。这样粗心，而且感情用事地写申论，写下去必然偏离题意。

有些考生从大学生应具备的知识结构入手，立论为提高大学生的语文素质势在必行。这就较准确地理解了题意，抓住了主要矛盾。立论集中、鲜明，论述针对性强，才会有说服力。

参考书目

[1] ［美］朗曼，阿特金森. 大学生学习方法十二讲（第6版）. 夏慧言，译. 北京：首都师范大学出版社，2005

[2] 边涛，吴玉红. 学习方法培养. 北京：中国物资出版社，2005

[3] 上海市高等教育局高教研究室. 和大学生谈学习方法. 1982

[4] 教育部人事司. 高等教育心理学. 北京：高等教育出版社，1998

[5] 陆震谷. 学习方法决定学习成绩. 上海：上海锦绣文章出版社，2007

[6] ［美］保罗. 美国学习法：影响美国千万个家庭的成功学习方法. 王宝泉，译. 北京：九州出版社，2004

[7] 熊笃. 关于加强对大学生学习方法指导的思考. 重庆教育学院学报，2005. 1

[8] 娄延常. 大学学习指导中应正确处理的几个关系. 教学研究，2002. 3

[9] 李群. 大学生学习动力缺失的原因分析及对策. 安徽教育学院学报，2007. 1

[10] 周俭铁. 积极引导促进大学生研究性学习能力的提高. 广东工业大学学报（社会科学版），2005. 1

[11] 潘懋元. 高等教育学（上下册）. 福州：福建教育出版社，1985

[12] 王亚朴. 高等教育管理（上下册）. 上海：华东师范大学出版社，1985

[13] 俞可平. 全球化的悖论. 北京：中央编译出版社，1998

[14] 季羡林. 学者论大学生的知识结构与智能. 北京：北京大学出版社，1992

[15] 亓殿强. 科学教育原理与策略. 北京：科学出版社，2002

[16] 叶政. 思维创新与大学生知识结构的合理构建. 理工高教研究，2004. 3

[17] 卞继伟，郑孟煊. 论知识结构与创新思维. 中国青年政治学院学报，2000. 5

[18] 王孙，乔东. 经济全球化条件下我国高校人才培养的目标与理念更新. 清华大学教育研究，2006. 2

[19] 张广友. 论大学生知识结构的合理构建. 山东省青年管理干部学院学报，1999. 3

[20] 国家公务员录用考试编写组. 国家公务员录用考试全国通用教材. 北京：中国和平出版社，2006

[21] 李永新. 2007年国家申论教材. 北京：人民日报出版社，2006

［22］刘旭涛，岳霈恩. 申论——公务员录用考试教材. 北京：国家行政学院出版社，2006

［23］公务员录用考试实战系列教材编写组. 申论写作高分速成实战教程. 北京：中国建材工业出版社，2006

［24］时进. 申论考试解析. 北京：中国林业出版社，2006

［25］国家公务员录用考试编写组. 申论历年试卷及评析. 北京：中国党史出版社，2006

［26］刘春，刘启云，陈永祥. 标准化题库解析申论. 北京：中央编译出版社，2006

［27］许正中. 申论易错试题详解与预测. 北京：中国铁道出版社，2006

［28］曹文彪. 申论精品辅导. 杭州：浙江人民出版社，2006

［29］赵同勤，岳海翔. 申论解答技巧. 北京：中国言实出版社，2006

［30］高莹. 78 个打动人心的社交技巧. 北京：地震出版社，2006

［31］凡禹. 北大清华学得到——人际交往的艺术. 北京：北京工业大学出版社，2002

［32］［美］戴尔·卡耐基. 赢在影响力：人际交往的学问. 韩卉，译. 北京：机械工业出版社，2003

［33］沃建中. 通向成功的桥梁——人际交往. 北京：高等教育出版社，2004

［34］李开复. 做最好的自己. 北京：人民出版社，2005

［35］张明. 学会人际交往的技巧：人际关系心理. 北京：科学出版社，2006

［36］戴媛. 如何提升人际交往能力. 北京：北京大学出版社，2006

［37］桑作银，汪小容. 大学生人际交往心理学. 成都：西南财经大学出版社，2007

［38］瞿力. 交换定律：人际交往的成功之道. 北京：中央编译出版社，2006

［39］孙柳燕. 人际交往. 上海：上海科学技术出版社，2003

［40］吴贵明. 中国女性职业生涯发展研究. 北京：中国社会科学出版社，2004

［41］周乐诗. 女性学. 北京：时事出版社，2005

［42］Sue Campbel Clark：Work/family border theory, New York, Jun

［43］张再生. 职业生涯管理. 北京：经济管理出版社，2002

［44］阮曾媛琪. 中国就业妇女社会支持网络研究. 北京：北京大学出版社，2002

［45］云洲. 成功女人. 北京：金城出版社，2002

［46］汪中求. 细节决定成败. 北京：新华出版社，2004

［47］董慧华. 职业女性的资本. 北京：中国物价出版社，2003

［48］中国青年报，2005. 3

［49］新浪财经人物，2007. 6

［50］叶晗. 大学口才教程. 杭州：浙江大学出版社，2005

［51］佚名. 怎样说话与演讲. 北京：团结出版社，2002

［52］《演讲与口才》月刊. 吉林师范学院

［53］华夏书. 青年演讲. 哈尔滨：哈尔滨出版社，2001

［54］［美］戴尔·卡耐基. 有效的语言沟通. 高铁军，译. 延吉：延边大学出版社，2002

[55] 侯清恒. 青年演讲技能训练. 北京：中国纺织出版社，2004

[56] 李元授. 焦急与口才. 武汉：华中科技大学出版社，2002

[57] 李元授，邹昆山. 演讲学. 武汉：华中科技大学出版社，2003

[58] 常崇宜. 秘书学概论. 北京：线装书局，2000

[59] 孙荣. 秘书学概要. 上海：上海社会科学院出版社，2006

[60] 谭一平. 现代职业秘书实务. 北京：中国人民大学出版社，2007

[61] 饶士奇. 公文写作与处理. 沈阳：辽宁教育出版社，2004

[62] 洪瑾. 社会调查方法. 北京：中国轻工业出版社，2004

[63] 韦克难. 社会调查研究方法. 成都：四川人民出版社，2002

[64] 李莉. 实用社会调查方法. 广州：暨南大学出版社；2002

[65] 吴增基，吴鹏森，苏振芳. 现代社会调查方法（第二版）. 上海：上海人民出版社，2003

[66] 风笑天. 现代社会调查方法（第二版）. 武汉：华中科技大学出版社，2001

[67] 张彦. 社会调查研究方法. 上海：上海财经大学出版社，2006

[68] 郝大海. 社会调查研究方法. 北京：中国人民大学出版社，2005

[69] "在文明礼仪教育上下功夫"，http://www.scdxs.net/nw/jxl/dyjx/200601/15102.html.

[70] 大学生文明礼仪. 玉林师范学院院报. 2007. 5

[71] 讲文明礼仪，促人际和谐. 人民网，2005. 9

[72] 朱光磊. 政治学概要. 天津：天津人民出版社，2001

[73] 杨光斌，李月军. 当代中国政治制度导论. 北京：中国人民大学出版社，2007

[74] 杨光斌. 当代中国政治制度. 北京：华文出版社，2004

[75] 徐育苗. 中外政治制度比较. 北京：中国社会科学出版社，2004

[76] 杨春风. 中国政治制度概要. 北京：北京大学出版社，2002

[77] 中华人民共和国常用法律大全. 北京：法律出版社，1999

[78] 浦兴祖. 中华人民共和国政治制度. 上海：上海人民出版社，1999

[79] 王健康，晓韦，石谦. 中国党政制度全书. 长春：吉林摄影出版社，2003

[80] ［美］邹谠. 二十世纪中国政治（中文版）. 伦敦：牛津大学出版社，1994

[81] 谢庆奎. 当代中国政府. 沈阳：辽宁人民出版社，1991